20
25

# BRUNA LYRA **DUQUE**

# MANUAL PRÁTICO DE CONTRATOS E FAMÍLIA

## COM QUANTOS CONTRATOS SE FAZ UMA FAMÍLIA?

CB042043

**EDITORA FOCO**

**Dados Internacionais de Catalogação na Publicação (CIP) de acordo com ISBD**

D946m    Duque, Bruna Lyra
        Manual prático de contratos e família: Com quantos contratos se faz uma família? / Bruna Lyra Duque. - Indaiatuba, SP : Editora Foco, 2025.

        304 p. ; 16cm x 23cm.

          Inclui bibliografia e índice.

          ISBN: 978-65-6120-498-9

          1. Direito. 2. Direito de família. I. Título.

2025-1781                          CDD 342.16    CDU 347.61

**Elaborado por Vagner Rodolfo da Silva - CRB-8/9410**

**Índices para Catálogo Sistemático:**

1. Direito familiar 342.16

2. Direito familiar 347.61

BRUNA LYRA **DUQUE**

# MANUAL PRÁTICO DE CONTRATOS E FAMÍLIA

COM QUANTOS CONTRATOS SE FAZ UMA FAMÍLIA?

2025 © Editora Foco

**Autora:** Bruna Lyra Duque
**Diretor Acadêmico:** Leonardo Pereira
**Editor:** Roberta Densa
**Coordenadora Editorial:** Paula Morishita
**Revisora Sênior:** Georgia Renata Dias
**Revisora Júnior:** Adriana Souza Lima
**Capa Criação:** Leonardo Hermano
**Diagramação:** Ladislau Lima e Aparecida Lima
**Impressão miolo e capa:** FORMA CERTA

Impresso no Brasil (4.2025) – Data de Fechamento (4.2025)

**2025**
Todos os direitos reservados à
Editora Foco Jurídico Ltda.
Rua Antonio Brunetti, 593 – Jd. Morada do Sol
CEP 13348-533 – Indaiatuba – SP

E-mail: contato@editorafoco.com.br
www.editorafoco.com.br

Ao meu marido, meu grande amor de todas as vidas.
Ao meu filho Mateus, meu maior presente de Deus.

# AGRADECIMENTOS

Agradeço ao meu marido, Welton, por ser a minha Pessoa, meu Lar e o porto seguro da nossa família.

Agradeço ao meu filho, Mateus, por me ensinar a maternidade todos os dias, pelo seu olhar atento, pelo sorriso cativante e por tudo o que ainda está por vir!

À equipe do Lyra Duque Advogados, pela ajuda constante, pela parceria e pelo trabalho que vai muito além de uma equipe – um verdadeiro Time!!

Aos meus alunos da graduação, da especialização e dos meus cursos on-line: vocês são uma fonte constante de inspiração para o meu crescimento acadêmico e científico.

"Nunca prometas realizar o que não pretendes fazer. Jamais permaneças inoperante em um lugar já conquistado. Identifica as possibilidades aí vigentes e segue adiante. O dever que te impõe renúncia e sacrifício, também te alça à harmonia, liberando-te dos conflitos e das dúvidas. Não cesses de crescer interiormente" (Divaldo Franco).

# LISTA DE ABREVIATURAS E SIGLAS

**CC** – Código Civil

**CDC** – Código de Defesa do Consumidor

**CF** – Constituição da República Federativa do Brasil de 1988

**CNJ** – Conselho Nacional de Justiça

**DJ** – Diário de Justiça

**DJe** – Diário de Justiça Eletrônico

**DOU** – Diário Oficial da União

**IA** – Inteligência Artificial

**J.** – Julgado em

**LGPD** – Lei Geral de Proteção de Dados

**Min.** – Ministro

**n.** – número

**p.** – página(s)

**REsp** – Recurso Especial

**Rel.** – Relator

**TRF** Tribunal Regional Federal

**STJ** – Superior Tribunal de Justiça

**STF** – Supremo Tribunal Federal

# PREFÁCIO

A contratualização do Direito de Família é tema que tem ganhado cada vez mais espaço, não apenas teórico, mas prático. As pessoas têm buscado protagonizar os processos da sua vida, combinar a forma em que vão viver a vida em comum, suas regras de formação e de desfazimento. Sinal de bons tempos! Afinal, o exercício das liberdades com responsabilidade é o comportamento esperado... como diria no interior das Minas Gerais, "o combinado não sai caro".

Quem melhor do que os membros de uma família para definir as próprias regras da vida familiar, seja no início da formação do vínculo, seja no curso da entidade familiar ou no seu fim? Como, em regra, a experiência familiar é marcante e gera repercussões tão íntimas, a rigor, escolhas feitas pelas próprias pessoas geram maior aderência aos resultados.

Embora saibamos que nem sempre é possível negociar, acordar e contratar, percebemos que estamos em meio a uma mudança de cultura, em que as pessoas estão se conscientizando sobre a conveniência de elas mesmas estabelecerem seus ajustes, na medida em que eles podem ser personalizados de acordo com as necessidades dos membros da família. Afinal, entre partes livres e iguais, não há razões para que se desvalorize escolhas autônomas; quando houver vulnerabilidades, aí sim deve haver intervenção estatal para assegurar simetria entre os componentes dos relacionamentos.

Outro sinal dessa transformação cultural vem de novas posturas dos profissionais do Direito, que têm se capacitado para essa tendência e incentivado seus clientes a seguirem por essa via. Pensar em como cada um deseja construir a própria família, quais são as regras, as prioridades, pode ser um exercício importante de diálogo e de alinhamento de expectativas no início do casamento ou da união estável. Como a vida é dinâmica, pode ser importante (re)discutir esses pontos em meio a fatos novos que podem abalar as convicções então estabelecidas no curso da vida em comum. E por fim, caso o relacionamento chegue ao fim, é uma nova oportunidade para um repensar nos efeitos jurídicos do divórcio e/ou do fim da união estável. Mesmo porque o comportamento litigante como parte inerente ao fim das conjugalidades, por si só, não faz mais sentido na contemporaneidade; muitas vezes o litígio deve ser a última opção entre as alternativas a serem elencadas para regulamentar o fim de uma sociedade conjugal. O assoberbamento do poder judiciário, as necessidades de soluções rápidas, de que sejam consideradas peculiaridades de cada entidade familiar, são alguns argumentos para que as pessoas deixem um pouco de lado suas diferenças na tentativa de construir soluções que façam sentido para a própria realidade familiar.

No âmbito dessa expansão de possibilidades, faz-se urgente e necessário se estabelecer parâmetros hermenêuticos que garantam validade e eficácia às mais diversas expressões da autonomia privada no Direito de Família. Afinal, nesse *locus* tão íntimo, conquanto muitas expressões de liberdade sejam possíveis, não se pode ignorar que as vulnerabilidades potencialmente presentes nos membros da família podem ser fatores limitadores à contratualização.

Por isso a importância dessa obra que ora tenho a honra de prefaciar. Ela tem alguns diferenciais que convidam o leitor a percorrer suas páginas com vivo interesse.

Ela oferece um efetivo diálogo entre a teoria contratual e o Direito de Família, só possível por quem tem experiencia teórica e do magistério, mas que, ao mesmo tempo, tem vivência dos problemas reais advinda da prática da advocacia. Esse é um grande distintivo desse livro: o equilíbrio entre os ramos do direito civil, na medida em que os princípios do direito contratual influenciam vivamente na validade e eficácia dos contratos. Com base nessa visão ampla e necessária, a autora propõe o uso de cláusulas estratégicas, para potencializar os efeitos contratuais e aumentar o portfólio de serviços que o advogado pode oferecer ao cliente.

Analisa a possibilidade de contratação antes, durante e depois do casamento/ união estável, demonstrando que sempre é possível contratar no âmbito da família e que os negócios vão muito além dos pactos antenupciais e de convivência. E mais, as negociações que tratam da parentalidade são independentes das rela-ções conjugais e devem ser trabalhadas com as peculiaridades que os deveres de cuidado exigem.

Além disso, demonstra que os contratos também podem existir para atender a demandas específicas de cada família, por exemplo, a necessidade de algum dos filhos cuidar dos pais, muitas vezes, tendo que abandonar seu trabalho para se dedicar a eles. Por que não os membros da família tratarem dessa vicissitude e combinarem seus efeitos jurídicos de forma franca e transparente, para que esse filho não fique prejudicado economicamente. É possível que as partes façam combinados e tracem estratégias para atendam às singularidades da sua realidade, o que, muitas vezes, não é alcançado pelo Poder Judiciário. Ou seja, os contratos podem evitar injustiças e desigualdades.

Ainda sob o viés da autonomia, a autora analisa as possibilidades do plane-jamento sucessório, demonstrando que existem espaços para a implementação das liberdades no Direito Sucessório, que devem ser valorizados e adequadamente usufruídos pelos cidadãos, por meio de vários instrumentos, tais como testamento, doações, holdings, partilha em vida, entre outros.

Dedica a última parte da obra a sugestões de boas práticas, trabalhando cláusulas de uma série de contratos de direito de família, mas, antes disso, discorrendo sobre a utilidade de os contratos terem uma boa estrutura e, a partir dessa, trabalhar as particularidades de cada negócio jurídico. Indo além de uma obra prática, ouso dizer que ela é também empreendedora, pois sugere um método para advogar na área de contratos em direito de família, recomendando, inclusive, um plano de negócios, o que é especialmente útil para aqueles que estão escolhendo o nicho no qual trabalhar na advocacia, mas também para que os mais experientes possam refletir se não teriam nos contratos familiares uma nova frente para ofertar aos seus clientes.

Todas essas questões estão inseridas em 04 partes, divididas em temas diferentes e complementares: (i) fundamentos essenciais dos contratos, (ii) contratos no direito de família, (iii) melhores práticas e (iv) método para advogar em contratos e família. Após o fim de cada eixo temático, a autora faz um resumo com as ideias essenciais trabalhadas naquela parte, o que ajuda muito o leitor a sintetizar o aprendizado adquirido até então. O livro tem linguagem clara, simples, que pode ser facilmente entendida, com exemplos práticos e esquemas que auxiliam na compreensão do tema.

Toda essa construção foi possível pois a autora é pessoa de destaque pela sua seriedade e profundidade profissional. É doutora e mestre do programa de pós-graduação stricto sensu em Direitos e Garantias Fundamentais da Faculdade de Direito de Vitória. Especialista em Direito Empresarial. Coordenadora do curso de pós-graduação lato sensu em Direito de Família e das Sucessões da FDV. Professora de Direito Civil da graduação e pós-graduação lato sensu da FDV. Sócia fundadora do escritório Lyra Duque Advogados e advogada.

Já se nota que esse será um livro que marcará a discussão sobre a contratualização do direito de família no Brasil. Por isso, é um convite à leitura por todos os profissionais que trabalham com Direito de Família no Brasil, pelo seu arcabouço teórico-prático. Trata-se de uma contribuição diferenciada para o fortalecimento dos espaços de autonomia nas famílias, sintonizado e responsivo às demandas da contemporaneidade. Afinal, não há dúvida de que uma família é construída por meio de vários contratos.

Belo Horizonte, abril de 2025.

*Ana Carolina Brochado Teixeira*

Doutora em Direito Civil. Mestre em Direito Privado pela PUC Minas. Professora. Advogada.

# APRESENTAÇÃO

A contratualização do Direito de Família reflete tanto a evolução da sociedade em termos de complexidade patrimonial quanto a crescente demanda por segurança jurídica em um cenário de diversidade de arranjos familiares. A contratualização não é uma tendência, é uma realidade do agora!

Todos os dias novos formatos de família são combinados entre os seus atores, de maneira livre, adaptando-se às suas especificidades e realidades para a solução das suas demandas privadas. Os laços afetivos e as suas configurações estão em constante evolução. Entretanto, as normas no âmbito do Direito de Família não avançam na mesma velocidade dessas transformações.

Diante desse contexto, surgem algumas indagações: seria necessário regulamentar cada fase dos vínculos afetivos, como o namoro, casamento, união estável, divórcio, dissolução de união e tantos outros acordos? Para cada configuração familiar, em suas diferentes relações, um contrato seria indispensável? São várias as interpretações sobre o tema.

Apesar da variedade de posicionamentos, há um consenso: no Direito de Família, prevalece a autonomia privada, e com isso as pessoas podem definir livremente as diretrizes de seus relacionamentos.

Essa obra se faz necessária para apresentar, com uma abordagem teórica e prática, as diversas possibilidades contratuais aplicáveis ao Direito de Família. O principal objetivo é facilitar a compreensão do leitor, oferecendo uma perspectiva pragmática para questões técnicas.

O *Manual Prático de Contratos e Família* é destinado a quem deseja entender e aplicar os variados instrumentos contratuais no contexto das relações familiares. Seja você advogado, estudante de Direito ou profissional interessado na área, a obra oferece uma visão abrangente de como esses contratos podem formalizar acordos, prevenir e solucionar conflitos.

Além disso, o Manual apresenta uma abordagem estratégica ao expor o Método para Advogar com Contratos e Família, que proporciona aos advogados um caminho para iniciar ou consolidar sua prática profissional. O capítulo Começar com os Nichos de Conexão apresenta diretrizes para identificar oportunidades dentro dos nichos de Direito de Família e Contratos, explorando as conexões e os respectivos produtos jurídicos, para ampliar a atuação, aplicar os conhecimentos adquiridos ao longo dos capítulos e possibilitar uma atuação diferenciada.

Repleto de exemplos práticos e escrito em linguagem objetiva, este Manual é um guia essencial para enfrentar as complexidades das relações familiares no cenário contemporâneo.

# SUMÁRIO

### PARTE II
### CONTRATOS NO DIREITO DE FAMÍLIA

## PARTE III
## MELHORES PRÁTICAS

## PARTE IV
## MÉTODO PARA ADVOGAR COM CONTRATOS E FAMÍLIA

# Parte I
# FUNDAMENTOS ESSENCIAIS DOS CONTRATOS

> "A formulação de nossos valores como verbos nos dá uma ideia clara de como agir em qualquer situação" (Simon Sinek[1]).

Vamos explorar, nesta Parte I do Manual, os pilares indispensáveis para a compreensão da teoria geral dos contratos. Serão abordadas desde as definições essenciais até a aplicação prática dos princípios e das classificações que estruturam os contratos.

Começaremos com as definições fundamentais e a formação dos contratos. Princípios contratuais como a autonomia privada, função social, boa-fé objetiva, solidariedade e afetividade serão analisados de forma prática, com o intuito de demonstrar como esses princípios orientadores influenciam a interpretação e execução dos ajustes.

A classificação dos contratos será explorada em suas diversas modalidades – típicos, atípicos, unilaterais, bilaterais, plurilaterais, onerosos, gratuitos, comutativos, aleatórios, entre outros –, essenciais para determinar os regimes jurídicos aplicáveis a cada tipo de contrato e apontar as implicações específicas para as partes. Essas classificações também orientam a escolha das cláusulas adequadas para cada situação contratual.

Em seguida, serão discutidas as cláusulas estratégicas, como cláusula de confidencialidade, cláusula penal, cláusula do pôr do sol, cláusula de escalonamento, cláusulas para o planejamento patrimonial e cláusulas temporárias.

Abordaremos as formas de extinção dos contratos, detalhando as suas diferentes modalidades, tais como: adimplemento, resolução, resilição unilateral, distrato, invalidação dos contratos, onerosidade excessiva e morte de um dos contratantes, cada qual com seus efeitos e implicações jurídicas. Também abordaremos sobre a importância da renegociação.

---

1. SINEK, Simon. Trad. Paulo Geiger. *Comece pelo porquê*: Como grandes líderes inspiram pessoas e equipes a agir. Rio de Janeiro: Sextante. 2018. Edição do Kindle. p. 88.

Esta Primeira Parte dedica atenção especial aos fundamentos práticos dos contratos como a redação, negociação e revisão. A redação exige precisão e clareza, assegurando que as cláusulas reflitam fielmente as intenções das partes e minimizem interpretações ambíguas.

No que tange à negociação, é a etapa em que se busca equilibrar as vontades, ajustando interesses e identificando concessões possíveis para garantir que o contrato atenda às necessidades de ambos os polos contratuais. A revisão é indispensável para promover a coerência de cada cláusula, evitando futuros conflitos e protegendo os interesses dos envolvidos.

# 1
# FUNDAMENTOS DOS CONTRATOS

## 1.1 DEFINIÇÕES

O contrato, como um dos pilares fundamentais do Direito Civil, assume um papel especialmente sensível no contexto das relações familiares. A ideia de que as relações jurídicas, inclusive as que envolvem a família, podem e devem ser formalizadas em contratos é uma prática cada vez mais adotada no Brasil.

A definição de contrato está intimamente ligada à manifestação de vontade[2] destinada a criar, modificar ou extinguir direitos. Este conceito encontra maior amplitude se for considerada a complexidade das relações e a acuidade criativa do idealizador do contrato e das partes envolvidas.

Neste contexto, discorrer sobre os contratos inevitavelmente conduz à ideia de operação econômica,[3] pois o contrato, além de regular direitos e deveres, reflete interesses e objetivos patrimoniais específicos das partes.

Os contratos representam a expressão mais completa dos negócios jurídicos. Além disso, "o negócio jurídico não é, somente, ato voluntário, mas ato que decorre da declaração de vontade, que pode ser unilateral ou bilateral", conforme esclarece Zeno Veloso.[4]

---

2. Para Fernando Araújo, no contrato há um "acorde de coordenação de condutas". In: ARAÚJO, Fernando. *Teoria econômica do contrato*. Coimbra: Almedina, 2007. p. 17.
3. Enzo Roppo explica a classificação: "[...] até aqui procedemos à identificação de uma sequência, uma articulação de termos, na qual parece oportuno decompor o conceito de que nos ocupamos: operação econômica – contrato – direito dos contratos. Quer dizer: a operação econômica, na sua materialidade, como substracto real necessário e imprescindível daquele conceito; o contrato como formalização jurídica daquela, isto é como conquista da ideia de que as operações econômicas podem e devem ser reguladas pelo direito, e como construção da categoria científica idônea para tal fim; o direito dos contratos, como conjunto – historicamente mutável – das regras e dos princípios, de vez em quando escolhidos para conformar, duma certa maneira, aquele instituto jurídico, e, portanto, para dar um certo arranjo – funcionalizado a determinados fins e a determinados interesses – ao complexo das operações econômicas efectivamente levadas a cabo [...]". In: ROPPO, Enzo. *O contrato*. Trad. Ana Coimbra e M. Januário C. Gomes. Coimbra: Almedina, 2009.
4. VELOSO, Zeno. Fato Jurídico – Ato Jurídico – Negócio Jurídico. *Revista de Informação Legislativa*, v. 32, n. 125, p. 87-95, jan./mar. 1995. Disponível em: http://www2.senado.leg.br/bdsf/handle/id/176311. Acesso em: nov. 2024.

No contexto das relações privadas, o contrato não se limita a um mero documento formal, mas representa vínculos contínuos na sociedade, atribuindo às partes prestações. Essas relações são guiadas por princípios fundamentais que as partes devem respeitar, como a autonomia da vontade, a boa-fé objetiva, a função social do contrato e a preservação dos vínculos estabelecidos, que enfatizam que, ao exercerem sua liberdade de disposição, as partes realizam um negócio jurídico com impacto individual e social, devendo-se manter o que foi acordado, sempre que possível.[5]

No Direito de Família, essa definição ganha nuances que vão além do caráter estritamente patrimonial. Trata-se da formalização de expectativas, obrigações e, muitas vezes, interesses existenciais que, se não regulados adequadamente, podem intensificar conflitos.

A família na pós-modernidade vai além de suas funções sociais, econômicas, ideológicas, reprodutivas, religiosas e morais. A família também retrata os "projetos pessoais de cada um de seus membros, na busca pela sua realização e felicidade, sem perder de vista, contudo, a mesma projeção para o todo familiar".[6]

Assim, nos contratos familiares temos várias possibilidades de arranjos. Para tais vínculos, propomos a seguinte sistematização, como será visto no Capítulo 5: contratos anteriores à formação das famílias, contratos na consolidação das famílias e na dissolução do vínculo afetivo, contratos especiais, contratos com vínculos predominantemente obrigacionais e contratos atípicos e criativos.

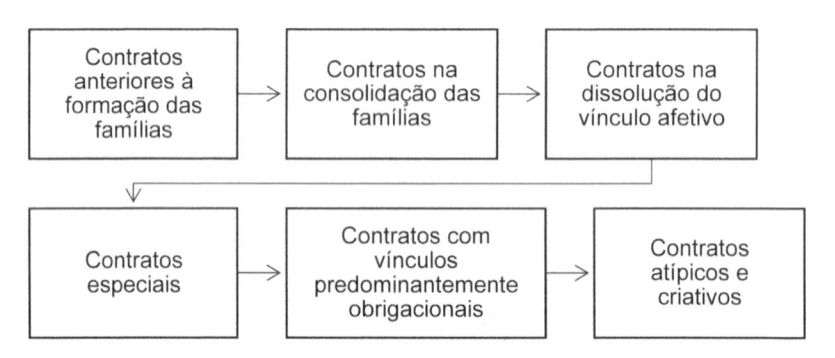

---

5. DUQUE, Bruna Lyra; PEREIRA, Kassia Ellen Alves; MAYERHOFER, Yasmin Miranda. A dimplemento substancial na reforma do Código Civil: delimitando o direito potestativo do credor na resolução contratual. In: OLIVEIRA, Lucas Costa de; GUIMARÃES, Luiza Resende (Org.) *Anais do X Congresso Mineiro de Direito Civil*. Belo Horizonte: Expert, 2024. p. 242.

6. HIRONAKA, Giselda Maria Fernandes Novaes. A incessante travessia dos tempos e a renovação dos paradigmas: a família, seu status e seu enquadramento na pós-modernidade. *Revista da Faculdade de Direito*, Universidade de São Paulo, v. 101, p. 153-167, 2006. Disponível em: https://www.revistas.usp.br/rfdusp/article/view/67702. Acesso em: 15 nov. 2024. p. 166.

*Exemplo prático*:
Joaquim e Maria estão prestes a se casar. Ambos têm empresas e estão preocupados em proteger seus respectivos patrimônios em caso de eventual divórcio. O casal decide, então, celebrar um pacto antenupcial para a escolha do regime de bens, oportunizando que os futuros cônjuges alinhem expectativas e estabeleçam regras específicas para sua convivência.

## 1.2 PRINCÍPIOS

A formação e a execução dos contratos nas relações familiares estão pautadas nestes cinco princípios centrais: autonomia privada, boa-fé objetiva, função social do contrato, afetividade, solidariedade familiar. Os três primeiros constituem a base de qualquer relação contratual e os cinco, em conjunto, assumem uma importância ainda maior no Direito de Família, dado o caráter subjetivo de seus atores.

Ressalta-se que cada doutrina[7] destaca os princípios que entende como mais apropriados para o desenvolvimento do seu conteúdo. Nesta obra, defende-se esses cinco princípios centrais, sem a exclusão de outros, mas apenas para facilitar o tom pragmático do estudo na conexão dos contratos e das famílias.

### 1.2.1 Autonomia privada

A autonomia se alicerça na liberdade das partes para decidirem, por sua própria iniciativa, os termos de seus contratos. No entanto, essa autonomia não é ilimitada,[8] pois está sujeita aos ditames da ordem pública, das leis e de outros princípios.

---

7. Rodrigo da Cunha Pereira destaca os seguintes princípios fundamentais para o direito de família: dignidade humana, monogamia, melhor interesse da criança/adolescente, igualdade e o respeito às diferenças, autonomia e menor intervenção estatal, pluralidade de formas de família e afetividade. In: PEREIRA, Rodrigo da Cunha. *Princípios fundamentais norteadores do Direito de Família*. 2. ed. São Paulo: Saraiva, 2016. Flávio Tartuce assim elenca os princípios: dignidade humana, solidariedade familiar, igualdade entre os filhos, igualdade entre os cônjuges e companheiros, igualdade na chefia familiar, não intervenção ou liberdade, melhor interesse da criança, afetividade e função social da família. In: TARTUCE, Flávio. Novos princípios do Direito de Família Brasileiro. *Revista COAD*, v. 22, n. 139, p. 425–441, jan./fev. 2008.

8. Flávio Tartuce esclarece que "própria Lei da Liberdade Econômica acabou por positivar o princípio da autonomia privada, valorizando a liberdade contratual, desde que isso não contrarie normas cogentes ou de ordem pública". In: TARTUCE, Flávio. *Autonomia privada e Direito de Família* – Algumas reflexões atuais. Disponível em: https://www.migalhas.com.br/coluna/familia-e-sucessoes/350602/autonomia-privada-e-direito-de-familia--algumas-reflexoes-atuais. Acesso em: 08 dez. 2024.

Autonomia privada é a autodeterminação do indivíduo que se encontra hoje conectada com toda a premissa da funcionalização, solidariedade e boa-fé inerente às relações privadas. Não sendo mais possível restringir, no século XXI, a autonomia como a ideia da autonomia da vontade do século XIX. A autonomia é um aspecto ativo e positivo da personalidade, uma vez que permite que a pessoa atue como ser autônomo e responsável.[9]

Alguns autores empregam a expressão autonomia privada como equivalente a autonomia da vontade. Os termos, todavia, apresentam noções diferentes. Consideramos a autonomia privada como a livre atuação dos particulares, autorizada pelo próprio ordenamento jurídico, para a realização de seus interesses, com funções econômico-sociais diversas, criando as suas próprios normas. A autonomia da vontade, por sua vez, é liberdade de agir, conforme o objetivo a ser alcançado.

Érico de Pina Cabral[10] destaca de forma concisa a distinção entre autonomia da vontade e autonomia privada. Para o autor, a autonomia da vontade refere-se à liberdade de autodeterminação, enquanto a autonomia privada diz respeito ao poder de autorregulamentação.

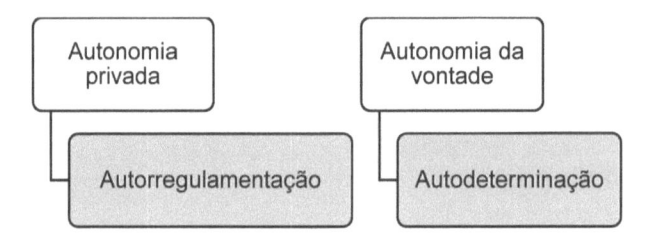

A autonomia é o direito da pessoa de governar-se conforme suas próprias leis e segundo sua própria vontade, isto é, trata-se da liberdade individual por meio de autorizações subjetivas provenientes do poder de vontade do próprio indivíduo.[11]

No âmbito dos contratos, a autonomia privada se expressa em duas dimensões fundamentais. A primeira é a *liberdade de contratar*, que diz respeito à possibilidade de celebrar acordos, refletindo esse direito um atributo intrínseco à liberdade individual, o que abrange tanto a escolha das partes quanto o momen-

---

9. DUQUE, Bruna Lyra. PEDRA, Adriano Sant'Ana. Os deveres fundamentais e a solidariedade nas relações privadas. *Revista de Direitos Fundamentais e Democracia*, Curitiba, v. 14, n. 14, p. 147-161, jul./dez. 2013. p. 153.

10. CABRAL, Érico de Pina. A autonomia no direito privado. *Revista de Direito Privado*, São Paulo, n. 19, p. 83-129. jul./set. 2004. p. 111.

11. BODIN DE MORAES, Maria Celina. Constituição e Direito Civil: tendências. *Revista Direito, Estado e Sociedade*, Rio de Janeiro, n. 15, p. 95-113. 2001. p. 95.

to em que o negócio é firmado, sendo amplamente assegurada, salvo exceções previstas em lei.

Por outro lado, a autonomia privada também envolve a *liberdade contratual*, que se refere à definição do conteúdo do pacto. Nesse aspecto, há maior margem para restrições, já que a regulamentação dos interesses das partes precisa respeitar limites impostos pelo ordenamento jurídico.

Na família, a liberdade pode ser compreendida em diversos aspectos nas relações privadas, segundo apresentado por Paulo Luiz Netto Lôbo:[12]

> [...] O princípio da liberdade diz respeito ao livre poder de escolha ou autonomia de constituição, realização e extinção de entidade familiar, sem imposição ou restrições externas de parentes, da sociedade ou do legislador; à livre aquisição e administração do patrimônio familiar; ao livre planejamento familiar; à livre definição dos modelos educacionais, dos valores culturais e religiosos; à livre formação dos filhos, desde que respeite suas dignidades como pessoas humanas; à liberdade de agir, assentada no respeito à integridade física, mental e moral [...].

Daniel Sarmento,[13] no entanto, esclarece que:

> [...] esta autonomia privada não é absoluta, pois tem de ser conciliada, em primeiro lugar, com o direito das outras pessoas à [sic] uma idêntica quota de liberdade, e, além disso, com outros valores igualmente caros ao Estado Democrático de Direitos.

Assim, a autonomia privada admite que as partes escolham, por exemplo, o regime de bens a ser adotado no casamento ou na união estável, desde que respeitados os limites legais.[14]

---

12. LÔBO, Paulo Luiz Netto. Constitucionalização do direito civil, *Revista de Informação Legislativa*, Brasília, a. 36, n. 141, p. 99-109, jan./mar, 1999. p. 105.
13. SARMENTO, Daniel. *Direitos fundamentais e relações privadas*. Rio de Janeiro: Lumen Juris, 2004. p. 189.
14. Flávio Tartuce ensina que "é claro que também nos pactos firmados entre eles, muitas vezes como hipossuficiência econômica de uma das partes, há que se respeitar as normas cogentes. Isso, aliás, está previsto no art. 1.655 do Código Civil, ao controlar a validade das previsões constantes do pacto antenupcial, in verbis: "é nula a convenção ou cláusula dela que contravenha disposição absoluta de lei". Como "disposição absoluta de lei", entendam-se justamente as normas de ordem pública, premissa que também se aplica aos contratos de convivência, firmados entre companheiros". In: TARTUCE, Flávio. *Autonomia privada e Direito de Família* – Algumas reflexões atuais. Disponível em: https://

*Exemplo prático:*

Um casal decide, ao firmar um contrato de união estável, que adotará o regime de separação total de bens.

### 1.2.2 Boa-fé objetiva

A boa-fé objetiva se traduz na conduta ética e transparente que as partes devem adotar durante toda a relação contratual. Esse princípio impõe deveres de lealdade, cooperação e informação, sendo essencial para garantir a confiança entre as partes nas relações jurídicas. É, portanto, o dever das partes de agir de forma correta na formação, na execução ou conclusão do contrato.

Anderson Schreiber[15] destaca que a boa-fé objetiva foi concebida no contexto negocial para proteger as expectativas legítimas das partes envolvidas. Esse princípio parte do pressuposto de que, nas relações contratuais, é comum haver uma correspondência entre as expectativas das partes e os seus melhores interesses.

O princípio se estrutura em três funções: a *interpretativa*, na forma do art. 113 do Código Civil; a de *controle dos limites* do exercício de um direito, consoante o art. 187; e a *integrativa* dos negócios jurídicos, conforme o art. 421, criando deveres anexos ou laterais.

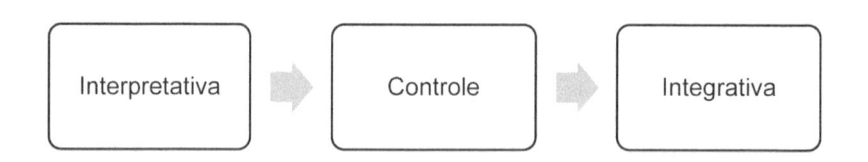

A *função integrativa* estabelece deveres anexos às partes, sendo aquelas prestações inerentes a toda relação pactuada (informação, fidelidade, respeito, cooperação e confiança). Em razão dessas prestações, observa-se tendência teórica em relacionar a aplicação dos deveres anexos[16] como um desdobramento do princípio da boa-fé objetiva.

---

www.migalhas.com.br/coluna/familia-e-sucessoes/350602/autonomia-privada-e-direito-de-familia--algumas-reflexoes-atuais. Acesso em: 08 dez. 2024.

15. SCHREIBER, Anderson. *O princípio da boa-fé objetiva no direito de família*. Disponível em: https://ibdfam.org.br/assets/upload/anais/6.pdf. Acesso em: 16 nov. 2024. p. 16.

16. O alcance do dever fundamental no cenário da autonomia privada deve observar os deveres anexos do negócio. In: DUQUE, Bruna Lyra. PEDRA, Adriano Sant'Ana. Os deveres fundamentais e a solidariedade nas relações privadas. *Revista de Direitos Fundamentais e Democracia*, Curitiba, v. 14, n. 14, p. 147-161, jul./dez. 2013. p. 159.

Não existe apenas o vínculo jurídico caracterizado pela prestação principal, melhor será considerar a relação obrigacional como uma relação jurídica complexa, que envolve a existência de diversos deveres, e de conduta, direcionados às partes, portanto, sem relação apenas com a prestação originária pactuada.[17]

Judith Martins-Costa[18] indica como deveres laterais:[19] informação, cuidado, aviso, esclarecimento, previdência, segurança, prestação de contas, cooperação, proteção, cuidado com a pessoa e com o patrimônio da contraparte e, por fim, omissão e segredo.

No Direito Contratual, o abuso do direito pode ser identificado na recusa injustificada em celebrar o contrato, quando essa negativa ocorre após o proponente ter criado na outra parte uma legítima expectativa de contratação, resultando em notório prejuízo.

No Direito de Família, a boa-fé objetiva promove um combate para evitar abusos, principalmente em acordos que envolvem assuntos sensíveis, como convivência ou alimentos. O abuso do direito caracteriza-se pelo uso excessivo ou desvirtuado de um direito. Pode envolver práticas destinadas a criar entraves, retardar resultados ou obter vantagens de forma indevida ou ilegítima.

O abuso manifesta-se em situações de desequilíbrio no dever de mútua assistência, quando um dos cônjuges se beneficia de forma desproporcional em prejuízo do outro. Também ocorre quando o alimentando de pensão alimentícia adota condutas indignas ou desleais em relação ao alimentante.

Segundo Rolf Madaleno,[20] o direito à percepção de alimentos está ligado à real necessidade do credor, que deve demonstrar dependência efetiva da pensão alimentar por não possuir rendimentos próprios provenientes de seu trabalho. Na ausência da dependência, o direito aos alimentos deixa de subsistir, uma vez que o credor deve atuar com lealdade e boa-fé, tanto no momento da fixação judicial quanto durante o recebimento da prestação alimentar.

---

17. BUENO DE GODOY, Claudio Luiz. *Função social do contrato*. São Paulo: Saraiva, 2009. p. 79.
18. MARTINS-COSTA, Judith. *A boa-fé no direito privado*. São Paulo: RT, 2000. p. 439.
19. Num conflito envolvendo usuário e plano de saúde, o STJ se manifestou no seguinte sentido sobre o tema: "[...] os denominados deveres anexos, instrumentais, secundários ou acessórios revelam-se como uma das faces de atuação ou operatividade do princípio da boa-fé objetiva, sendo nítido que a recorrente faltou com aqueles deveres, notadamente os de lealdade; de não agravar, sem razoabilidade, a situação do parceiro contratual; e os de esclarecimento; informação e consideração para com os legítimos interesses do parceiro contratual [...]" (STJ. REsp 925313, Relator Ministro Luis Felipe Salomão, Quarta Turma. Julgado em 06.03.2012. DJe 26.03.2012).
20. MADALENO, Rolf. Obrigação, dever de assistência e alimentos transitórios. *Revista CEJ*, Brasília, n. 27, p. 69-78, out./dez. 2004. p. 77.

Nas relações existenciais de família, a aplicação da boa-fé objetiva também funciona como uma maneira de controle dos atos de autonomia privada, de maneira especial quando outros mecanismos mais específicos não cumprirem essa função.[21] Contudo, enfatiza-se a necessidade de considerar a aplicação direta dos princípios constitucionais, que, por sua superioridade hierárquica em relação à boa-fé objetiva e à tutela da confiança, frequentemente antecipam uma solução para os conflitos nesse campo.

Por isso, a violação da boa-fé provoca a caracterização do inadimplemento, mesmo quando não acontece o descumprimento relativo ou absoluto do contrato, o que caracteriza a aplicação da teoria da violação positiva da obrigação. Por exemplo, quando o locador viola o dever anexo de informar as reais características do bem objeto da locação ofende a boa-fé objetiva, e tal conduta enseja o descumprimento do contrato.

Sobre o assunto, o Enunciado 24[22] da I Jornada de Direito Civil do Conselho da Justiça Federal assim dispõe: "em virtude do princípio da boa-fé, positivado no art. 422 do novo Código Civil, a violação dos deveres anexos constitui espécie de inadimplemento, independentemente de culpa".

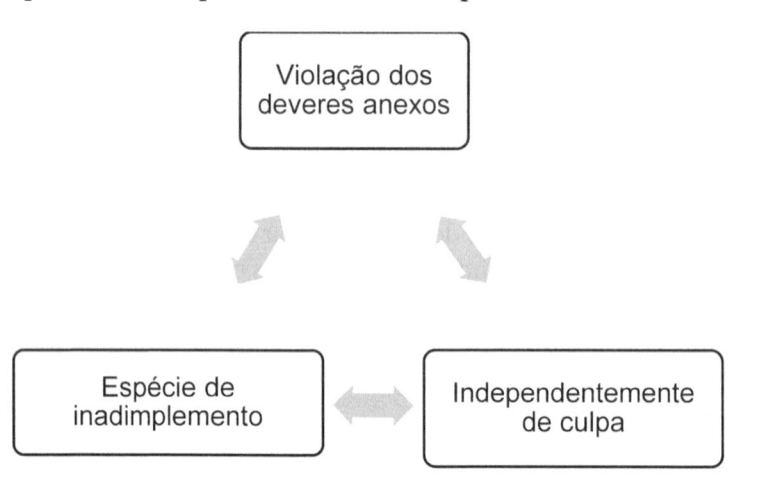

*Exemplo prático:*Em uma negociação de alimentos entre os pais, a omissão de informações financeiras por parte de um dos cônjuges configura violação à boa-fé objetiva.

---

21. SCHREIBER, Anderson. *O princípio da boa-fé objetiva no direito de família.* Disponível em: https://ibdfam.org.br/assets/upload/anais/6.pdf. Acesso em: 16 nov. 2024. p. 19.

22. CONSELHO DA JUSTIÇA FEDERAL. I Jornada de Direito Civil. Enunciado 24. Disponível em: https://www.cjf.jus.br/enunciados/enunciado/670. Acesso em: 25 out. 2024.

A boa-fé e a autonomia da vontade coexistem de maneira única nas relações familiares. O ordenamento jurídico permite que as partes definam, assim, os termos de suas relações patrimoniais e até mesmo existenciais. Entretanto, essa liberdade não pode ser exercida de forma abusiva.

Outros desdobramentos da violação dos deveres anexos são hoje tratados pela jurisprudência e pela doutrina brasileira, com influência de outros países, como *venire contra factum proprium, tu quoque, supressio* e *surrectio.*[23]

Neste sentido, assim dispõe o Enunciado 412 da V Jornada de Direito Civil do Conselho da Justiça Federal: "As diversas hipóteses de exercício inadmissível de uma situação jurídica subjetiva, tais como *supressio, tu quoque, surrectio* e *venire contra factum proprium* são concreções da boa-fé objetiva".

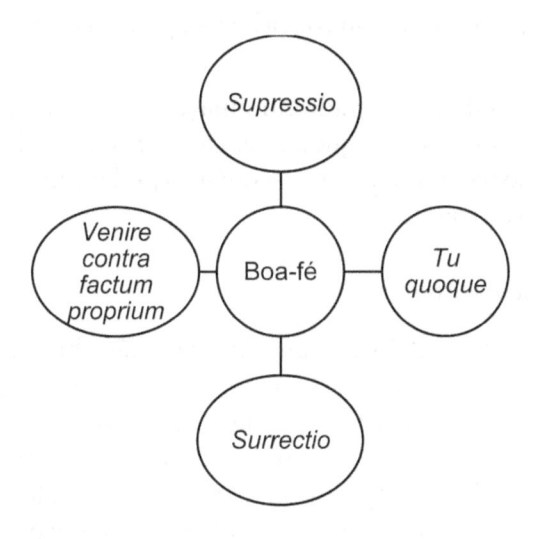

### 1.2.2.1   *Venire contra factum proprium*

Os tribunais brasileiros têm utilizado amplamente o *venire contra factum proprium*, isto é, a vedação ao comportamento contraditório, como uma manifestação prática da cláusula geral da boa-fé objetiva.[24]

---

23. CONSELHO DA JUSTIÇA FEDERAL. V Jornada de Direito Civil. Enunciado 412. Disponível em: https://www.cjf.jus.br/enunciados/enunciado/221. Acesso em: 19 nov. 2024.
24. "[...] Promessa de compra e venda. Consentimento da mulher. Atos posteriores. *Venire contra factum proprium* [...] 2. A mulher que deixa de assinar o contrato de promessa de compra e venda juntamente com o marido, mas depois disso, em juízo, expressamente admite a existência e validade do contrato, fundamento para a denunciação de outra lide, e nada impugna contra a execução do contrato durante mais de 17 anos, tempo em que os promissários compradores exerceram pacificamente a posse sobre o imóvel, não pode depois se opor ao pedido de fornecimento de escritura definitiva. Doutrina dos

A expressão **venire contra factum proprium** traduz-se literalmente como "vir contra um fato próprio".[25] Em outras palavras, não se pode considerar aceitável que alguém adote determinado comportamento ou conjunto de atos e, posteriormente, adote uma conduta completamente contraditória.

### 1.2.2.2 Tu quoque

*Tu quoque* é o instituto que busca impedir que uma conduta abusiva, em dada relação jurídica, surpreenda a outra parte e a coloque em situação de nítida desvantagem.

Também tem aplicação quando uma pessoa descumpre uma norma e não pode reivindicar os benefícios dessa mesma norma em seu favor. Em outras palavras, quem não age de acordo com a lei não pode invocar essa lei para obter vantagens.

Esse instituto pode ser utilizado em situações que envolvem fraude na partilha de bens. Caso se comprove que alguém tentou agir fraudulentamente para prejudicar a divisão patrimonial, a consequência poderá afetar o direito sobre o patrimônio objeto da fraude.

### 1.2.2.3 Supressio e surrectio

No caso da caracterização da *supressio*,[26] a relação obrigacional se transformará por força de um dado comportamento alterado, como ocorre na mudança do local do pagamento ou do tempo do pagamento ou dilação de prazo, quando comparado à prestação inicialmente pactuada, gerando uma supressão de direito por parte do titular que se mostrou inerte e, por outro lado, promovendo a aquisição de um direito ao contratante que obteve um dado proveito econômico com a situação.

Rodolfo Pamplona Filho e Pablo Stolze[27] entendem que, no caso da *supressio*, se dá um "[...] 'silêncio ensurdecedor', ou seja, um comportamento omissivo tal,

---

atos próprios. art. 132 do CC. 3. Recurso conhecido e provido" (STJ, REsp 95539/SP, Relator Ministro Ruy Rosado de Aguiar, Julgado em 03.09.1996. DJ 14.10.1996).

25. GAGLIANO, Pablo Stolze. PAMPLONA FILHO, Rodolfo. *Novo curso de direito civil*: contratos. São Paulo: Saraiva, 2014. v. 4. t. I. p. 118.

26. Para Marcos Ehrhardt, "através de tal instituto, em face das circunstâncias do caso e da confiança estabelecida entre as partes, surge um direito que não existia antes, ou seja, a partir da cristalização de uma situação de repetida violação contratual ou legal, em circunstâncias objetivas, amplia-se o conteúdo obrigacional". In: EHRHARDT JUNIOR, Marcos. As funções da boa-fé e a construção de deveres de conduta nas relações privadas. *Pensar*, Fortaleza, v. 18, n. 2, p. 551-586, maio/ago. 2013.

27. GAGLIANO, Pablo Stolze. PAMPLONA FILHO, Rodolfo. *Novo curso de direito civil*: contratos. São Paulo: Saraiva, 2014. v. 4. t. I. p. 120.

para o exercício de um direito, que o movimentar-se posterior soa incompatível com as legítimas expectativas até então geradas".

A *supressio* e a *surrectio* apresentam-se como dois lados da mesma moeda. Enquanto na *supressio* há a extinção do direito em razão da inércia de seu titular, na *surrectio* ocorre a aquisição do direito subjetivo, isso porque o titular passa a ter incorporado ao seu patrimônio determinado direito e/ou prerrogativa em razão de um comportamento continuado.

| *Surrectio* | *Supressio* |
|---|---|
| • Aquisição do direito subjetivo. | • Extinção do direito. |

Situação bem comum é a aplicação da *surrectio* em uma relação contratual de comodato verbal celebrado entre parentes, em que o comportamento continuado e a ausência de oposição podem gerar o reconhecimento de direitos anteriormente não formalizados.

Se o proprietário de um imóvel permitir, de maneira informal, a ocupação por um parente sem estipular prazo ou condições específicas para a devolução do bem, esse comportamento pode gerar expectativas legítimas nos ocupantes, sobretudo se forem realizadas melhorias significativas com o conhecimento ou consentimento tácito do proprietário.

É o que foi julgado pelo STJ.[28] O caso em análise discutiu o reconhecimento de comodato verbal e a aplicação da *surrectio* no contexto de uma ação possessória.

Os comodatários, após a ocupação do imóvel por anos com consentimento tácito do proprietário, pleitearam indenização pelas melhorias feitas. O Tribunal de Justiça do Estado de São Paulo entendeu que a posse decorrente do comodato verbal, embora não qualificada, gerava o direito à indenização pelas benfeitorias, com fundamento nos art. 1.219 e 1.256 do Código Civil, devido à boa-fé dos ocupantes.

Além disso, a ausência de oposição do espólio após o falecimento do proprietário reforçou a presunção de autorização para as benfeitorias, baseando-se na *surrectio*. No caso, o Tribunal reconheceu o direito à retenção e determinou a apuração das benfeitorias em liquidação, confirmando que o comodato verbal, aliado à boa-fé dos ocupantes e à falta de oposição do espólio, justificava o reconhecimento do direito à indenização.

---

28. Superior Tribunal de Justiça. AREsp 2.196.089, Relator Ministro Marco Aurélio Bellizze. Julgado em 24.11.2022. DJe 02.12.2022.

### 1.2.2.4 Violação positiva do contrato

Outra teoria aplicável ao descumprimento dos deveres anexos à obrigação é a da *violação positiva do contrato*. Essa teoria caracteriza a perda de confiança da parte prejudicada em relação à conduta do contratante, que, ao agir sem lealdade e cooperação, comprometeu a integridade do negócio jurídico.

Os deveres anexos, nos contratos familiares, assumem uma importância ainda maior devido à natureza existencial das relações envolvidas. Por exemplo, no contexto de um contrato de convivência ou pacto antenupcial, a lealdade se manifesta na obrigação de revelar a totalidade dos bens ou dívidas antes da assinatura do contrato. Já em ajustes parentais, o dever de cooperação exige que os pais colaborem ativamente na implementação do calendário de convivência.

O descumprimento desses deveres anexos, como omitir informações relevantes ou agir de forma que dificulte o cumprimento do contrato, pode levar à quebra da confiança entre as partes e, em casos graves, à resolução ou revisão do ajuste feito.

*Exemplo prático:*

Se, durante a celebração do contrato, a parte financeiramente mais favorecida incluir cláusulas que prejudiquem o cônjuge mais vulnerável, isso poderá ser considerado abuso do direito e, com base na boa-fé objetiva, essas cláusulas poderão ser invalidadas judicialmente.

### 1.2.3 Função social do contrato

A função social do contrato é um princípio que vai além dos interesses particulares das partes envolvidas, reconhecendo que os contratos devem também atender ao interesse de terceiros e à sociedade. No âmbito das relações familiares, a função social exige que os contratos promovam o equilíbrio e a harmonia, evitando o desequilíbrio entre os membros da família.

Nesse contexto, a doutrina reconhece que a função social do contrato possui uma dupla eficácia: uma *interna*, direcionada às partes contratantes, promovendo equilíbrio e justiça na relação contratual, e outra *externa*,[29] voltada à proteção dos

---

29. Cristiano Chaves e Nelson Rosenvald esclarecem que "não existem dúvidas quanto à plasticidade da função social externa e, mesmo, de sua operabilidade. Ela permite-nos desatar as amarras que prendiam o crédito às partes e aos seus sucessores, ignorando a sociedade que os tangencia. Os bons contratos promovem a confiança nas relações sociais, enquanto os maus contratos a degeneram. Por vezes, as relações creditícias escapam do controle de seus artifícios, alcançando estranhos que algumas vezes podem ser ofendidos por elas e, em outras hipóteses, podem até mesmo se colocar em situação de

interesses de terceiros e da coletividade, garantindo que os efeitos do contrato estejam alinhados com os valores e objetivos sociais.

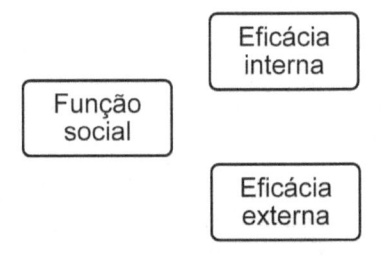

O contrato não é mais visto como forma de atender a interesses exclusivamente individuais, possuindo também uma finalidade social, como ocorre nos negócios que visam o fornecimento de alimentos ou os contratos direcionados aos vulneráveis, como é o caso do contrato de adesão voltado para a relação de consumo de saúde.

John Rawls[30] estabelece, como o primeiro princípio de justiça, que cada indivíduo tem o direito de usufruir de um conjunto igual de liberdades, desde que essa igualdade de liberdades seja compatível com as mesmas condições para os demais. Dessa forma, torna-se evidente a conexão entre esse princípio e o direito contratual.

A premissa do Código Civil é dirigir a liberdade de contratar nos limites e em razão da função social do contrato que deve ser concluído e executado de forma socialmente responsável a fim de garantir equilíbrio social, podendo ser entendida também como uma forma de afastar o abuso do direito, mediante intervenções limitadoras e impulsionadoras.

Em tempos de abertura à contratualização, a utilização da função social busca a conciliação do bem comum dos contratantes e da sociedade. Tem-se um deslocamento do "[...] poder jurígeno da vontade e do trânsito das titularidades, para um concerto entre o interesse patrimonial inerente à circulação de riquezas e o interesse social que lateralmente àquele se projeta".[31]

---

violar a relação para a qual não foram convidados". In: CHAVES DE FARIAS, Cristiano. ROSENVALD, Nelson. *Curso de direito civil*: contratos. 7. ed. Salvador: JusPodivm, 2017. p. 226.

30. "Cada pessoa tem o mesmo direito irrevogável a um esquema plenamente adequado de liberdades básicas iguais que seja compatível com o mesmo esquema de liberdades para todos". In: RAWLS, John. *Justiça como equidade*: uma reformulação. Trad. Claudia Berliner. São Paulo: Martins Fontes, 2003. p. 60.

31. ROSENVALD, Nelson. A função social do contrato. *MP-MG Jurídico*, Minas Gerais, n. 9, ano II, abr./jun. 2007. p. 11.

E reforçando a ideia de reconciliar interesses, o reconhecimento da função social como princípio, não pode significar a negação da autonomia privada, mas precisa significar a sua reeducação.[32]

Eric Posner[33] sugere que o sistema legal deve ser analisado tanto em uma perspectiva descritiva quanto normativa, buscando avaliar quais regras melhor atendem aos interesses dos contratantes. A análise descritiva centra-se em compreender como o direito contratual é desenvolvido pelo Poder Judiciário, enquanto a análise normativa presume que as regras contratuais devem promover eficiência. A análise econômica do direito[34] defendida pelo autor dialoga diretamente com o deslocamento da vontade individual para uma conciliação entre o interesse patrimonial e o interesse social, que deve ser alcançado sem negar, mas reeducando, a autonomia privada.

Assim, a função social do contrato e a análise econômica proposta por Posner convergem para o mesmo objetivo: equilibrar interesses individuais e coletivos de forma eficiente, sem abdicar da liberdade como elemento essencial.

No direito de família, esse princípio orienta para que as relações contratuais não prejudiquem o núcleo familiar[35] como um todo, garantindo a proteção de todos os envolvidos, notadamente os mais vulneráveis, como menores, incapazes e idosos.

---

32. GAGLIANO, Pablo Stolze. PAMPLONA FILHO, Rodolfo. *Novo curso de direito civil*: contratos. São Paulo: Saraiva, 2014. t. I. p. 52.

33. POSNER, Eric. Análise econômica do direito contratual após três décadas: sucesso ou fracasso? In: SALAMA, Bruno Meyerhof. *Análise econômica do direito contratual*: sucesso ou fracasso. São Paulo: Saraiva, 2010. p. 18-19.

34. É importante considerar que embora existam algumas semelhanças do direito contratual brasileiro em relação ao americano, berço da análise econômica do direito, existem também visíveis diferenças. O Brasil apresenta maior grau de dirigismo contratual, já no sistema jurídico americano existe menor interferência na vontade das partes, existem poucas normas de cunho impositivo e o contrato só é extinto em caso de forte incidência da regra do adimplemento substancial. In: DUQUE, Bruna Lyra. *Causa dos contratos*: entre direitos e deveres. Belo Horizonte: Conhecimento, 2018. p. 170.

35. "1. Recurso especial interposto contra acórdão publicado na vigência do Código de Processo Civil de 1973 (Enunciados Administrativos 2 e 3/STJ). 2. Cinge-se a controvérsia a saber se foi legítimo o ato do segurado, alcoólatra habitual, que alterou o rol de beneficiários de dois seguros de vida para incluir a irmã em detrimento dos filhos menores. 3. No contrato de seguro de vida há uma espécie de estipulação em favor de terceiro, visto que a nomeação do beneficiário é, a princípio, livre, podendo o segurado promover a substituição a qualquer tempo, mesmo em ato de última vontade, até a ocorrência do sinistro, a menos que tenha renunciado a tal faculdade ou a indicação esteja atrelada à garantia de alguma obrigação (art. 791 do CC/2002). 4. O beneficiário a título gratuito de seguro de vida detém mera expectativa de direito de receber o capital segurado. Somente com a ocorrência do evento morte do segurado é que passará a obter o direito adquirido à indenização securitária. Até a efetivação desse resultado, o tomador do seguro poderá modificar o rol de agraciados. 5. A falta de restrição para o segurado designar ou modificar beneficiário no seguro de vida não afasta a incidência de princípios gerais do Direito Contratual, como as normas dos arts. 421 (função social do contrato) e 422 (probidade e boa-fé) do CC. 6. O segurado, ao contratar o seguro de vida, geralmente possui a intenção de amparar a própria família, os parentes ou as pessoas que lhe são mais afeitas, de modo a não deixá-los desprotegidos economicamente quando de seu óbito. 7. Na hipótese, havendo ou não má-fé da recor-

*Exemplo prático:*

No caso de um contrato de doação entre pai e filho, a função social do contrato pode ser observada ao garantir que a doação não coloque em risco o sustento de outros membros da família que dependem financeiramente dos pais.

Conrado Paulino,[36] sobre a importância da doação no planejamento patrimonial, assim destaca: "considerando a opção pela reserva da legítima em nosso sistema jurídico, é preciso que o doador tenha, preferencialmente, orientação jurídica quando da disposição".

Aqui está um ponto relevante a ser considerado: a doação pode ser utilizada nas famílias, mas para atender às limitações legais não pode ser feita de qualquer maneira e sem a devida orientação jurídica especializada, como veremos no Capítulo 10.

## 1.2.4 Afetividade

O dever de afeto encontra o seu fundamento constitucional[37] na proteção da pessoa humana. Este princípio, como derivação da solidariedade, fundamento do Estado Democrático de Direito, estabelece-se na sociedade como uma forma de proteger o indivíduo de quaisquer ataques, tanto do Estado e da sociedade, buscando tutelar a integridade física, psíquica e moral dos indivíduos.[38]

---

rente por instigar o irmão, alcoólatra compulsivo, a substituir os rebentos dele como beneficiários dos seguros de vida a fim de incluí-la, os capitais constituídos nunca foram para favorecê-la, pois a real intenção do segurado foi sempre a de assegurar proteção econômica aos filhos menores, recebendo eles os valores da indenização securitária diretamente (em um primeiro momento) ou por intermédio da tia (na condição de gestora de recursos). Necessidade de anulação do ato de alteração dos agraciados, excluindo-a do rol, para que a verba possa ser usada em proveito dos verdadeiros beneficiados. 8. É inviável a esta Corte a análise da suficiência das provas e da satisfação do ônus probatório das partes, haja vista a incidência do óbice da Súmula 7/STJ. 9. Recurso especial não provido" (Superior Tribunal de Justiça. REsp 1.510.302/CE, Relator Ministro Ricardo Villas Bôas Cueva, Terceira Turma. Julgado em 05.12.2017. DJe 18.12.2017).

36. PAULINO DA ROSA, Conrado. *Planejamento sucessório*: teoria e prática. São Paulo: JusPodivm, 2024. p. 180.

37. "O princípio da afetividade, embora implícito no texto constitucional, emana do princípio da solidariedade. Na condição de princípio, a afetividade encerra deveres jurídicos e, não por acaso, doutrina e jurisprudência se apropriaram do seu conteúdo e reconheceram efeitos jurídicos às relações de família socioafetivas. Sem dúvida, é uma grande virada paradigmática estabelecer com clareza que afetividade não significa afeto. São dimensões distintas: enquanto este é um elemento anímico, estranho ao Direito, aquele é um princípio jurídico, ou seja, espécie normativa". In: LOBO, Fabíola Albuquerque. As transformações do direito de família brasileiro à luz da Constituição Federal de 1988. *Civilistica. com.* Rio de Janeiro, a. 8, n. 3, 2019. Disponível em: http://civilistica.com/as-transformacoes-do-direito-de-familia. Acesso em: 20 nov. 2024.

38. DUQUE, Bruna Lyra. Dever fundamental de afeto e alienação parental. *Revista de direito de família e das sucessões.* v. 3., n. 7, p. 15-31, jan./mar. 2016.

O princípio pode ser considerado ao mesmo tempo direito e dever fundamental, uma vez que este impõe limites à sociedade civil em geral e aos poderes estatais e aos particulares, de forma a garantir a plena efetivação de direitos e deveres essenciais à própria condição humana. Por exemplo, como um dever fundamental explícito, o art. 227 da Constituição Federal[39] dispõe sobre o dever do Estado, da sociedade e da família na proteção da criança e do adolescente.

A família é o núcleo básico da sociedade. Sem a família não é possível falar em plenitude de qualquer organização social ou jurídica. "É a família que nos estrutura como sujeitos e encontramos algum amparo para o nosso desamparo estrutural", conforme esclarece Rodrigo da Cunha.[40]

Para Ricardo Calderón,[41] a centralidade atribuída aos vínculos afetivos na acepção de "família" conjetura sua amplitude, admitindo múltiplos modelos familiares existentes na sociedade. O que se observa é que não há mais um liame obrigatório ao modelo clássico de pai, mãe e filho, nem uma dependência específica do casamento para formar uma família.

O princípio da afetividade reconhece o papel dos laços emocionais e do afeto nas relações familiares e contratuais. Esse princípio valoriza o compromisso afetivo entre os membros da família, orientando a aplicação e interpretação dos contratos, o que consequentemente preservará e respeitará os vínculos criados.

O perfil consensual e o sentimento de afeição devem ser considerados, segundo Guilherme Calmon Nogueira da Gama,[42] como os "alicerces das famílias jurídicas, resgatando a afetividade nas relações privadas mais próximas e íntimas".

Rodrigo da Cunha Pereira[43] ressalta que o princípio da afetividade implica reconhecer que o afeto traz consigo seu oposto, pois amor e ódio coexistem como lados complementares. Na ausência do afeto, é necessário que a lei intervenha, estabelecendo limites onde o afeto não pôde prevalecer.

A afetividade influencia as decisões e os termos dos contratos, destacando que os direitos e os deveres decorrentes desses contratos devem considerar o

---

39. Art. 227. É dever da família, da sociedade e do Estado assegurar à criança, ao adolescente e ao jovem, com absoluta prioridade, o direito à vida, à saúde, à alimentação, à educação, ao lazer, à profissionalização, à cultura, à dignidade, ao respeito, à liberdade e à convivência familiar e comunitária, além de colocá-los a salvo de toda forma de negligência, discriminação, exploração, violência, crueldade e opressão.

40. PEREIRA, Rodrigo da Cunha. Família, direitos humanos, psicanálise e inclusão social. *Revista do Ministério Público do Rio Grande do Sul*, n. 58, maio/ago. p. 195-201, 2006. p. 195.

41. CALDERÓN, Ricardo. *Princípio da efetividade no direito de família*. 2. ed. Rio de Janeiro: Forense, 2017. p. 168.

42. NOGUEIRA DA GAMA, Guilherme Calmon. *Princípios constitucionais de direito de família*. São Paulo: Atlas, 2008. p. 121.

43. PEREIRA, Rodrigo da Cunha. *Dicionário de direito de família e sucessões*. São Paulo: Saraiva, 2015. p. 1.886.

respeito mútuo e o afeto existente entre as partes. Neste sentido, "o princípio da afetividade se revela como o suporte fático das relações de família na atualidade".[44]

O dever de afeto deve ser considerado um dever fundamental, na medida em que tal dever se mostra como um limite para que sejam assegurados os direitos básicos da criança e do adolescente dentro do ambiente familiar, sendo inconstitucional qualquer ato omissivo ou comissivo que implique, sob qualquer ângulo, a negativa do cuidado e do amparo a este grupo de vulneráveis, por violação aos preceitos constitucionais de proteção à família, às crianças e aos adolescentes.[45]

Neste sentido, como destaca José Casalta Nabais,[46] a face oculta dos direitos reside nos deveres, que não podem jamais ser esquecidos:

> Compreende-se assim que a outra face, a face oculta da liberdade e dos deveres e custos que a materializam, não seja bem-vinda ao discurso social e político nem à retórica jurídica. E todavia, eu proponho-me falar-vos dos deveres e dos custos dos direitos. Isto é, da face oculta do estatuto constitucional do indivíduo. Face oculta que, como a face oculta da lua, não obstante não se ver, é absolutamente necessária para a compreensão correta do lugar do indivíduo e, por conseguinte, da pessoa humana em sede dos direitos fundamentais ou dos direitos do homem.

Assim, falar em afetividade é encontrar a base que sustenta vínculos de filiação e de parentesco, variando apenas na sua intensidade e na especificidade do caso concreto.[47] Indo além, seria falar na autêntica "cláusula geral em que sustenta o direito de família".[48]

Defende Ricardo Calderón[49] que, nesse cenário, as novas interpretações sobre o que é família, idealizadas tanto por juristas quanto por especialistas de outras áreas, são bem-vindas e necessárias para lidar com os desafios atuais.

44. LOBO, Fabíola Albuquerque. As transformações do direito de família brasileiro à luz da Constituição Federal de 1988. *Civilistica.com*. Rio de Janeiro, a. 8, n. 3, 2019. Disponível em: http://civilistica.com/as-transformacoes-do-direito-de-familia. Acesso em: 20 nov. 2024.

45. DUQUE, Bruna Lyra. Dever fundamental de afeto e alienação parental. *Revista de direito de família e das sucessões*. v. 3., n. 7, p. 15-31, jan./mar., 2016. p. 16.

46. NABAIS, José Casalta. *Por uma liberdade com responsabilidade*: estudos sobre direitos e deveres fundamentais. Coimbra: Coimbra Editora, 2007. p. 163-164.

47. MADALENO, Rolf. *Curso de Direito de Família*. Rio de Janeiro: Forense, 2018. p. 100.

48. POLETTO, Carlos Eduardo Minozzo. Solidariedade e responsabilidade no direito de família. In: TAVARES DA SILVA, Regina Beatriz. CAMARGO NETO, Theodureto de Almeida (Coord.). *Grandes temas de direito de família e das sucessões*. São Paulo: Saraiva, 2014. v. 2. p. 116.

49. CALDERÓN, Ricardo. *Princípio da efetividade no direito de família*. 2. ed. Rio de Janeiro: Forense, 2017. p. 168.

Uma prática nociva, nas relações familiares, que não aplica a afetividade é a alienação parental,[50] visto que esta descontrói as funções materna e paterna, tão caras para o desenvolvimento pleno da criança e do adolescente, bem como do saudável ambiente familiar como um todo.

*Exemplo prático:*

No contrato de parceria entre parentes, o princípio da afetividade é essencial para garantir que todos os envolvidos no negócio possam colaborar igualmente no cuidado de um familiar idoso.

## 1.2.5 Solidariedade familiar

A Constituição da República não apresenta apenas normas que conferem direitos, mas também apresenta diversos deveres dos sujeitos como membros do Estado. Assim, os deveres fundamentais são correlatos aos direitos fundamentais (ou direitos à liberdade), pois se limitam por estes e se prestam, ao mesmo tempo, como garantia para o exercício da liberdade. Um Estado, portanto, não é concebido apenas a partir da realização de direitos.[51]

A solidariedade familiar é um princípio que reforça os deveres e o compromisso mútuo entre os membros da família em apoiar uns aos outros. Esse princípio vai além da vontade individual e implica em um dever de cuidado e proteção, sobretudo em momentos de necessidade, sendo essencial nos contratos que envolvem membros vulneráveis, como idosos, crianças e deficientes.

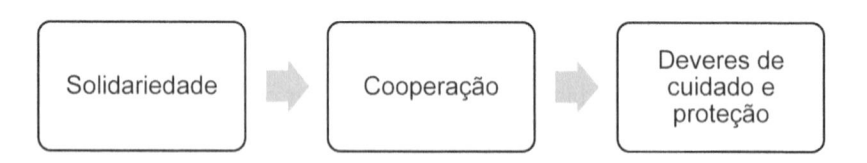

A estrutura da sociedade contemporânea exige um modelo familiar diferenciado e democrático, fundamentado em direitos e deveres recíprocos. O principal propósito da família passa a ser a solidariedade social e o suporte às condições

50. "A prática da alienação parental corrobora no descumprimento do dever fundamental de afeto por aquele que aliena, uma vez que, ficando o genitor alienado impedido de exercer a afetividade de forma plena, resta-se prejudicado o pleno desenvolvimento dos filhos". In: DUQUE, Bruna Lyra. Dever fundamental de afeto e alienação parental. *Revista de direito de família e das sucessões.* v. 3., n. 7, p. 15-31, jan./mar., 2016. p. 18.

51. DUQUE, Bruna Lyra. PEDRA, Adriano Sant'Ana. Os deveres fundamentais e a solidariedade nas relações privadas. *Revista de Direitos Fundamentais e Democracia*, Curitiba, v. 14, n. 14, p. 147-161, jul./dez. 2013. p. 148.

essenciais para o desenvolvimento e progresso humano, sendo o núcleo familiar regido pelo afeto como força motriz.[52]

Não pode existir direitos sem deveres, "porque não há garantia jurídica ou fática dos direitos fundamentais sem o cumprimento dos deveres do homem e do cidadão indispensáveis à existência e funcionamento da comunidade", como adverte Casalta Nabais.[53]

A solidariedade nas relações familiares manifesta-se de diversas formas, como no sustento, guarda e educação dos filhos, dispostos no art. 1.566 do Código Civil, que são responsabilidades atribuídas a ambos os cônjuges; e na obrigação mútua de prestar alimentos entre ascendentes e descendentes,[54] prevista no art. 1.696 do mesmo diploma legal.

No cenário contratual, a solidariedade familiar impõe que os negócios não sejam utilizados para explorar ou prejudicar um membro da família em benefício de outro. A aplicação desse princípio visa garantir que os ajustes reflitam a responsabilidade e a cooperação entre as partes.

*Exemplo prático:*

Em um acordo de divórcio, o princípio da solidariedade familiar pode garantir a manutenção do plano de saúde do ex-cônjuge idoso que não possui condições financeiras para arcar com esse custo sozinho. Assim, a obrigação de contribuir para o plano de saúde acontecerá mesmo após o término do vínculo conjugal.

---

52. CHAVES DE FARIAS, Cristiano. ROSENVALD, Nelson. *Curso de direito civil*: direito de família. Salvador: JusPodivm, 2017. p. 36.
53. NABAIS, José Casalta. *O dever fundamental de pagar impostos*: contributo para a compreensão constitucional do estado fiscal contemporâneo. Coimbra: Almedina, 1999. p. 119.
54. "Apelação cível. Direito de família. Alimentos. Ação de alimentos ajuizada pelo ascendente em face dos descendentes. Obrigação alimentar que é recíproca entre pais e filhos (art. 1.696, CC) e que está prevista na Constituição Federal (art. 229, CRF). Obrigação de fornecer alimentos aos ascendentes que decorre do dever de mútua assistência entre os parentes, fundamentado na reciprocidade, e do princípio da solidariedade familiar. Reciprocidade e dever de solidariedade que são construídos com base no afeto existente entre os membros da família, que leva ao estabelecimento de relação de apoio mútuo, que, por sua vez, faz surgir a responsabilidade entre familiares de amparo e assistência. Abandono material, quebra no vínculo familiar, ausência de afeto etc., que torna inviável a existência de reciprocidade e solidariedade familiar, fundamentos jurídicos que sustentam o dever alimentar. Art. 1.708, parágrafo único, do CC. Direito aos alimentos que cessa quando da existência de procedimento indigno do credor em relação ao devedor. Comprovação de situação de abandono material e afetivo do pai em relação aos filhos, durante toda a infância e vida adulta da prole. Ausência de obrigação alimentar. Precedentes do STJ. Autor, ademais, que não comprovou suficientemente suas necessidades. Recurso conhecido e não provido" (TJPR. 11ª Câmara Cível. 0002922-09.2018.8.16.0116. Rel.: Desa. Luciane do Rocio Custódio Ludovico. J: 05.06.2023).

E fazendo a relação entre contratos, família e solidariedade, o contrato precisa ser compreendido como uma medida de tutela da pessoa humana; uma sustentação para o desenvolvimento livre da existência do indivíduo, como uma diretriz de solidariedade, nos termos propostos no art. 1º, inciso III, da Constituição Federal, na qual o "estar para o outro" converte-se em linha hermenêutica para as situações patrimoniais.[55]

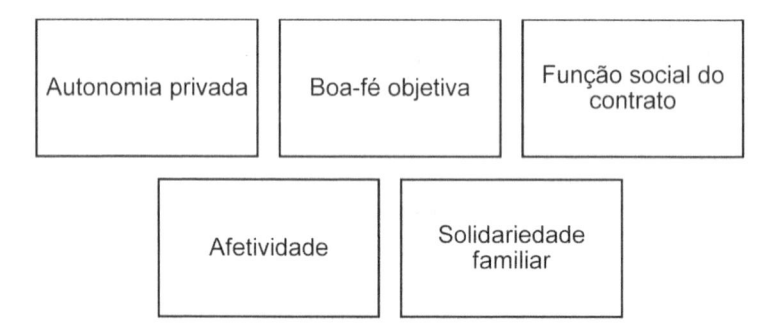

## 1.3 APLICAÇÃO DOS PRINCÍPIOS AO DIREITO DE FAMÍLIA

Para aplicar as normas do direito contratual ao Direito de Família, mostra-se decisivo considerar a extensão dos efeitos dos princípios contratuais, como a boa-fé objetiva e a função social. Esses dois pilares tornam apropriada a aplicação da lealdade e cooperação entre as partes na elaboração, execução e após a conclusão do contrato, diante dos diversos arranjos contemporâneos que caracterizam as famílias.

Rodrigo da Cunha Pereira[56] destaca que a organização e a enumeração dos princípios específicos do direito de família não apenas ajudam a compreender a base e estrutura desse ramo jurídico, mas também promovem uma interpretação que busca alinhar a ética com a legalidade.

O Direito Contratual pode ser aplicado à esfera familiar, desde que respeitado o núcleo existencial dos membros envolvidos, uma vez que, nas relações humanas, as regras patrimoniais não se sustentam de forma isolada. Outros direitos e deveres se mostram mais relevantes, no que diz respeito ao direito de personalidade dos integrantes do núcleo familiar.

---

55. ROSENVALD, Nelson. A função social do contrato. MP-MG Jurídico, Minas Gerais, n. 9, ano II, abr./jun. 2007. p. 10.
56. PEREIRA, Rodrigo da Cunha. **Dicionário de direito de família e sucessões**. São Paulo: Saraiva, 2015. p. 1875.

O afeto que caracteriza a estrutura familiar está baseado em laços especiais, voltados para o convívio habitual e para um destino comum de vidas conectadas por diversas motivações, que se sustentam por vínculos efetivos, e não volúveis. Esse é o ponto central que não pode ser desconsiderado pela entidade familiar, ainda que estabelecida por vínculos contratuais: o afeto sempre se desdobra em laços duradouros, enquanto o patrimônio, inevitavelmente, se dissipa em algum momento da vida.

Aqueles que apresentam objeções à contratualização, pautando-se na proteção dos vulneráveis, argumentam que, se essa contratualização for possível, deveriam ser adotados parâmetros semelhantes aos existentes nos contratos de consumo ou nas relações de emprego, visando à tutela dos vulneráveis nessas relações.

Seria essa ressalva, então, uma justificativa adequada para afastar a contratualização? Entendemos que não.

# 2
# FORMAÇÃO DOS CONTRATOS: PLANEJAMENTO À EXECUÇÃO

O Capítulo 2 é dedicado à análise do processo de formação dos contratos, desde a concepção inicial até sua concretização. O objetivo é oferecer uma visão abrangente sobre as fases e elementos que compõem a criação de contratos alinhados às necessidades das partes envolvidas.

Inicialmente, o capítulo explora as fases da formação contratual, destacando os momentos de negociação, elaboração e formalização dos negócios. Também será abordada a importância dos contratos preliminares.

Em seguida, é apresentada uma classificação dos contratos, com explicações sobre suas diferentes classificações, incluindo contratos bilaterais e unilaterais, gratuitos e onerosos, paritários e de adesão, típicos e atípicos, além de uma sistematização objetiva de outras classificações úteis à prática jurídica.

Outro aspecto é a inclusão de cláusulas estratégicas, que proporcionam maior personalização e flexibilidade aos contratos. São analisadas cláusulas como confidencialidade, cláusula penal, cláusula do pôr do sol, cláusula de escalonamento, cláusulas voltadas para o planejamento patrimonial e cláusulas temporárias, todas com ênfase em sua aplicação prática e para a personalização dos contratos.

## 2.1 FASES DA FORMAÇÃO CONTRATUAL

A formação de um contrato passa por diversas fases, sendo cada uma delas importante para o negócio a ser realizado, a saber: negociações preliminares, oferta e aceitação, ajustes finais e assinatura.

Nas *negociações preliminares (ou puntuação)*, antes de formalizar o contrato, as partes geralmente discutem suas intenções e expectativas, realizando sondagens sobre possíveis negócios. Nessa etapa, não há responsabilidade contratual[1] ou pré-contratual, mas sim responsabilidade de natureza extracontratual.

Embora a espécie de responsabilidade seja um ponto de divergência na doutrina, a fase de puntuação impõe deveres às partes, uma vez que a confiança depositada entre elas torna a violação desses deveres passível de responsabilização civil. Esse entendimento, conforme alerta Flávio Tartuce,[2] "constitui indeclinável evolução quanto à matéria, havendo divergência apenas quanto à natureza da responsabilidade civil que surge dessa fase negocial".

No direito de família, essas negociações tendem a ser longas e delicadas, pois envolvem aspectos pessoais e patrimoniais. Uma coisa é certa, será importante que, durante toda a formação do contrato, as partes atuem com transparência, respeitando a principiologia apresentada no Capítulo 1.

*Exemplo prático:*

Um casal que está prestes a formalizar uma união estável começa a discutir como será a divisão patrimonial entre eles. Durante as negociações, é fundamental que ambos exponham sua situação financeira com objetividade.

A *oferta* é a proposta formal de uma das partes para a celebração do contrato, enquanto a aceitação é o consentimento da outra parte em relação aos termos ofe-

---

1. Flávio Tartuce entende que há responsabilidade contratual pela quebra da boa-fé objetiva. In: TARTUCE, Flávio. *Direito Civil*: Teoria geral dos contratos e Contratos em espécie. 14 ed. Rio de Janeiro: Forense, 2019. v. 3. p. 148-149.
2. TARTUCE, Flávio. *Direito Civil*: Teoria geral dos contratos e Contratos em espécie. 14 ed. Rio de Janeiro: Forense, 2019. v. 3. p. 151.

recidos. Como manifestação inequívoca da vontade de contratar, a oferta vincula o proponente, e em caso de descumprimento, poderá incidir a responsabilização.

A manifestação deve ser precisa e completa, isto é, determinada de tal maneira que, em virtude da aceitação, se possa obter o acordo sobre a totalidade do contrato. Deve conter, portanto, todas as cláusulas essenciais, de modo que o consentimento do oblato (aceitante) resulte na formação do contrato.

São requisitos da proposta: i) deve ser precisa e completa, porque é o impulso inicial de uma fonte obrigacional; e ii) deve conter os elementos essenciais do negócio, tais como, preço, objeto, quantidade, tempo e condições de pagamento.

A *aceitação* é a adesão do oblato (aceitante) à proposta. O ato deve ser puro e simples, o que importa realçar que antes da aceitação inexiste contrato. Porém, com a aceitação o oblato se converte em aceitante e faz aderir a sua vontade à do proponente, assim a oferta se transforma em contrato.

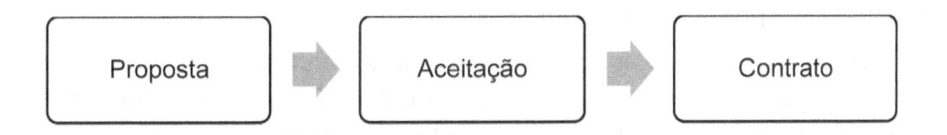

Se o destinatário da proposta realizar alterações no seu conteúdo, isso configurará uma contraproposta, invertendo as posições originalmente estabelecidas. O aceitante da proposta inicial assumirá o papel de proponente, enquanto o proponente original se tornará o destinatário dessa nova oferta.

Para regular conjunturas cotidianas, não judicializadas e sem a participação de menores e incapazes, nas relações familiares, a oferta e a aceitação costumam acontecer em caráter menos formal do que em contratos predominantemente patrimoniais, mas o consentimento informado de ambas as partes é essencial para a validade do contrato.

*Exemplo prático:*

Após negociações, um companheiro propõe, para um contrato de união estável, regras ligadas à convivência do casal e à privacidade. A outra parte, após avaliar os termos, concorda com a proposta, formalizando a aceitação.

Quanto aos *ajustes finais* e *assinatura*, após a aceitação, as partes podem revisar os termos do contrato e fazer ajustes finais. Essa etapa é muito importante, pois qualquer omissão ou erro pode comprometer todo o pacto.

*Exemplo prático:*

O casal que firmou um pacto antenupcial decide fazer ajustes no contrato, como adicionar uma cláusula de confidencialidade para interesses existenciais. Após os ajustes, eles assinam o contrato e o registram no cartório.

## 2.2 CONTRATO PRELIMINAR

Durante a fase que antecede ao contrato, também denominada de pré-contratual, as partes podem firmar um contrato preliminar (pré-contrato), segundo o previsto nos art. 462 a 466 do Código Civil.

Tal contrato cria uma obrigação de fazer[3] entre as partes que consiste na celebração futura do contrato principal. Podemos citar como exemplos a promessa de parceria e a promessa de compra e venda.

Como veremos no Capítulo 9, a promessa de parceria é um contrato preliminar que regula objetivos de cooperação futura. A ideia principal será criar um caminho para a execução de negócios, resguardando a boa-fé e as expectativas legítimas.

Ademais, o pré-contrato pode ser utilizado para viabilizar a conclusão de prestações ainda indisponíveis no momento da celebração, como em casos de coisa futura. Sua maior contribuição prática, contudo, está na segurança que oferece às partes em negociações complexas, que exigem medidas prolongadas

---

3. Rodolfo Pamplona Filho e Pablo Stolze assim esclarecem: "Sem cair na tentação das conceituações digressivas, compreendemos o contrato preliminar como uma avença através da qual as partes criam em favor de uma ou mais delas a faculdade de exigir o cumprimento de um contrato apenas projetado. Trata-se, portanto, de um negócio jurídico que tem por objeto a obrigação de fazer um contrato definitivo". In: GAGLIANO, Pablo Stolze. PAMPLONA FILHO, Rodolfo. *Novo curso de direito civil*: contratos. São Paulo: Saraiva, 2014. v. 4. t. I. p. 186.

e investimentos para alocar e mitigar riscos antes da assinatura do contrato definitivo.[4]

Cristiano Chaves e Nelson Rosenvald,[5] no entanto, entendem que o contrato preliminar não tem como objetivo apenas garantir a celebração de um futuro negócio jurídico. Por exemplo, a promessa de venda com função de garantia gera efeitos imediatos, uma vez que, no momento de sua assinatura, o comprador passa a ter posse do bem, usufruindo de suas utilidades e benefícios.

Neste ponto, com o passar do tempo e mediante o cumprimento das prestações, o comprador consolida o domínio sobre o bem. No momento do adimplemento integral, o vendedor permanece apenas com a titularidade formal, que já não possui conteúdo econômico relevante. Assim, o contrato definitivo de compra e venda torna-se uma mera formalização do consentimento previamente acordado na promessa.[6]

O contrato preliminar distingue-se do contrato principal em relação ao seu objeto: no contrato preliminar, o objeto é a obrigação de celebrar o contrato definitivo, enquanto, no principal, o objeto consiste em uma prestação substancial.[7]

| Contrato preliminar | Contrato definitivo |
| --- | --- |
| • Obrigação de fazer o contrato definitivo. | • Prestação principal. |

Assim esclarece Caio Mário[8] sobre o contrato preliminar:

> Não é, porém, fora dos quadros habituais que ambas acordem sobre o objeto, fixem condições, e ajustem a celebração de um contrato que é, no entanto, transferido para um momento futuro, seja em razão de impossibilidade momentânea para a sua conclusão, seja porque surjam dificuldades no preenchimento de requisitos formais, seja pela demora na obtenção de financiamento, seja simplesmente por motivos particulares de conveniência. Em tais casos, firmam um contrato, tendo em vista a celebração do outro contrato: realizam um negócio, ajustando contrato que não é o principal, porém, meramente preparatório: não é a compra

---

4. TEPEDINO, Gustavo; KONDER, Carlos Nelson; BANDEIRA, Paula Greco. *Fundamentos do direito civil*: contratos. Rio de Janeiro: Forense. 2023. v. 3. Edição do Kindle. 2022, p. 200.

5. CHAVES DE FARIAS, Cristiano. ROSENVALD, Nelson. *Curso de direito civil*: contratos. 7. ed. Salvador: JusPodivm, 2017. p. 125.

6. CHAVES DE FARIAS, Cristiano. ROSENVALD, Nelson. *Curso de direito civil*: contratos. 7. ed. Salvador: JusPodivm, 2017. p. 125.

7. PEREIRA, Caio Mário da Silva. *Instituições de Direito Civil*: contratos. Rio de Janeiro: Forense, 2006. v. 3. p. 81.

8. PEREIRA, Caio Mário da Silva. *Instituições de Direito Civil*: contratos. Rio de Janeiro: Forense, 2006. v. 3. p. 81.

e venda ou o mútuo, mas a realização futura de um outro contrato, o principal, que, este sim, será a compra e venda, ou o mútuo, ou outra espécie contratual.

A finalidade do pré-contrato é garantir que determinadas condições sejam cumpridas no presente, isto é, antes da formalização do contrato principal. Caso não seja inserida a cláusula de arrependimento, a celebração do contrato definitivo poderá ser exigida judicialmente.

Reforçam Gustavo Tepedino, Carlos Konder e Paula Bandeira que o contrato preliminar, de forma geral, permite às partes conciliar a garantia de um vínculo contratual com a necessidade de adiar sua concretização, possibilitando a realização de medidas preparatórias, como a obtenção de documentos (certidões, procurações, licenças), o parcelamento do preço, a prorrogação de tributos ou a realização de diligências preventivas, como a *due diligence*.[9]

Ressalta-se que os contratos preliminares não se confundem com as negociações preliminares, posto que estas são conversas iniciais, uma verdadeira fase de exploração de interesses, já o contrato preliminar é um negócio jurídico que gera a exigibilidade para a realização do pacto futuro.

| Negociação preliminar | Contrato preliminar |
|---|---|
| • Fase de sondagem. | •Obrigação de fazer o contrato definitivo. |

O art. 463 do Código Civil, ao exigir que todo contrato preliminar inclua os requisitos essenciais do contrato definitivo, com exceção da forma, prevê expressamente a possibilidade de se exigir judicialmente a celebração do negócio definitivo.

A codificação civilista também adota a regra, já prevista na legislação processual, de obter uma decisão judicial que substitua a manifestação de vontade da parte inadimplente, conforme dispõe o art. 464.

Todavia, a execução específica pode ser inaplicável a determinados contratos preliminares, como no contrato definitivo que depende da autorização conjugal

---

9. Gustavo Tepedino, Carlos Konder e Paula Bandeira entendem que o contrato preliminar é relevante em operações negociais que envolvem não apenas bens de alta complexidade, mas também interesses divergentes das partes, cuja harmonização frequentemente demanda um processo negocial mais longo. In: TEPEDINO, Gustavo; KONDER, Carlos Nelson; BANDEIRA, Paula Greco. *Fundamentos do direito civil*: contratos. Rio de Janeiro: Forense. 2023. v. 3. Edição do Kindle. 2022, p. 200.

ou envolve o cumprimento de uma obrigação de fazer infungível. Para alguns autores, isso também se aplica aos contratos preliminares de doação.[10]

Cristiano Chaves e Nelson Rosenvald[11] entendem pela admissibilidade da promessa de doação, pois a sua exequibilidade se refere à causa do contrato de doação. Concordamos com tal entendimento, uma vez que a causa é um elemento inerente ao negócio que se pretende firmar (o porquê do negócio[12]).

| Exigibilidade da promessa de doação | Inexigibilidade da promessa de doação |
|---|---|
| • Exigibilidade trata da causa d doação. | • É inadmissível a execução coativa da promessa de doação. |

Entendemos ainda que as prestações isoladas de uma relação obrigacional não promoverão uma funcionalização plena do instituto. Nem sempre o cumprimento individualizado ou incompleto de uma prestação configurará o adimplemento satisfatório, exigindo-se o efetivo alcance da função socioeconômica do negócio firmado.[13]

Há divergência na doutrina também sobre a impossibilidade de execução específica em contratos preliminares que antecedem um contrato definitivo de natureza real, como depósito ou comodato, uma vez que, o suprimento judicial da vontade não seria suficiente para constituir o negócio final sem a tradição do bem.

O art. 465 do Código Civil estabelece que "se o estipulante não der execução ao contrato preliminar, poderá a outra parte considerá-lo desfeito, e pedir perdas e danos". Tal previsão permite à parte prejudicada buscar reparação pelo descumprimento do contrato preliminar.

---

10. Rodolfo Pamplona Filho e Pablo Stolze assim defendem: "concluímos pela inadmissibilidade da execução coativa da promessa de doação, muito embora não neguemos a possibilidade de o promitente-donatário, privado da legítima expectativa de concretização do contrato definitivo, e desde que demonstrado o seu prejuízo, poder responsabilizar o promitente-doador pela via da ação ordinária de perdas e danos". In: GAGLIANO, Pablo Stolze. PAMPLONA FILHO, Rodolfo. *Novo curso de direito civil*: contratos. São Paulo: Saraiva, 2014. v. 4. t. I. p. 198.
11. CHAVES DE FARIAS, Cristiano. ROSENVALD, Nelson. *Curso de direito civil*: contratos. 7. ed. Salvador: JusPodivm, 2017. p. 136.
12. DUQUE, Bruna Lyra. *Causa dos contratos*: entre direitos e deveres. Belo Horizonte: Conhecimento, 2018. p. 227.
13. DUQUE, Bruna Lyra. *Causa dos contratos*: entre direitos e deveres. Belo Horizonte: Conhecimento, 2018. p. 227-228.

Dessa forma, destaca-se uma segunda via para o credor agir, visto que a codificação privilegia, em primeiro lugar, o adimplemento da obrigação, ainda que isso ocorra por uma tutela específica. A contemporânea concepção de efetividade do direito material reforça a ideia de que a obrigação deve ser cumprida, enquanto o ordenamento civil, fundamentado no princípio da operabilidade, assegura que ela seja conduzida ao seu término natural. Casos de inadimplemento, por sua vez, são considerados excepcionais e patológicos dentro dessa lógica.[14]

## 2.3 CLASSIFICAÇÃO DOS CONTRATOS

Duas questões fundamentais surgem: por que classificar os contratos? Qual o objetivo de se categorizar os diferentes tipos contratuais? A classificação dos contratos tem como principal finalidade proporcionar uma melhor compreensão das características específicas de cada tipo, orientando quanto aos regimes jurídicos aplicáveis, aos efeitos produzidos por cada contrato e aos traços distintivos que os diferenciam.

Dessa forma, classificar os contratos levará a identificação de suas particularidades, permitindo a aplicação das normas específicas para cada caso e a adequada interpretação dos direitos e deveres das partes.

Lembrando que, no âmbito das famílias, os contratos podem variar de simples combinações de convivência a complexos instrumentos de um planejamento patrimonial sucessório. O tipo de contrato a ser adotado depende da situação das partes e das suas necessidades específicas.

### 2.3.1 Contratos típicos e atípicos

Os contratos nominados ou *típicos* são aqueles expressamente previstos e regulamentados em lei. A vantagem desses contratos é que eles possuem um núcleo próprio e bem definido.

O Código Civil reconhece vinte e três espécies de contratos, a saber: compra e venda, troca, estimatório, doação, locação, comodato, mútuo, prestação de serviços, empreitada, depósito, mandato, comissão, agência, distribuição, corretagem, transporte, constituição de renda, seguro, jogo, aposta, fiança, transação e compromisso.

Por outro lado, os contratos inominados ou *atípicos* não são especificados em lei. Exemplos incluem parcerias, negócios de publicidade e, de modo geral,

---

14. CHAVES DE FARIAS, Cristiano. ROSENVALD, Nelson. *Curso de direito civil*: contratos. 7. ed. Salvador: JusPodivm, 2017. p. 132.

demais negócios que surgem espontaneamente da negociação, os quais criarão normas entre as partes desde que não contrariem a lei, a ordem pública e os princípios gerais do direito.

| Contratos típicos | Contratos atípicos |
|---|---|
| • Previstos expressamente na lei. | • Sem previsão legal. |

O art. 425 do Código Civil[15] dispõe que as partes podem criar contratos que não estão previamente descritos ou regulamentados na lei, desde que respeitem as regras gerais estabelecidas pelo próprio Código. Isso significa que é possível elaborar contratos sob medida para atender às necessidades específicas das partes.

Como veremos no Capítulo 5, é possível estabelecer contratos na consolidação das famílias, o que chamamos de contrato pós-conjugal, classificado como contrato atípico. Silvia Marzagão,[16] por sua vez, o denomina de contrato paraconjugal, também enquadrando-o como um contrato atípico.

Alguns autores, como Carlos Roberto Gonçalves,[17] distinguem contratos nominados de típicos e inominados de atípicos. No entanto, preferimos tratar essas denominações como sinônimas na classificação dos contratos, uma vez que todo contrato nominado é também típico, e todo contrato inominado é igualmente atípico, e vice-versa.

### 2.3.2 Contratos unilaterais, bilaterais e plurilaterais

Os *contratos bilaterais* são aqueles em que ambas as partes assumem obrigações recíprocas. Cada parte é credora e devedora uma da outra ao mesmo tempo, sendo chamados de sinalagmáticos (sinalagma significa reciprocidade de prestação), como ocorre na compra e venda e na locação. Esses contratos são comuns em relações familiares, em que as partes geralmente assumem responsabilidades mútuas.

---

15. Art. 425. É lícito às partes estipular contratos atípicos, observadas as normas gerais fixadas neste Código.
16. MARZAGÃO, Silvia Felipe. *Contrato Paraconjugal*: A modulação da conjugalidade por contrato teoria e prática. 2. ed. São Paulo: Foco, 2024. Edição do Kindle. p. 109.
17. GONÇALVES, Carlos Roberto. *Direito Civil brasileiro*: contratos. São Paulo: Saraiva, 2008b. p. 91-92.

*Exemplo prático:*

Em um acordo de sócios de uma empresa formada por dois companheiros, os envolvidos concordam e se comprometem a cumprir as obrigações financeiras conjuntas, além de distribuir de forma equilibrada as responsabilidades na gestão do negócio.

Os *contratos unilaterais* são aqueles que impõem deveres a um dos polos dos contratos. Não existem direitos e deveres recíprocos, como ocorre no comodato, salvo no caso dos contratos unilaterais imperfeitos ou bilaterais imperfeitos. Além disso, nesses negócios, a interpretação é restritiva, na forma do art. 114 do Código Civil.

Denomina-se contrato bilateral imperfeito aquele que, inicialmente, é unilateral, mas, devido a circunstâncias supervenientes durante sua execução, acaba gerando uma obrigação para a parte que, a princípio, não estava comprometida com qualquer dever.

Um exemplo é o comodante que passa a ter a obrigação de indenizar o comodatário pelas despesas realizadas no bem, tornando o contrato bilateral imperfeito, uma vez que, no início, o comodatário apenas iria usufruir do bem sem assumir ônus.

| Contratos bilaterais | Contratos unilaterais |
| --- | --- |
| • As partes têm obrigações recíprocas. | • Um contratante tem ônus. |

A classificação bilateral e unilateral, dessa maneira, leva em conta a bilateralidade quanto aos efeitos do ajuste, podendo ser a cargo de um só dos contratantes o dever de prestar (doação) ou de prestações recíprocas (compra e venda).

Por essa razão, nos contratos bilaterais, o "[...] elemento categorial inderrogável consiste em se convencionar a prestação como causa da contraprestação e vice-versa [...]. Nessa linha de reciprocidade, então, "[...]a causa consiste, naturalmente, na dupla realização da prestação e da contraprestação".[18]

Os contratos unilaterais também têm sua importância no Direito de Família. Eles ocorrem, por exemplo, quando um dos cônjuges decide doar bens ao outro, sem que haja necessidade de reciprocidade do outro lado.

---

18. JUNQUEIRA DE AZEVEDO, Antonio. *Negócio jurídico*: existência, validade e eficácia. São Paulo: Saraiva, 2013. p. 155.

*Exemplo prático:*

Um dos cônjuges, antes de se casar, tinha um imóvel e decidiu doá-lo ao outro cônjuge. Nesse caso, o doador ao celebrar o contrato de doação, no qual só ele tem deveres – transfere o imóvel ao donatário – enquanto o futuro cônjuge beneficiado não precisa cumprir qualquer contraprestação.

Alguns reflexos são nítidos conforme a natureza bilateral ou unilateral dos ajustes. O primeiro reflexo é conhecido como *exceptio non adimpleti contractus* (exceção do contrato não cumprido), que é um instrumento para recusar o cumprimento de determinada prestação.

Em outras palavras, trata-se de uma oposição de defesa, quando um dos contratantes diz que não cumprirá sua obrigação enquanto o primeiro obrigado não a realizar primeiro. Só se pode arguir essa exceção nos contratos bilaterais, porque dada sua correlação das prestações, cada contratante pode exigir do outro o cumprimento obrigacional.

O segundo reflexo é denominado de *exceptio rite non adimpleti contractus* (exceção do contrato mal cumprido) que é alegado quando há execução deficiência ou mal prestada, ou seja, pode ser considerado um desdobramento da execução do contrato não cumprido, tendo por objetivo que a prestação seja completada.

Os contratos *plurilaterais* são caracterizados pela multiplicidade de sujeitos e pelo objetivo comum que os une. Diferentemente dos contratos bilaterais, em que as obrigações e prestações são estabelecidas de forma recíproca entre duas partes, nos contratos plurilaterais os direitos e deveres serão distribuídos dependendo da função que cada parte desempenha no ajuste, como ocorre em uma sociedade empresarial, acordo de sócios ou em contratos de consórcio.

Nesses contratos, a extinção do vínculo de uma das partes não necessariamente afeta a validade do contrato como um todo, salvo se a participação dessa parte for essencial para a concretização do objeto pactuado. Portanto, o equilíbrio nesses contratos é mais complexo, exigindo uma análise das prestações de cada parte para garantir que os interesses coletivos sejam preservados.

Como ressaltam Gustavo Tepedino, Carlos Konder e Paula Bandeira,[19] nos contratos plurilaterais, o vício na declaração de vontade de uma das partes não

---

19. Gustavo Tepedino, Carlos Konder e Paula Bandeira ensinam que: "Nesses contratos, ditos plurilaterais, diversas partes se reúnem em torno de um mesmo e único objetivo e o contrato desempenha uma função instrumental, organizadora, normativa, disciplinando a conjugação de esforços para atingir esse objetivo. Não há apenas a troca de prestações, já que os diversos centros de interesses, no contrato de sociedade, se encontram reunidos para a persecução do fim comum, razão pela qual são referidos como contratos plurilaterais. Essas peculiaridades conduzem a efeitos normativos próprios,

compromete a validade integral do contrato, permitindo que as demais relações entre os participantes continuem vigentes.

Além disso, a impossibilidade de cumprimento ou a resolução da prestação de uma das partes não prejudica a execução do contrato para os demais contratantes. O inadimplemento individual não justifica, de forma automática, a aplicação da exceção de contrato não cumprido pelos outros participantes, já que, nesses negócios, o objetivo coletivo supera os interesses individuais típicos dos contratos sinalagmáticos.

A gestão e a redação desses contratos demandam especial atenção, principalmente em cláusulas que regulam a entrada e saída de participantes, bem como a alocação de responsabilidades, evitando conflitos entre os sujeitos envolvidos.

*Exemplo prático:*

Três irmãos decidem criar uma holding familiar para administrar o patrimônio herdado de seus pais, composto por imóveis, investimentos financeiros e uma pequena empresa. Para isso, firmam um contrato plurilateral no qual cada um deles desempenha um papel específico.

Nesse contexto, a análise cuidadosa das prestações e obrigações de cada irmão evita desequilíbrios que possam comprometer os interesses da família como um todo. Por exemplo, caso um dos irmãos tenha interesse sair da empresa, o contrato pode conter cláusulas que ofereçam prioridade aos demais membros para adquirir a participação, evitando que um estranho entre na sociedade.

### 2.3.3 Contratos gratuitos e onerosos

Os contratos também se classificam como gratuitos ou onerosos, conforme o benefício recebido pelas partes envolvidas. A relação jurídica constituída entre as partes, sendo o contrato de natureza gratuita ou onerosa, promove o ajuste de bens ou serviços, podendo envolver contraprestações equivalentes ou desproporcionais.

---

como, por exemplo: a abertura para o ingresso de novas partes no curso da relação contratual, com o prolongamento da formação do contrato; a orientação das obrigações de uma parte não perante outra específica, mas perante todos os demais; a fixação do prazo não para o cumprimento de determinadas obrigações, mas para o desenvolvimento da organização no seu conjunto. In: TEPEDINO, Gustavo; KONDER, Carlos Nelson; BANDEIRA, Paula Greco. *Fundamentos do direito civil*: contratos. Edição do Kindle. Rio de Janeiro: Forense. 2023, v. 3. p. 153.

Um *contrato oneroso* é aquele em que ambas as partes têm desfalque patrimonial, gerando uma troca de vantagens e sacrifícios recíprocos. Em outras palavras, cada parte tem uma prestação.

Já um *contrato gratuito* envolve apenas uma das partes assumindo desfalque patrimonial, sem que a outra parte tenha de realizar qualquer contraprestação. Essa classificação visa definir o papel econômico de cada prestação assumida, além de influenciar diretamente na interpretação das cláusulas contratuais.

No Direito de Família, por exemplo, em um contrato de doação de bens entre cônjuges, o caráter gratuito reflete o intuito de beneficiar o donatário sem exigir qualquer tipo de retribuição financeira. Já em um contrato de compra e venda entre pai e filho, no qual o filho adquire um imóvel do pai mediante pagamento, caracteriza-se um contrato oneroso, pois há uma contraprestação financeira e a troca de benefícios entre as partes.

| Contratos gratuitos | Contratos onerosos |
| --- | --- |
| • Uma parte assume desfalque patrimonial. | • As partes têm desfalque patrimonial. |

Na compra e venda,[20] o art. 496[21] do Código Civil exige o consentimento expresso do cônjuge do vendedor e dos demais descendentes, objetivando a maior proteção ao patrimônio da família, salvo se o regime dos bens for o da separação.

Dessa forma, compreender a natureza gratuita ou onerosa dos contratos ajuda a estabelecer os limites das expectativas e as obrigações de cada parte nas relações familiares.

*Exemplo prático:*

Dois primos celebram um contrato oneroso de parceria para a exploração de um imóvel rural, ambos têm desfalque patrimonial – como investir na manutenção do local e dividir os rendimentos –, caracterizando uma troca de vantagens que beneficiam as duas partes.

---

20. No capítulo 7 da obra, abordaremos com mais detalhes as principais implicações e efeitos do contrato de compra e venda de ascendente para descendente.
21. Art. 496. É anulável a venda de ascendente a descendente, salvo se os outros descendentes e o cônjuge do alienante expressamente houverem consentido. Parágrafo único. Em ambos os casos, dispensa-se o consentimento do cônjuge se o regime de bens for o da separação obrigatória.

## 2.3.4 Contratos paritários e de adesão

Contratos *paritários* são ajustes em que as partes discutem em pé de igualdade as condições do negócio. Os contratos de *adesão* são aqueles cujas cláusulas são preestabelecidas por uma das partes, enquanto a outra parte apenas aceita ou rejeita o contrato em sua totalidade. Há limitação no conteúdo do contrato.

| Contratos paritários | Contratos de adesão |
|---|---|
| • As partes negociam os termos do contrato. | • O aderente não negocia o conteúdo do contrato. |

Nos contratos de adesão, a manifestação de uma das partes ocorre por simples aceitação de um conjunto de cláusulas previamente estabelecidas pela outra parte. Exemplos incluem os contratos de transporte, seguros e financiamentos.

Para as relações contratuais familiares, isso pode ser encontrado em tratativas firmadas com a escolha de fornecedores, como acontece nos seguros de vida ou planos de saúde familiares, em que o cônjuge ou filhos são incluídos como dependentes, sem que haja muita margem para negociação dos termos dos contratos.

*Exemplo prático:*

Um casal decide aderir a um plano de saúde coletivo. O contrato de adesão apresenta termos fixos, como a cobertura médica e a divisão de pagamentos, que não estão sujeitos a modificações. As partes aceitam os termos como estão ou optam por não contratar o serviço.

## 2.3.5 Contratos reais e consensuais

Os contratos *reais* exigem a entrega de um bem para se aperfeiçoarem, enquanto os *consensuais* se formam apenas pela deliberação das partes.

Os contratos reais somente produzem efeitos após a entrega do objeto. Sem a tradição, eles não chegam a existir juridicamente, ou seja, não se completam nem se aperfeiçoam. A tradição do bem não é uma fase de execução, mas sim um requisito essencial para a constituição do ato.[22] Exemplos incluem comodato, mútuo e depósito.

---

22. GONÇALVES, Carlos Roberto. *Direito Civil brasileiro*: contratos. São Paulo: Saraiva, 2008b. p. 87

| Contratos reais | Contratos consensuais |
|---|---|
| • Produzem efeitos com a entrega do bem. | • Se formam pela vontade das partes. |

Carlos Alberto Bittar[23] explica que, nesses contratos, a promessa de contratar se aperfeiçoa com a tradição do bem, diferentemente dos demais contratos, onde a tradição é um ato de execução e não de conclusão do ajuste, gerando todas as consequências correspondentes.

Um contrato de comodato, em uma relação familiar, por exemplo, pode ser considerado um contrato real, caso em que um bem é cedido para uso de um parente. Já um contrato de união estável é consensual, pois se constitui pelo simples consentimento das partes envolvidas.

### 2.3.6 Contratos comutativos e contratos aleatórios

Os contratos *comutativos* são aqueles em que as prestações são certas e previsíveis, como um contrato de prestação de alimentos, em que os valores são definidos previamente. Já os contratos *aleatórios* envolvem uma incerteza quanto às obrigações, como acontece no custeio de despesas de um tratamento médico futuro, cujo valor exato não pode ser antecipadamente determinado.

Um contrato comutativo é aquele em que as partes conseguem prever e estimar as prestações a serem recebidas, ou seja, ambas têm clareza desde o início sobre o que será dado e recebido. Dessa forma, há previsibilidade quanto aos interesses contratuais.

Nos contratos aleatórios, a prestação de uma das partes não é previamente determinada. Assim, pelo menos uma das partes não sabe exatamente o que receberá em troca da obrigação assumida. Citamos como exemplo os contratos de seguro, que dependem da ocorrência de um evento incerto; além disso, os contratos de jogo e aposta também se enquadram nessa categoria, conforme disposto no art. 814[24] do Código Civil.

---

23. BITTAR, Carlos Alberto. *Direito dos contratos e dos atos unilaterais*. Rio de Janeiro: Forense, 2004. p. 93.
24. Art. 814. As dívidas de jogo ou de aposta não obrigam a pagamento; mas não se pode recobrar a quantia, que voluntariamente se pagou, salvo se foi ganha por dolo, ou se o perdente é menor ou interdito.

| Contratos comutativos | Contratos aleatórios |
|---|---|
| • Prestações previamente definidas. | • Há risco assumido pelas partes. |

É importante determinar se um contrato é de natureza comutativa ou aleatória, pois, nos contratos aleatórios, não é possível alegar extinção por lesão (art. 157[25]), evicção (art. 447[26]) ou ação redibitória (art. 441[27]), uma vez que esses contratos se baseiam no risco assumido por cada parte.

### 2.3.7 Contratos de execução imediata, diferida e continuada

Quanto ao momento da execução, os contratos classificam-se como de execução imediata, de execução diferida ou de duração continuada, categorias que refletem o momento em que as prestações serão cumpridas.

Os contratos de execução *imediata* são aqueles cuja prestação é realizada de forma instantânea, no momento de sua celebração. Um exemplo típico é o contrato de doação em que o bem é entregue no ato. Nesses casos, a relação jurídica se extingue tão logo a prestação seja cumprida, não gerando obrigações continuadas entre as partes, salvo a existência de cláusula especial neste sentido.

Os contratos de execução *diferida*, por sua vez, são aqueles em que a prestação é realizada em um momento futuro, previamente estipulado pelas partes. Um exemplo seria uma promessa de doação, em que os bens serão transferidos apenas após um evento específico, uma data importante para o donatário.

Já os contratos de duração *continuada* preveem prestações que se estendem ao longo do tempo, regulando as relações entre as partes de forma contínua. Um exemplo seria um pacto de convivência, que estabelece direitos e deveres durante toda a relação entre os conviventes, abrangendo aspectos como o regime de bens, as contribuições financeiras e as responsabilidades domésticas.

---

25. Art. 157. Ocorre a lesão quando uma pessoa, sob premente necessidade, ou por inexperiência, se obriga a prestação manifestamente desproporcional ao valor da prestação oposta.
26. Art. 447. Nos contratos onerosos, o alienante responde pela evicção. Subsiste esta garantia ainda que a aquisição se tenha realizado em hasta pública.
27. Art. 441. A coisa recebida em virtude de contrato comutativo pode ser enjeitada por vícios ou defeitos ocultos, que a tornem imprópria ao uso a que é destinada, ou lhe diminuam o valor.

| Execução imediata | Execução diferida | Duração continuada |
| --- | --- | --- |
| • Contrato instantâneo. | • Uma prestação para o futuro. | • Prestações sucessivas que se prolongam no tempo. |

A distinção entre essas categorias é relevante, pois cada tipo de contrato impõe exigências distintas quanto à formalização, cumprimento e adaptação às circunstâncias futuras.

Os contratos de duração continuada e diferida possuem características que os tornam particularmente sensíveis às mudanças ao longo do tempo. Nesse contexto, a teoria da imprevisão precisa ser considerada.

Como será estuda no Capítulo 3, prevista no art. 478 do Código Civil, essa teoria admite a revisão ou a resolução de contratos de trato sucessivo ou execução diferida, quando eventos imprevisíveis e extraordinários alteram substancialmente o equilíbrio original das prestações, tornando excessivamente onerosa a execução para uma das partes. Portanto, a onerosidade excessiva não tem aplicabilidade nos contratos de execução imediata.

### 2.3.8 Contratos solenes e não solenes

Quanto à forma, os contratos dividem-se em solenes ou não solenes, o que dependerá da exigência ou não de formalidades específicas para sua validade. Os contratos *solenes* demandam o cumprimento de requisitos formais previstos em lei, sem os quais não serão considerados válidos.

*Exemplo prático:*

O pacto antenupcial assinado por Josevaldo e Marta foi celebrado por escritura pública, sob pena de nulidade, e registrado no cartório competente para surtir efeitos perante terceiros, assegurando o regime de bens escolhido pelos cônjuges.

As convenções antenupciais não terão efeito perante terceiros senão depois de registradas, em livro especial, pelo oficial do Registro de Imóveis do domicílio dos cônjuges, conforme determinado no art. 1.657 do Código Civil.

Os contratos *não solenes* não dependem de formalidades específicas para sua formação, podendo ser celebrados até mesmo verbalmente, desde que respeitem a principiologia da codificação, como a boa-fé e a autonomia privada.

| Contratos solenes | Contratos não solenes |
|---|---|
| • Dependem de formalidades. | • Não têm formalidades. |

*Exemplo prático:*

Um contrato de comodato de imóvel firmado entre sogro e nora. Nesse tipo de contrato, apesar de sua informalidade, a clareza e a precisão nos termos acordados são fundamentais para evitar futuros conflitos.

Mesmo nos contratos não solenes, a documentação escrita é recomendada, sobretudo para demandas patrimoniais ou decisões de longo prazo. Um ajuste verbal pode ser suficiente para pequenas obrigações diárias, mas, em situações de maior complexidade ou que envolvam múltiplas partes, a formalização por escrito serve como prova documental e reduz a margem para interpretações divergentes.

No âmbito das relações familiares, a proteção dos direitos dos envolvidos, como filhos menores ou idosos em situação de vulnerabilidade, exige uma atenção redobrada.

Além disso, a criatividade e as demandas das partes podem trazer inovações às prestações acordadas. Nesse contexto, podemos encontrar algumas situações envolvendo obrigações peculiares frequentemente noticiadas,[28] que destacam a flexibilidade dos contratos familiares e o seu papel em atender às necessidades específicas e personalizadas das partes envolvidas.

## 2.3.9 Contratos principais e acessórios

Os contratos podem ser principais ou acessórios. Contrato *principal* é aquele que não depende juridicamente de outro, sendo totalmente autônomo, já que tem existência própria. Já o contrato *acessório* é aquele que depende juridicamente da existência de outro contrato, pois a sua existência está vinculada a de um contrato principal.

---

28. "Conheça a mulher que fez um contrato que obriga o noivo a lavar louça todos os dias". Disponível em: https://ohoje.com/2022/04/02/conheca-a-mulher-que-fez-um-contrato-que-obriga-o-noivo-a-lavar-louca-todos-os-dias. Acesso em: 28 nov. 2024.

| Contratos principais | Contratos acessórios |
|---|---|
| • Têm existência própria. | • Dependem de outro contrato. |

Um contrato de locação de imóvel é principal, pois possui existência própria e estabelece diretamente as obrigações entre locador e locatário. Já um contrato de fiança, firmado para garantir o cumprimento das obrigações do locatário, é considerado acessório, pois depende do contrato de locação para existir.

A nulidade do contrato principal provoca também a do acessório, mas o inverso não será verdadeiro, em decorrência do princípio da acessoriedade (art. 184 do Código Civil[29]). Assim, temos que se nulo está o contrato de locação, nula também será a fiança ligada ao mesmo contrato.

### 2.3.10 Contratos mistos e coligados

Existem também os contratos *mistos*, que combinam elementos de diferentes tipos de contrato, e os *coligados*, que se interligam com outros contratos, como um contrato de compra e venda de um imóvel que é condicionado à assinatura de um pacto antenupcial.

O contrato *misto* resulta da combinação de contratos típicos com algumas cláusulas criadas pelos próprios contratantes. Deixa de ser um contrato totalmente típico, todavia não passa a ser um contrato atípico, como defende Carlos Roberto Gonçalves.[30]

Assim, os negócios mistos decorrem da combinação de elementos de diversos contratos, que se reúnem em nova figura, não regulada na lei. Aqui as partes obedecem à autorregulamentação privada.[31]

Os contratos *coligados* mantêm as suas respectivas unidades, mas geralmente são formados juntos nas relações, por imposição legal ou pela vontade das partes. Cada acordo mantém sua autonomia.

---

29. Art. 184. Respeitada a intenção das partes, a invalidade parcial de um negócio jurídico não o prejudicará na parte válida, se esta for separável; a invalidade da obrigação principal implica a das obrigações acessórias, mas a destas não induz a da obrigação principal.
30. GONÇALVES, Carlos Roberto. *Direito Civil brasileiro*: contratos. São Paulo: Saraiva, 2008b. p. 92.
31. BITTAR, Carlos Alberto. *Direito dos contratos e dos atos unilaterais*. Rio de Janeiro: Forense, 2004. p. 97.

| Contratos mistos | Contratos coligados |
|---|---|
| • Combinação de elementos de diversos tipos contratuais. | • Cada contrato é autônomo. |

Os negócios coligados são firmados de forma interdependente, de modo que a separação tornaria inviável ou desvirtuaria a funcionalidade daquilo que foi originalmente desejado pelas partes. Existe, assim, uma conexão funcional entre esses contratos, associada a uma finalidade econômica comum. Um exemplo do contrato coligado é o plano de saúde, que frequentemente se vincula a outros serviços (relação de emprego combinados com os benefícios do plano).

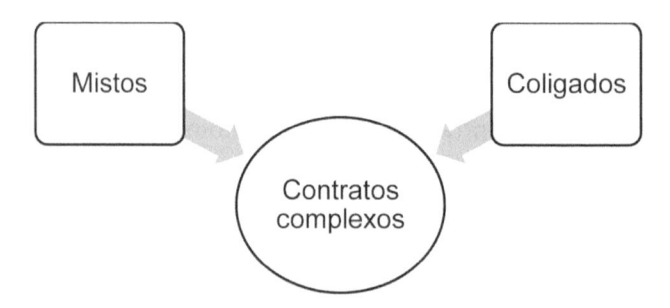

E o que acontece com a extinção dos contratos mistos ou coligados? O Tribunal Regional Federal da Primeira Região, analisou o aspecto da extinção contratual dos contratos coligados de financiamento e compra de imóvel, quando examinou a possibilidade de efetivar a quitação de um mútuo com baixa de hipoteca para o caso de um mutuário que foi acometido de grave doença no curso do contrato.[32]

Percebe-se que, nesse caso, não se está diante de um incentivo ao inadimplemento contratual, mas aplicar a solidariedade ao caso de quitação do imóvel para o caso de invalidez ou morte do mutuário, num sistema jurídico que determina a conjugação de teias contratuais (compra e venda, mútuo e seguro).

---

32. "[...] Civil. Processual Civil. SFH. Quitação do Financiamento Habitacional e baixa da hipoteca que grava o imóvel ante o acometimento de invalidez permanente (autora portadora de neoplasia). Débitos vencidos anteriores à doença. Irrelevância. Seguro relativo ao saldo devedor. Improvimento dos Apelos. [...]" (TRF 1ª Região. Processo AC 22849 BA 2004.33.00.022849-5. Relatora Desembargadora Federal Selene Maria de Almeida. Quinta Turma. Publicação em: 24.08.2007).

*Exemplo prático:*

Um casal decide assinar um contrato de união e, ao mesmo tempo, firmar um contrato de doação de bem imóvel.

## 2.4 CLÁUSULAS ESTRATÉGICAS

A existência, a validade e a eficácia dos contratos são determinadas pela forma como suas cláusulas são redigidas e pelos aspectos essenciais que elas contemplam.

A *existência* de um contrato refere-se aos elementos mínimos que configuram sua formação, tais como, forma, objeto, lugar, tempo ou circunstâncias. A *validade* depende da observância de requisitos legais, como a capacidade das partes, a licitude do objeto e a forma prescrita ou não vedada pela lei. Já na *eficácia* o negócio precisa de caracteres para a produção de efeitos jurídicos entre as partes e, eventualmente, perante terceiros, o que depende do cumprimento de formalidades adicionais, como o registro público em alguns casos.

Nem todo fato da vida possui relevância no mundo jurídico. Para que um fato seja considerado juridicamente existente, é necessário que a ordem jurídica o reconheça como relevante.[33]

No que se refere à validade, o critério de análise será a conformidade do ato ou negócio jurídico com os requisitos legais para ser considerado válido. Já a eficácia trata da capacidade de produzir efeitos no ordenamento jurídico.

Nos contratos familiares, algumas cláusulas específicas são fundamentais para proteger os direitos dos envolvidos e garantir a plena validade e eficácia. Cláusulas que tratam do regime de bens, do cuidado com os filhos, ou da obrigação de prestação de alimentos são exemplos de pontos cruciais que, se redigidos de forma clara e adequada, asseguram o equilíbrio entre as partes e evitam disputas futuras.

Uma tema interesse e polêmico sobre a validade diz respeito à união estável intercorrente. Conrado Paulino[34] defende que na ausência de vedação legislativa impedindo a união intercorrente, a pactuação realizada entre os conviventes é válida.

---

33. OLIVEIRA, Carlos Eduardo Elias de. Considerações sobre os planos dos fatos jurídicos e a "substituição do fundamento do ato de vontade". Brasília: Núcleo de Estudos e Pesquisas/CONLEG/Senado, Fev. 2020 (Texto para Discussão 270). Disponível em: www.senado.leg.br/estudos. Acesso em: 13 fev. 2020. p. 2.
34. PAULINO DA ROSA, Conrado. *Direito de família contemporâneo.* São Paulo: JusPodivm, 2022. p. 156.

Ressalta-se que a ausência de qualquer elemento necessário pode comprometer a existência, a validade ou a eficácia do contrato, resultando em insegurança jurídica para os membros da família.

*Exemplo prático:*

A contrato de compra e venda com assinatura falsa é hipótese de inexistência do negócio jurídico, pois falta a manifestação de vontade do agente para a prática do ato.

Além de observar a existência, a validade ou a eficácia existem cláusulas estratégicas que farão toda a diferença nos contratos, tais como, confidencialidade, multa, pôr do sol, escalonamento, cláusulas para o planejamento e cláusulas transitórias.

## 2.4.1  Cláusula de confidencialidade

A cláusula de confidencialidade, frequentemente denominada termo de confidencialidade ou NDA (*Non-Disclosure Agreement*), é uma disposição contratual que protege informações sigilosas de qualquer natureza, restringindo sua divulgação a terceiros sem a devida autorização. Seu objetivo principal é resguardar conteúdos e dados sensíveis, sejam eles de caráter pessoal, corporativo ou estratégico, prevenindo o uso indevido ou o vazamento que possa causar prejuízos às partes envolvidas.

Trata-se, na verdade, de uma prestação de não fazer, pois impõe claramente um comportamento de abstenção específico às partes, proibindo-as de realizar determinadas ações, como a divulgação de informações.

Uma cláusula comum em contratos patrimoniais familiares é aquela que proíbe a divulgação de informações financeiras ou patrimoniais obtidas ao longo da relação. Essa cláusula visa proteger a privacidade das partes em casos de divórcio ou dissolução de união estável.

Outro exemplo de aplicação da confidencialidade nas relações familiares são as chamadas cláusulas "antibaixarias" ou cláusulas de "silêncio", que têm como objetivo evitar que uma das partes divulgue informações pessoais ou detalhes íntimos relacionados à vida privada ou ao relacionamento conjugal.

Além disso, a confidencialidade pode ser incluída em contratos de planejamento sucessório, assegurando que os detalhes sobre a divisão de bens, doações ou disposições testamentárias permaneçam restritos às partes diretamente envolvidas, evitando conflitos familiares e protegendo o sigilo patrimonial.

Geralmente, essa cláusula vem acompanhada de uma multa compensatória, estipulada para o caso de descumprimento, que visa indenizar a parte prejudicada pela violação da confidencialidade. A inclusão da multa serve como um mecanismo inibitório, reforçando o compromisso das partes em manter sigilo sobre os dados confidenciais.

*Exemplo prático:*

Em um pacto antenupcial, o casal pode estipular uma cláusula de sigilo que proíbe ambas as partes de divulgar informações pessoais nas redes sociais em caso de divórcio.

## 2.4.2 Cláusula penal

A cláusula penal permite que as partes estipulem uma penalidade para o descumprimento do negócio, fixando previamente, no momento da formação da obrigação ou em momento posterior, o valor das perdas e danos, assegurando assim o cumprimento da obrigação principal.

Conforme o art. 408 do Código Civil,[35] para que a cláusula penal seja aplicada, é necessário comprovar a culpa do devedor. Em situações de caso fortuito ou força maior, a cláusula penal não é aplicável, pois sua finalidade é a de liquidar danos. Dessa forma, o devedor somente estará obrigado ao pagamento da soma estipulada se for comprovadamente responsável pelo inadimplemento, ficando isento ao demonstrar ausência de culpa.

Em contratos com conteúdo patrimonial, como os pactos antenupciais, uma cláusula de penalidade pode ser incluída para lidar com o descumprimento de obrigações contratuais.

A cláusula penal, portanto, é uma multa inserida para reforçar o cumprimento das obrigações. Tal penalidade possui uma dupla função: *penalizar* o descumprimento contratual (total ou parcial) e, ao mesmo tempo, *prefixar* o valor da indenização por perdas e danos.

---

35. Art. 408. Incorre de pleno direito o devedor na cláusula penal, desde que, culposamente, deixe de cumprir a obrigação ou se constitua em mora.

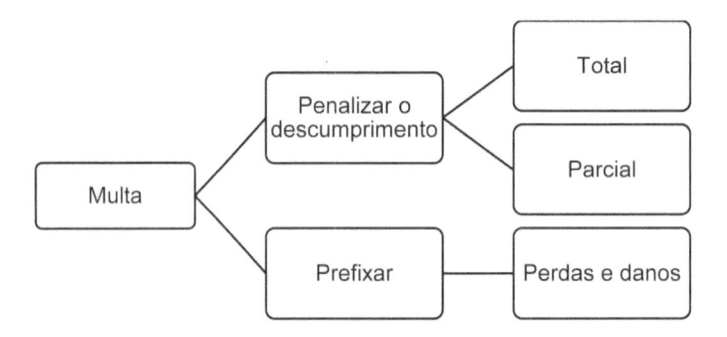

A primeira função tem índole penal, porque pune o inadimplemento total ou parcial. A segunda atua como uma liquidação antecipada das perdas e danos, ao fixar previamente o valor a ser pago pelo devedor em caso de descumprimento.

Em relação ao aspecto punitivo, ao conhecer de antemão o valor que deverá pagar se não cumprir a obrigação, o devedor é incentivado a adimplir o contrato. Assim, a cláusula funciona como um estímulo ao cumprimento, tornando-se ainda mais eficaz quanto maior for o valor estipulado.

Quanto à liquidação antecipada, se a cláusula penal não existisse e o credor desejasse indenização por perdas e danos devido à quebra do contrato, ele precisaria comprovar o prejuízo sofrido e ajuizar uma ação indenizatória. O credor, todavia, deixa de fazer tal prova quando estipula previamente a cláusula, sendo o valor da indenização aquilo ajustado previamente entre as partes.

A multa é uma cláusula acessória à obrigação principal, de modo que as vicissitudes desta impactam a penalidade convencionada. Assim, se a obrigação principal for declarada nula, a cláusula penal também será nula, aplicando-se o princípio da acessoriedade (art. 184). Entretanto, a nulidade da cláusula penal não afeta a validade da obrigação principal.

A cláusula pode assumir duas modalidades: cláusula penal compensatória e cláusula penal moratória, conforme o propósito estabelecido, seja para sancionar o descumprimento integral da obrigação, seja para punir o descumprimento relativo da obrigação (art. 409 do Código Civil[36]).

A multa compensatória, prevista no art. 410,[37] aplica-se ao caso de inadimplemento total da obrigação. Nesse cenário, não é admissível exigir simultaneamente o cumprimento da obrigação e a penalidade, pois, nos termos do legislador, o

---

36. Art. 409. A cláusula penal estipulada conjuntamente com a obrigação, ou em ato posterior, pode referir-se à inexecução completa da obrigação, à de alguma cláusula especial ou simplesmente à mora.
37. Art. 410. Quando se estipular a cláusula penal para o caso de total inadimplemento da obrigação, esta converter-se-á em alternativa a benefício do credor.

inadimplemento converte a obrigação principal em uma obrigação alternativa, em que a cláusula penal substitui a prestação originalmente devida.

Já cláusula penal moratória, prevista no art. 411 do Código Civil,[38] é adicionada à execução específica da prestação ou à indenização por descumprimento contratual. Seu valor é geralmente inferior ao da obrigação principal, pois visa penalizar apenas a mora no cumprimento.

A multa moratória aplica-se para o descumprimento de uma cláusula específica, atraso culposo na obrigação ou cumprimento inadequado da prestação, sempre com o intuito de compensar o impacto do não cumprimento no tempo ou na forma convencionada.

| Cláusula penal compensatória | Cláusula penal moratória |
|---|---|
| • Multa pelo descumprimento total da obrigação. | • Multa pelo descumprimento parcial da obrigação. |

Cristiano Chaves de Farias e Nelson Rosenvald[39] apontam que é lícita a cumulação das cláusulas penais moratória e compensatória no contrato, desde que tenham fatos geradores distintos. Compartilhamos desse entendimento.

A cláusula penal é geralmente inserida no contrato no momento de sua celebração, integrando o negócio desde o início. No entanto, nada impede que essa cláusula seja estabelecida em momento posterior, desde que preceda o inadimplemento da obrigação principal, conforme autoriza o art. 409, primeira parte, do Código Civil.

Esse dispositivo dispõe que a cláusula penal seja estipulada junto com a obrigação principal ou posteriormente, mas sempre antes do descumprimento. A segunda parte do art. 409 esclarece que a cláusula penal pode ser aplicada ao inadimplemento total da obrigação, a uma cláusula específica ou ainda à mora.

Assim, a multa pode ser estabelecida tanto em uma cláusula no próprio contrato quanto em um termo aditivo, desde que seja formalizada antes do prazo estipulado para o cumprimento da obrigação.[40]

---

38. Art. 411. Quando se estipular a cláusula penal para o caso de mora, ou em segurança especial de outra cláusula determinada, terá o credor o arbítrio de exigir a satisfação da pena cominada, juntamente com o desempenho da obrigação principal.
39. CHAVES DE FARIAS, Cristiano. ROSENVALD, Nelson. *Curso de direito civil*: direito das obrigações. Salvador: JusPodivm, 2008. p. 466.
40. "A cláusula penal poderá ser estipulada em cláusula inserida na própria avença, bem como em termo aditivo, desde que sua formulação anteceda o termo fixado para o adimplemento da obrigação". In:

No Direito de Família, isso pode se aplicar, por exemplo, à omissão de bens ou ao desvio de recursos comuns, assegurando que, se um dos cônjuges esconder patrimônio ou utilizar indevidamente recursos do casal, haverá uma penalidade estabelecida previamente para reparar esse ato.

Na união estável, a omissão de bens pode gerar uma situação de risco na alienação unilateral de um bem por um dos companheiros, prejudicando o outro e comprometendo a boa-fé de terceiros. Nesse caso, o companheiro alienante pode, indevidamente, transferir a parte do bem que pertence ao outro, como se fosse único proprietário.

*Exemplo prático:*

Um contrato de convivência tem cláusula estipulando que, caso um dos companheiros desvie recursos da conta conjunta sem o consentimento do outro, caberá multa compensatória no valor em dobro à parte prejudicada.

Assim, em caso de descumprimento, a parte prejudicada tem a proteção de uma compensação financeira ou outra forma de reparação prevista no próprio contrato, trazendo maior previsibilidade para a relação contratual.

### 2.4.3 Cláusula do pôr do sol

Contratos familiares que lidam com convivência ou regime de bens podem incluir cláusulas que permitam a mudança de regimes em determinados momentos da relação, como após alguns anos de convivência ou em eventos relevantes.

O Direito de Família está em constante evolução e o Anteprojeto de Reforma do Código Civil[41], PL 4/2025, reflete essa dinâmica ao dar ainda mais ênfase à contratualização das vínculos familiares. Com a reforma, os membros da família poderão contar com maior liberdade para regular suas próprias relações, adaptando os contratos às suas necessidades específicas.[42]

Imagine, por exemplo, um casal que decida viver junto, mas que deseja garantir a proteção jurídica de seus bens, durante um período previamente indicado no pacto antenupcial.

---

CHAVES DE FARIAS, Cristiano. ROSENVALD, Nelson. *Curso de direito civil*: direito das obrigações. Salvador: JusPodivm, 2008. p. 461.

41. Disponível em: https://legis.senado.leg.br/comissoes/comissao?codcol=2630.

42. DUQUE, Bruna Lyra. Com quantos contratos se faz uma família. *Conjur*, 2024. Disponível em: https://www.conjur.com.br/2024-set-11/com-quantos-contratos-se-faz-uma-familianovosrumos-para-u-ma-reforma-do-codigo-civil. Acesso em: 18 set. 2024.

Com a reforma, no art. 1.653-B,[43] o casal poderá formalizar a chamada *sunset clause*, cláusula do pôr do sol, que aceita uma espécie de teste do regime de bens, durante certo período. Fecha-se um momento jurídico, "para iniciar-se outro, como se dá, diariamente, após o pôr-do-sol [sic], daí derivando a origem da expressão *sunset clause*.[44]

> *Exemplo prático:*
>
> Um casal que celebra um contrato de convivência pode incluir uma cláusula estabelecendo que, após cinco anos de convivência, as partes se comprometem a revisar os termos do contrato, considerando novas circunstâncias patrimoniais e pessoais que possam ter surgido ao longo do tempo.

### 2.4.4 Cláusula de escalonamento

A cláusula de escalonamento é utilizada para estabelecer diferentes etapas a serem seguidas em relação a uma determinada questão, definindo uma ordem progressiva de métodos que as partes devem seguir para cumprir um ato ou solucionar uma pendência. Essa cláusula é geralmente aplicada para criar uma hierarquia de procedimentos que precisam ser observados, promovendo uma abordagem gradual e organizada.

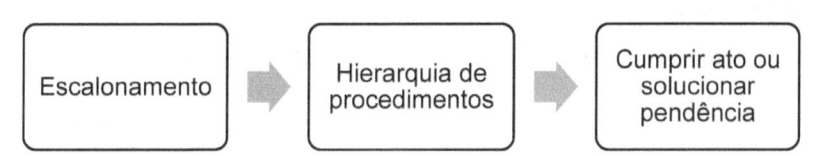

A cláusula pode ser utilizada para diversas finalidades, como definir a se-quência de ações para resolução de conflitos, cumprimento de obrigações, ou até mesmo etapas de negociação. O principal objetivo é garantir que as partes sigam um caminho previamente acordado, evitando decisões precipitadas ou ações que possam comprometer o objetivo do contrato.

As cláusulas escalonadas, também conhecidas como combinadas ou mul-tietapas (*multi-tiered clauses*), estabelecem que as partes podem recorrer a di-

---

43. Art. 1.653-B. Admite-se convencionar no pacto antenupcial ou convivencial a alteração automática de regime de bens após o transcurso de um período de tempo prefixado, sem efeitos retroativos, res-salvados os direitos de terceiros.

44. GAGLIANO. Pablo, Stolze. A cláusula do pôr-do-sol (*sunset clause*) no Direito de Família. *Revista Brasileira de Direito Contratual*, Porto Alegre, v. 5, n. 20, p. 160-172, jul./set. 2024.

ferentes mecanismos extrajudiciais de resolução de conflitos, organizados em etapas sucessivas, antes de submeterem a disputa a uma eventual arbitragem[45].

À luz da teoria geral das obrigações, a cláusula escalonada configura uma obrigação de fazer, impondo deveres específicos às partes, portanto, passível de exigibilidade. Trata-se de uma obrigação de meio, e não de resultado; assim, as partes comprometem-se a adotar uma determinada conduta, mas não estão obrigadas a alcançar um resultado final específico.

A escalonamento pode incluir, por exemplo, uma sequência em que as partes devem primeiro tentar resolver interesses diretamente entre si; se isso não for possível, elas devem buscar um mediador ou especialista; e, finalmente, se as etapas anteriores falharem, a questão pode ser levada ao Poder Judiciário.

No contexto dos contratos conjugais, a cláusula evita que conflitos se transformem em disputas judicializadas e desgastantes, estabelecendo que, em caso de discordância entre as partes, deve-se inicialmente buscar uma tentativa de conciliação direta.

Caso essa tentativa não seja exitosa, a próxima etapa geralmente envolve a mediação ou a arbitragem, e apenas em último caso o litígio é levado ao Poder Judiciário. Essa hierarquização dos métodos de resolução de conflitos busca preservar as relações afetivas e minimizar os danos emocionais que uma disputa litigiosa pode causar.

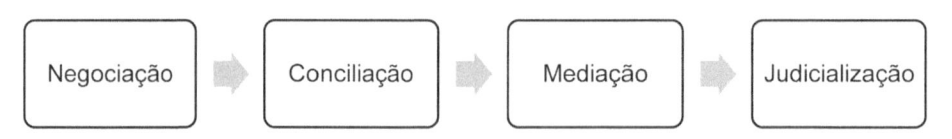

*Exemplo prático:*

No contrato de convivência, determinado casal incluiu uma cláusula de escalonamento para o caso de ocorrer uma dissolução da união estável. A cláusula determinava que o casal deveria inicialmente tentar resolver o conflito diretamente entre eles. A segunda etapa previa a realização de uma mediação extrajudicial, com o auxílio de um mediador. Apenas se ambas as tentativas falhassem, a cláusula autorizava as partes a judicialização do conflito.

---

45. FERREIRA, Ana Betina da Costa Pires. Cláusulas escalonadas: repercussões da mediação na arbitragem. *Revista Brasileira de Alternative Dispute Resolution* – RBADR, Belo Horizonte, ano 03, n. 06, p .21-36, jul./dez. 2021. p. 26.

### 2.4.5 Cláusulas para o planejamento patrimonial

No contexto do planejamento patrimonial, a adoção de cláusulas estratégicas nos contratos desempenha um papel importante para evitar conflitos, proteger os interesses das partes envolvidas e reforçar a gestão eficiente dos bens. Inspiradas em práticas comuns no direito empresarial, o planejamento é um caminho ideal para a organização e a continuidade do patrimônio familiar.

Entre as possibilidades mais relevantes para o planejamento patrimonial estão as cláusulas de cessão de quotas, exclusão extrajudicial de sócio e critérios para desempate em casos de impasses. Embora sejam mais aplicadas em sociedades empresariais, essas previsões adaptam-se para regular relações patrimoniais entre herdeiros, cônjuges ou coproprietários.

Essas três estruturas integram o planejamento patrimonial, evidenciando suas funções, benefícios e contextos de aplicação. Por exemplo, uma cláusula de cessão de quotas é fundamental para regulamentar a saída de um sócio, ao definir critérios objetivos para a avaliação das quotas e estabelecer as condições de pagamento.

Em casos de má-fé, quebra de confiança ou condutas que prejudiquem o negócio, a exclusão de um sócio deve ser realizada com base na decisão dos demais envolvidos, sem necessidade de intervenção judicial. Na ausência dessa cláusula, os sócios remanescentes são obrigados a realizar um balanço, que consiste em uma análise detalhada de ativos e passivos da sociedade. A adoção, pois, dessa estratégica evita esse processo oneroso e estabelece uma solução mais ágil.

Adicionalmente, os contratos societários enfrentam impasses nas decisões, particularmente em sociedades com paridade de votos. Uma cláusula de critério de desempate resolve essas divergências, como o voto de minerva de um sócio, a consulta a especialistas externos ou a adoção de métodos definidos.

### 2.4.6 Cláusulas temporárias

As cláusulas temporárias são disposições que definem direitos, deveres ou condições com duração limitada no tempo, permitindo que as partes ajustem alguns termos para atender a circunstâncias transitórias ou específicas. Podem ser usadas para estipular prazos para o cumprimento de obrigações, revisar condições periodicamente ou limitar os efeitos do contrato a um evento ou período predeterminado.

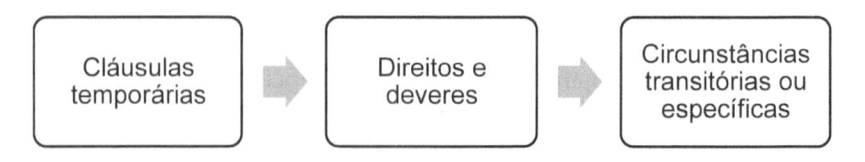

Os alimentos transitórios são exemplos típicos de aplicação de cláusulas temporárias. Essas disposições são fixadas com o objetivo de atender a uma necessidade específica ou temporária, como a manutenção de um padrão de vida ou a complementação de renda durante um período de adaptação, como no caso do divórcio. A vigência limitada dessa obrigação é claramente estabelecida, permitindo que as partes saibam o prazo de sua aplicação.

Ponto relevante é não confundir os alimentos transitórios com os compensatórios, embora ambos sejam temporários. Os alimentos transitórios visam suprir necessidades específicas e pontuais, decorrentes de uma transição, como a busca de recolocação no mercado de trabalho ou o ajuste à nova realidade financeira após o divórcio ou dissolução da união estável. Já os alimentos compensatórios têm por objetivo reequilibrar uma situação patrimonial desigual entre os cônjuges.

Para o pagamento dos alimentos compensatórios, será necessário avaliar o patrimônio exclusivo de uma das partes para determinar o pensionamento em valor que mantenha a qualidade de vida do beneficiário, sem que isso implique cobrança de frutos ou antecipação da partilha, de maneira especial quando o beneficiário não recebe bens na dissolução do vínculo.[46]

Dessa forma, os alimentos transitórios garantem ao cônjuge dependente dos alimentos proporcionais ao binômio necessidade/capacidade, "apenas limitando esse crédito no tempo, com identidade própria e sem qualquer semelhança com a pensão compensatória".[47]

| Alimentos transitórios | Alimentos compensatórios |
| --- | --- |
| • Garantem os alimentos com limitação temporal. | • Compensam uma situação patrimonial desigual. |

46. DIAS, Maria Berenice. RUSSOMANNO, Felipe Matte. Alimentos compensatórios e divisão dos frutos e rendimentos dos bens comuns: não dá para confundir! *Anais do IX Congresso Brasileiro de Direito de Família*. Disponível em: https://ibdfam.org.br/assets/upload/anais/306.pdf. Acesso em: 25 nov. 2024.
47. MADALENO, Rolf. Obrigação, dever de assistência e alimentos transitórios. *Revista CEJ*, Brasília, n. 27, p. 69-78, out./dez. 2004. p. 74.

Também podem existir cláusulas temporárias nos pactos antenupciais ou nas tratativas de convivência para regular direitos e deveres, durante o período inicial da união, visando à estabilização econômica do casal. Podem estipular, por exemplo, a divisão temporária de despesas com prazo definido para revisão ou exoneração.

*Exemplo prático:*

Em um contrato de convivência, um casal estipulou uma cláusula temporária para dividir as despesas domésticas ordinárias proporcionalmente às rendas por dois anos, com revisão posterior para ajustar às novas condições financeiras.

# 3
# EXTINÇÃO CONTRATUAL: COMO ENCERRAR A RELAÇÃO

A extinção dos contratos é um aspecto fundamental do Direito Contratual, pois marca o fim das obrigações assumidas e estabelece as consequências jurídicas para o término da relação. Compreender as diferentes formas de extinção, seja pelo cumprimento do contrato, pela resolução de conflitos ou por outras circunstâncias específicas, levará às exigências e produção dos efeitos desejados pelas partes.

Neste capítulo, exploraremos os momentos e as condições em que os contratos se encerram, além das diversas classificações de extinção, destacando a importância de cada uma delas no contexto das relações contratuais.

A doutrina civilista propõe diversas classificações para o estudo do encerramento dos contratos. Gustavo Tepedino, Carlos Konder e Paula Bandeira[1] classificam as formas de extinção contratual em três grupos principais. O primeiro abrange a resilição, o segundo grupo trata da resolução por inadimplemento, por fim, o terceiro grupo aborda a resolução por onerosidade excessiva.

Já Arnaldo Rizzardo[2] classifica as modalidades de extinção em cumprimento, arrependimento, rescisão, resolução e resilição.

Neste capítulo, destacamos as principais modalidades de extinção, organizando-as em categorias que esclarecem suas características e aplicações práticas,

---

1. Gustavo Tepedino, Carlos Konder e Paula Bandeira ensinam que: "Nesses contratos, ditos plurilaterais, diversas partes se reúnem em torno de um mesmo e único objetivo e o contrato desempenha uma função instrumental, organizadora, normativa, disciplinando a conjugação de esforços para atingir esse objetivo. Não há apenas a troca de prestações, já que os diversos centros de interesses, no contrato de sociedade, se encontram reunidos para a persecução do fim comum, razão pela qual são referidos como contratos plurilaterais. Essas peculiaridades conduzem a efeitos normativos próprios, como, por exemplo: a abertura para o ingresso de novas partes no curso da relação contratual, com o prolongamento da formação do contrato; a orientação das obrigações de uma parte não perante outra específica, mas perante todos os demais; a fixação do prazo não para o cumprimento de determinadas obrigações, mas para o desenvolvimento da organização no seu conjunto. In: TEPEDINO, Gustavo; KONDER, Carlos Nelson; BANDEIRA, Paula Greco. *Fundamentos do direito civil*: contratos. v. 3. Edição do Kindle. Rio de Janeiro: Forense. 2023, p. 287.
2. RIZZARDO, Arnaldo. *Contratos*. 15 ed. Rio de Janeiro: Forense, 2008. p. 201-202.

tanto no âmbito dos contratos de natureza predominantemente patrimonial quanto no contexto dos contratos familiares.

## 3.1 CLASSIFICAÇÃO

Os contratos finalizam de diversas formas, dependendo das circunstâncias e da vontade das partes. Uma das formas mais comuns de extinção é o *cumprimento*, isto é, quando as partes cumprem todas as prestações acordadas e, assim, encerram a relação contratual. Outra forma é a *resolução*, que ocorre quando há inadimplemento, ou seja, uma das partes não cumpre sua obrigação, podendo sofrer as consequências pelos danos ocasionados à parte que não gerou o descumprimento.

Também existe a *resilição unilateral*, quando uma das partes tem a faculdade, prevista no próprio contrato ou pela lei, de encerrar a relação contratual. Além disso, há a *resilição bilateral*, quando ambas as partes decidem conjuntamente extinguir o contrato consensualmente.

Ressalta-se que o arrependimento, no sentido de imposição dos efeitos das arras[3] (art. 417 a 420 do Código Civil), é um efeito do inadimplemento. Nesse sentido, é importante não confundir o arrependimento com a resilição.

Outra maneira de extinguir um contrato é pela *invalidação*, que pode ser absoluta ou relativa, quando há vícios que tornam o contrato inválido. Exemplos incluem a falta de capacidade de uma das partes, ou a presença de erro, dolo ou coação no momento da celebração do contrato, afetando sua validade.

A extinção contratual também pode ocorrer em situações imprevistas que tornem o cumprimento do contrato excessivamente oneroso para uma das partes. Pela *teoria da imprevisão*, o contrato será revisado ou extinto quando eventos extraordinários e imprevisíveis, alheios à vontade das partes, causarem um desequilíbrio significativo nas prestações inicialmente ajustadas.

Por fim, a *morte*, nos contratos personalíssimos, também é uma forma de encerrar o contrato.

---

3. "É uma disposição convencional pela qual uma das partes entrega determinado bem à outra – em geral, dinheiro – em garantia da obrigação pactuada. Poderá ou não, a depender da espécie das arras dadas, conferir às partes o direito de arrependimento". In: GAGLIANO, Pablo Stolze. PAMPLONA FILHO, Rodolfo. *Novo curso de Direito Civil*: obrigações. São Paulo: Saraiva, 2017. v. 2. p. 330.

## 3.2 EXTINÇÃO POR CUMPRIMENTO E RESOLUÇÃO

Os contratos chegam ao fim tanto pelo seu cumprimento integral quanto pelo inadimplemento de uma das partes. Quando falamos de contratos no Direito de Família, a extinção é frequentemente uma questão delicada, pois abarca bens, sentimentos, expectativas e, muitas vezes, demandas ligadas à parentalidade e às normas de ordem pública.

Um contrato é considerado extinto por *cumprimento* quando todas as obrigações contratuais são integralmente satisfeitas pelas partes. Isso ocorre, por exemplo, quando todas as disposições de um pacto antenupcial ou de um contrato de união estável são plenamente respeitadas.

*Exemplo prático*:

Um contrato de convivência que estipule uma divisão patrimonial proporcional entre os cônjuges ao término da união será considerado extinto assim que a divisão de bens for realizada conforme estipulado.

A *resolução* ocorre quando uma das partes não cumpre as obrigações pactuadas. No Direito de Família, o inadimplemento pode ocorrer de várias formas, como o descumprimento de uma cláusula sobre a divisão de bens estabelecida em um divórcio extrajudicial, ou o não pagamento dos alimentos alimentícia em um acordo homologado judicialmente.

Quando há inadimplemento, a parte prejudicada pode requerer judicialmente a extinção do contrato e, em alguns casos, a reparação por perdas e danos.

*Exemplo prático*:

Se um cônjuge se compromete em um pacto antenupcial a transferir um imóvel para o outro em caso de divórcio, mas se recusa a fazê-lo, ocorrerá o inadimplemento.

## 3.3 RESOLUÇÃO: ESPÉCIES E APLICAÇÕES

A extinção pode ocorrer por resolução ou resilição, conceitos que merecem destaque, pois sua aplicação pode mudar significativamente os resultados práticos do encerramento do contrato.

A extinção dos contratos, sob a forma de resolução, pode ocorrer em diferentes circunstâncias. A *inexecução voluntária* resulta do descumprimento intencional das obrigações, enquanto a *inexecução involuntária* decorre de impossibilidades alheias à vontade das partes, como força maior ou caso fortuito.

A cláusula resolutiva tácita permite a extinção automática diante do inadimplemento, sem necessidade de previsão expressa. A cláusula resolutiva expressa permite a extinção contratual previamente acordada pelas partes, estabelecendo as condições para o encerramento contratual em caso de inadimplemento, dispensando intervenção judicial se o evento estiver caracterizado. A onerosidade excessiva aplica-se quando um evento superveniente gera desequilíbrio contratual grave, justificando a extinção ou a revisão para restabelecer a equidade.

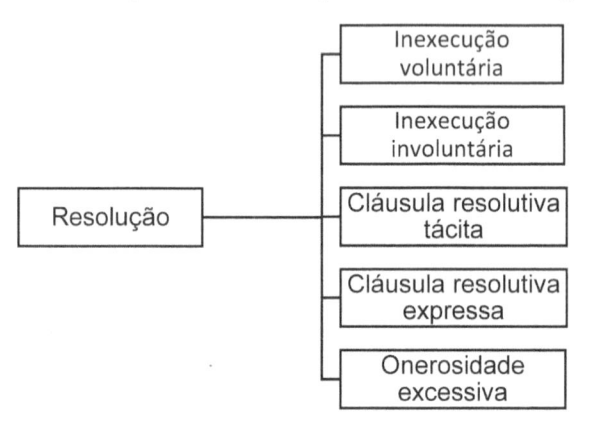

A seguir, serão detalhadas as formas de resolução, considerando que as classificações e os conceitos podem variar conforme os diferentes entendimentos doutrinários.

### 3.3.1  Inexecução voluntária (inadimplemento)

A resolução, por inexecução voluntária, ocorre quando há uma violação grave de uma obrigação contratual, levando ao rompimento do contrato, o descumprimento da prestação acordada. O inadimplemento, segundo a teoria geral das obrigações, desencadeia uma série de efeitos jurídicos que impactam diretamente a relação entre as partes, ocorrendo a responsabilização do devedor, que poderá ser compelido a cumprir a obrigação, seja por execução específica (quando possível[4]) ou pelo pagamento de perdas e danos, de acordo com o art. 402 do Código Civil.[5]

---

4.  Art. 475. A parte lesada pelo inadimplemento pode pedir a resolução do contrato, se não preferir exigir-lhe o cumprimento, cabendo, em qualquer dos casos, indenização por perdas e danos.
5.  Art. 402. Salvo as exceções expressamente previstas em lei, as perdas e danos devidas ao credor abrangem, além do que ele efetivamente perdeu, o que razoavelmente deixou de lucrar.

O descumprimento é a caracterização da inexecução da obrigação e que se perfaz pela ausência da prestação devida. É uma "[...] fase patológica das obrigações [...]", segundo Cristiano Chaves e Nelson Rosenvald,[6] e a "intervenção do ordenamento será no sentido de evitar que se estabeleça a crise na relação obrigacional ou, se inevitável, que seus efeitos não reduzam uma dar partes à condição de subserviência".

Vejamos, então, cada efeito do inadimplemento das obrigações.

### 3.3.1.1 Perdas e danos

O dano consiste na diferença entre o estado atual do patrimônio que o sofre e o que teria se o fato danoso não se tivesse produzido. Perdas e danos é o equivalente do prejuízo do dano ou do dano suportado pelo credor, em virtude de o devedor não ter cumprido, total ou parcialmente a obrigação, expressando-se numa soma de dinheiro correspondente ao desequilíbrio sofrido pelo lesado.

Indenizar, pois, significa reparar o dano causado à vítima. Tem-se, assim, que o objetivo de uma indenização será restaurar, quando possível, a situação ao *statu quo ante*, ou seja, devolvendo-a ao estado em que se encontrava antes da ocorrência do ato ilícito. Como, em regra, não é possível recompor o estado originário, busca-se uma compensação sob a forma de indenização.[7]

As perdas e danos, para Caio Mário,[8] correspondem ao "equivalente do prejuízo que o credor suportou, em razão de ter o devedor faltado, total ou parcialmente, ou de maneira absoluta ou relativa, ao cumprimento do obrigado". Assim, as perdas e danos, para o autor, representam uma soma de dinheiro, já que este é o denominador comum dos valores. "A este prejuízo pecuniariamente determinado, costuma-se designar como dano matemático ou dano concreto".

Nota-se que só há indenização quando houver dano, já que ação de indenização sem danos é pretensão sem objeto, ainda que haja violação de um dever jurídico e que tenha existido a culpa[9] e até mesmo o dolo por parte do infrator.

Dizemos que as perdas e danos constituem o pressuposto da responsabilidade civil contratual, já que sem a sua ocorrência não é possível a ação de indenização. Os danos emergentes estão relacionados ao ato do credor provar o

---

6. CHAVES DE FARIAS, Cristiano. ROSENVALD, Nelson. *Curso de direito civil*: direito das obrigações. Salvador: JusPodivm, 2008. p. 520.
7. GONÇALVES, Carlos Roberto. *Direito Civil brasileiro*: obrigações. São Paulo: Saraiva, 2008a, p. 338.
8. PEREIRA, Caio Mário da Silva. *Instituições de Direito Civil*. Rio de Janeiro: Forense, 2005, v. 2. p. 336.
9. Marcos Catalan adverte que, na sociedade contemporânea, "não há mais como sustentar a manutenção da culpa como fator de atribuição do dever de reparar os danos contratuais". In: CATALAN, Marcos. *A morte da culpa na responsabilidade civil*. São Paulo: RT, 2013. p. 273.

dano que experimentou e o fará demonstrando que do inadimplemento resultou determinada perda, cujo montante passa a evidenciar.

O Código, no art. 402, explica que os danos emergentes estão relacionados àquilo que "efetivamente se perdeu". Daí chegamos à conclusão de que tal dano deve ser absolutamente comprovado e não conjecturado.

Ocorre que, em algumas relações contratuais, o próprio ordenamento jurídico apresenta ressalvas quanto à comprovação do sujeito que praticou o dano, criando, assim, uma objetivação da responsabilidade, ou seja, bastará o prejudicado comprovar o dano sofrido e não a conduta omissiva ou comissiva do autor do ato.

Os lucros cessantes, além do que efetivamente perdeu, cabe ao credor o direito de ser pago daquilo que razoavelmente deixou de lucrar, na data da obrigação. Não basta a simples possibilidade de realização do lucro, deve existir uma probabilidade objetiva que resulte do curso normal das coisas e das circunstâncias especiais do caso concreto.

### 3.3.1.2   Dano material e dano moral

Dano material é aquele dano que pode ser avaliado monetariamente, considerando assim, um prejuízo de natureza econômica. Segundo esclarece Álvaro Villaça,[10] sendo patrimonial o dano, o que importa, é o exame da existência ou não de repercussão econômica suportado pelo prejudicado, que possa ser convertida em pecúnia. Assim, "se o dano for patrimonial, já por si, será indenizável. Tal é o caso de alguém que destrói um objeto alheio".

O dano moral é o constrangimento que alguém experimenta em consequência da lesão aos direitos da personalidade, ilicitamente produzida por outrem, trata-se um prejuízo sobre os características essenciais e intrínsecas à pessoa humana.

| Dano material | Dano moral |
|---|---|
| • Prejuízo com repercussão econômica. | • Lesão aos direitos da personalidade. |

---

10.   AZEVEDO, Álvaro Villaça. *Teoria Geral das Obrigações*. São Paulo: Atlas, 2005. p. 225.

Para Maria Celina Bodin,[11] o dano moral é a lesão aos aspectos integrantes da dignidade humana – "dignidade esta que se encontra fundada em quatro substratos e, portanto, corporificada no conjunto dos princípios da igualdade, da integridade psicofísica, da liberdade e da solidariedade".

*Exemplo prático*:

Um casal decide organizar um casamento e os pais da noiva assumem diversas despesas relacionadas à festa. No entanto, faltando dez dias para o evento, o noivo desiste de se casar. Diante da desistência, o noivo é responsabilizado a arcar com metade dos custos que já haviam sido desembolsados pelos pais da noiva.

Sobre o cabimento de dano moral no caso de rompimento do noivado, há entendimentos de que a simples desistência do casamento, por si só, não gera automaticamente o dever de indenizar por danos morais, uma vez que a liberdade de se casar não pode ser coercitiva, inexiste o ato ilícito e não há que se falar na responsabilidade civil.[12]

No entanto, o rompimento do noivado pode ensejar indenização quando acompanhado de circunstâncias que causem humilhação ou sofrimento psicológico à outra parte, ultrapassando o limite do que seria considerado um dissabor ordinário.

A indenização seria cabível em ocasiões em que o rompimento ocorra de forma pública, ofensiva ou em condições que exponham a pessoa a um constrangimento significativo. Assim, o dano moral não decorre do rompimento em si, mas das circunstâncias, da forma como ocorreu o evento e o dano suportado pela vítima.

---

11. BODIN DE MORAES, Maria Celina. *Danos à pessoa humana*: uma leitura civil-constitucional dos danos morais. São Paulo: Renovar, 2007. p. 327.

12. "Ação de indenização por danos materiais e morais. Namoro com promessa de casamento. Introdução de acessões em imóvel de copropriedade do réu e de sua mãe, corré. Aquisição de veículo pela autora, em nome do réu. Rompimento do noivado. Em primeiro grau, decisão de parcial procedência. Ação proposta contra o réu, ex-noivo e contra a ex-futura sogra, na qualidade de coproprietária do bem imóvel. Recurso da corré. Fatos ocorridos no período de 1998 a 2000, na vigência do Código Civil de 1916. Inicial distribuída em 17.05.2007. Aplicação dos artigos 2028 e 206, § 5º, inciso IV, CPC. Interrupção da prescrição, decorrente de ação distribuída perante o Juizado Especial Cível. Corré que não fazia parte daquela relação processual. Não interrupção da prescrição em relação a ela. Reconhecida prescrição em relação à corré. Corréu que não apresentou recurso. Aplicação da regra do artigo 509, "caput", do Código de Processo Civil. Recurso da autora. Prejudicado, ante o acolhimento da alegação de prescrição. Mesmo assim, não há caracterização de prejuízos morais. Término de relacionamento amoroso que por si só não perfaz dano moral. Indenização indevida. Dado provimento ao recurso da corré e prejudicado o recurso da autora" (TJ/SP. Processo 0336242-70.2009.8.26.0000. Quinta Câmara de Direito Privado. Relator Desembargador Edson Luiz de Queiroz. Julgado 04.08.2016).

Ensina Héctor Valverde Santana[13] sobre a importância da análise da repercussão do ato ilícito no meio social para o fim de quantificar a indenização do dano moral. Os direitos da personalidade tutelam a esfera íntima do sujeito de direito, bem como a sua projeção na sociedade. O ato ilícito que expõe a vítima ao grande público, que atinge os seus valores imateriais de forma a transcender os limites da relação entre as partes, deve ser quantificado diferentemente daquele ato que se circunscreve ao conhecimento do ofensor e da vítima".

Ainda no contexto da indenização por danos morais, é pertinente destacar o exemplo do abandono afetivo.[14] Neste caso, o abandono afetivo se traduz na omissão do dever de cuidar dos filhos, pois a conduta de não fazer alcançou um bem tutelado pelo ordenamento jurídico.

O STJ ao enfrentar o tema, no REsp 1.159.242-SP de relatoria da Ministra Nancy Andrighi,[15] entendeu que comprovar que a imposição legal de cuidar da prole foi descumprida implica em se reconhecer a ocorrência de ilicitude civil, sob a forma de omissão.

É importante diferenciar, como ressalta Marcos Ehrhardt,[16] os casos de indenização por abandono afetivo, em que o comportamento do responsável pode ser objetivamente avaliado pelo magistrado com base no dever de cuidado e no

---

13. SANTANA, Héctor Valverde. A fixação do valor da indenização por dano moral. *Revista de Informação Legislativa*, v. 175, p. 21-40, 2007. p. 35.

14. "Indenização por Danos Morais – Relação Paterno-Filial – Princípio da Dignidade da Pessoa Humana – Princípio da Afetividade. A dor sofrida pelo filho, em virtude do abandono paterno que o privou do direito à convivência, ao amparo afetivo, moral e psíquico, deve ser indenizável, com fulcro no princípio da dignidade da pessoa humana" (TJ/MG, AC 408550-5, Sétima Câmara Cível, Relator Unias Silva, Julgado 1º.04.2004).

15. "1. Inexistem restrições legais à aplicação das regras concernentes à responsabilidade civil e o consequente dever de indenizar/compensar no Direito de Família. 2. O cuidado como valor jurídico objetivo está incorporado no ordenamento jurídico brasileiro não com essa expressão, mas com locuções e termos que manifestam suas diversas desinências, como se observa do art. 227 da CF/88. 3. Comprovar que a imposição legal de cuidar da prole foi descumprida implica em se reconhecer a ocorrência de ilicitude civil, sob a forma de omissão. Isso porque o non facere, que atinge um bem juridicamente tutelado, leia-se, o necessário dever de criação, educação e companhia – de cuidado – importa em vulneração da imposição legal, exsurgindo, daí, a possibilidade de se pleitear compensação por danos morais por abandono psicológico. 4. Apesar das inúmeras hipóteses que minimizam a possibilidade de pleno cuidado de um dos genitores em relação à sua prole, existe um núcleo mínimo de cuidados parentais que, para além do mero cumprimento da lei, garantam aos filhos, ao menos quanto à afetividade, condições para uma adequada formação psicológica e inserção social. 5. A caracterização do abandono afetivo, a existência de excludentes ou, ainda, fatores atenuantes – por demandarem revolvimento de matéria fática – não podem ser objeto de reavaliação na estreita via do recurso especial. 6. A alteração do valor fixado a título de compensação por danos morais é possível, em recurso especial, nas hipóteses em que a quantia estipulada pelo Tribunal de origem revela-se irrisória ou exagerada. 7. Recurso especial parcialmente provido" (Superior Tribunal de Justiça. REsp 1.159.242-SP, Relatora Ministra Nancy Andrighi, Terceira Turma. Julgado em 24.04.2012. DJe 10.05.2012).

16. EHRHARDT JUNIOR, Marcos. Breves notas sobre a responsabilidade civil no direito das famílias. *RJLB*, a. 5, n. 5, p. 1249-1267, 2019.

interesse coletivo, das circunstâncias que envolvem traição em relações conjugais, nas quais a vítima pode, legitimamente, embora com controvérsias, pleitear o recebimento da indenização.

### 3.3.1.3 Indenização pedagógica e perda de uma chance

No que se refere à indenização, destacamos também dois mecanismos que reforçam a necessidade de proteção contra o inadimplemento: a indenização em caráter pedagógico e a indenização pela perda de uma chance.

A *indenização em caráter pedagógico* (*punitive damages*[17]) busca evitar que a conduta ilícita seja novamente praticada pelo contratante que tem uma postura reiterada no mercado no que tange à prática do inadimplemento. Além disso, procura aplicar ao infrator uma medida punitiva no sentido de que este sinta uma perda significativa em seu patrimônio.

A partir desta diminuição patrimonial, objetiva-se, portanto, evitar que a mesma conduta reprovável pela sociedade ocorra reiteradamente, demonstrando, com isso, a intolerância do Estado em face de tais comportamentos. Entendemos que a indenização em caráter pedagógico possui natureza preventiva, à medida que tem por escopo evitar que outros repitam o ato considerado indevido pelos padrões da sociedade.

Com origem no sistema da *common law*, um caso emblemático de *punitive damage* foi a indenização obtida por uma consumidora que teve queimaduras de terceiro grau após comprar café na rede *McDonald's* e derramá-lo em suas pernas. A consumidora, que se submeteu a cirurgias, ficou com sequelas permanentes. A empresa foi responsabilizada pelo defeito do produto e o tribunal americano a condenou a uma indenização compensatória de cento e sessenta mil dólares, bem como no valor superior a dois milhões de dólares em caráter punitivo (o valor foi reduzido pela Corte americana em seiscentos e quarenta mil dólares[18]).

Defendemos que a *indenização pela perda de uma chance* se justifica em razão dos ganhos futuros que teria o credor direito, caso a obrigação fosse cum-

---

17. Ensina Héctor Valverde Santana que: "[…] os *punitive damages* são utilizados no sistema da *common law* como um acréscimo ao dano moral experimentado pela vítima, constituindo-se uma verba autônoma daquela destinada à função compensatória. O escopo principal dos *punitive damage* não é a reparação da lesão experimentada pela vítima, mas sim uma punição exemplar ao sujeito de direito que atenta contra o sistema jurídico, sendo que nesse particular visa-se à tutela da coletividade". In: SANTANA, Héctor Valverde. *Dano moral no direito do consumidor*. 2 ed. São Paulo: RT, 2014. p. 168.

18. O caso Stella Liebeck v. *McDonald's Restaurants*, P.T.S., Inc. and McDonald's International, Inc., tendo como juiz do caso Robert Scott, foi apreciado pelo Tribunal de Albuquerque, Estado do Novo México, nos Estados Unidos. Disponível em: http://www.business.txstate.edu/users/ds26/Business%20Law%202361/Misc/McDonalds%20coffee.pdf. Acesso em: 14 dez. 2024.

prida perfeitamente. Tal hipótese consiste na probabilidade do credor auferir um ganho pela troca econômica presente na própria contratação e observando os parâmetros da causa do contrato previamente acordados.[19]

Para ilustrar a perda de uma chance, numa perspectiva além do lucro ou prevenção de uma possível perda, cita-se o pai que não consegue assistir ao nascimento do seu primeiro filho, pois o voo em que ele se encontrava atrasou, em virtude do cumprimento imperfeito do contrato de transporte aéreo. Terá esse pai direito à indenização pelo atraso no voo pelo descumprimento do contrato.

No exemplo apresentado, diferentemente do lucro cessante, em que há uma estimativa do valor a ser indenizado de acordo com a média de lucro do credor, na teoria da perda de uma chance, esse ganho futuro é incerto, porém, a possibilidade fática de uma determinada situação é única e foi perdida em virtude do descumprimento da obrigação.

No REsp 1.291.247,[20] o Superior Tribunal de Justiça analisou a responsabilidade da empresa especializada em coleta e armazenagem de células-tronco embrionárias diante da falha no serviço, configurada pela ausência de seus prepostos no momento do parto. O Superior Tribunal reconheceu configurada a responsabilidade civil pela perda de uma chance – o que dispensa a comprovação do dano final.

Outra questão sensível envolvendo a aplicação da teoria da perda de uma chance surge quando há demora na resolução do caso de uma criança, institucionalizada em casa de acolhimento, para formalizar os próximos passos em um futuro processo de adoção. Essa demora, causada por entraves judiciais e pela

---

19. DUQUE, Bruna Lyra. *Causa dos contratos*: entre direitos e deveres. Belo Horizonte: Conhecimento, 2018. p. 213.

20. "1. Demanda indenizatória movida contra empresa especializada em coleta e armazenagem de células tronco embrionárias, em face da falha na prestação de serviço caracterizada pela ausência de prepostos no momento do parto. 2. Legitimidade do recém-nascido, pois "as crianças, mesmo da mais tenra idade, fazem jus à proteção irrestrita dos direitos da personalidade, entre os quais se inclui [sic] o direito à integralidade mental, assegurada a indenização pelo dano moral decorrente de sua violação" (REsp. 1.037.759/RJ, Rel. Min. Nancy Andrighi, Terceira Turma, julgado em 23.02.2010, DJe 05.03.2010). 3. A teoria da perda de uma chance aplica-se quando o evento danoso acarreta para alguém a frustração da chance de obter um proveito determinado ou de evitar uma perda. 4. Não se exige a comprovação da existência do dano final, bastando prova da certeza da chance perdida, pois esta é o objeto de reparação.

5. Caracterização de dano extrapatrimonial para criança que tem frustrada a chance de ter suas células embrionárias colhidas e armazenadas para, se for preciso, no futuro, fazer uso em tratamento de saúde. 6. Arbitramento de indenização pelo dano extrapatrimonial sofrido pela criança prejudicada. 7. Doutrina e jurisprudência acerca do tema. 8. Recurso Especial provido" (STJ7. REsp 1.291.247/RJ, Relator Ministro Paulo de Tarso Sanseverino, Terceira Turma. Julgado em 19.08.2014. DJe 1º.10.2014).

insistência em reintegrá-la à família biológica, pode resultar na impossibilidade de a criança ser acolhida por uma nova família.[21]

Os danos causados às crianças e aos adolescentes pela demora na tutela dos seus direitos podem ser irreversíveis. Além dos prejuízos à personalidade desse grupo de vulneráveis, percebe-se uma ação ainda mais grave: gerar a impossibilidade desses indivíduos estabelecerem laços familiares, posto que o relacionamento obtido numa instituição de acolhimento nunca será igual àquele construído num lar.

Nessa perspectiva, as crianças têm direito de ser alocadas em uma família substituta e não de passarem inteiramente as suas vidas em ambientes institucionais. Não pode a ineficiência estatal retirar dessas crianças esse direito fundamental à família.

Defendemos a responsabilização do Estado, em razão da perda da chance da criança em integrar uma nova família, posto que o grau de proteção direcionado à pessoa humana vai depender da sua posição em uma equilibrada escala protetiva: quanto mais se aproximar da esfera existencial, maior será o grau de defesa constitucional do indivíduo.[22]

Consideramos, deste modo, que a perda de uma chance é um instituto autônomo e independente, servindo como um novo modo de alcançar a indenização pela chance séria e real perdida. Não é, portanto, uma subespécie do dano emergente ou dos lucros cessantes.

É necessário, pois, esclarecer que os danos a serem indenizados não são hipotéticos, tendo em vista que o credor teria auferido o lucro, ou teria se submetido a dado acontecimento, caso não sofresse o dano causado por outrem. Sendo assim, o que se pune não é a perda do lucro que seria auferido, mas a perda de uma única chance.[23]

### 3.3.2 Inexecução involuntária

A inexecução involuntária ocorre quando uma das partes contratantes deixa de cumprir suas obrigações devido a fatores externos e imprevisíveis, alheios à sua vontade. O Código Civil reconhece essa situação como excepcional, no art.

21. DUQUE, Bruna Lyra. Adoção, perda de uma chance e abandono estatal. *Revista da Defensoria Pública do Estado de Minas Gerais*, Minas Gerais, v. 4, n. 5, p. 121-136, abr./jun. 2020.
22. DUQUE, Bruna Lyra. Adoção, perda de uma chance e abandono estatal. *Revista da Defensoria Pública do Estado de Minas Gerais*, Minas Gerais, v. 4, n. 5, p. 121-136, abr./jun. 2020.
23. DUQUE, Bruna Lyra. *Causa dos contratos*: entre direitos e deveres. Belo Horizonte: Conhecimento, 2018. p. 214.

393, permitindo a extinção do vínculo obrigacional sem atribuição de responsabilidade à parte inadimplente.

A doutrina portuguesa prefere chamar o inadimplemento involuntário de retardamento casual. Explica Inocêncio Galvão Telles[24] que "dá-se o retardamento casual quando o devedor é impedido de realizar temporariamente a prestação por caso fortuito ou de força maior".

A doutrina brasileira, em sua maioria, identifica como requisitos para esse tipo de inadimplemento: i) a inevitabilidade do evento, conforme o art. 393, parágrafo único, do Código Civil; ii) a ausência de culpa da parte para a ocorrência do fato; e iii) a superveniência de um acontecimento irresistível. Exemplos incluem desastres naturais, crises sanitárias ou outras ocorrências que inviabilizem o cumprimento das obrigações contratuais.

| Inevitabilidade do evento | Ausência de culpa | Superveniência do evento irresistível |
| --- | --- | --- |

Comprovados os requisitos, o inadimplemento involuntário gera efeitos específicos de natureza negativa, isentando o devedor de responsabilidade pelo não cumprimento da obrigação. Assim, o contrato pode ser resolvido, e as partes ficam desobrigadas de cumprir as prestações pendentes, sem que seja devida indenização, já que não houve descumprimento por culpa.

De forma geral, o art. 393, parágrafo único, trata das excludentes de caso fortuito e força maior. O termo excludente é utilizado para destacar que essas conjunturas afastam a aplicação da regra de responsabilidade civil nos casos de descumprimento de obrigações contratuais.

O caso fortuito, em particular, decorre de uma causa desconhecida e imprevisível, podendo ser provocado por ato de terceiro. Um exemplo seria a interrupção de uma rede elétrica devido à culpa exclusiva de um terceiro que não tem qualquer vínculo com a empresa contratada para a prestação do serviço.

---

24. "A obrigação vence-se, mas o devedor não pode executá-la imediatamente porque um facto que não lhe é imputável nem ao credor torna impossível transitoriamente a execução. Esse facto diz-se caso fortuito ou de força maior. Não há mora propriamente dita, a parte debitoris ou a parte creditoris, visto o obstáculo ao cumprimento não ser, como se disse, atribuível a qualquer dos sujeitos. Existe mesmo assim um atraso, dado que a obrigação não pode ser cumprida no momento previsto. O retardamento casual tem, pois, como pressuposto um caso fortuito ou de força maior e a impossibilidade temporária de cumprir como sua consequência". TELLES, Inocêncio Galvão. *Direito das obrigações*. Coimbra: Coimbra Editora, 1997. p. 323.

São acontecimentos vinculados à atividade humana ou a atos de terceiros que, inevitavelmente, tornem inviável o cumprimento da obrigação.

A força maior, por outro lado, está associada a fatos naturais. Um exemplo seria uma enchente que destrói completamente uma casa recém-reformada, sem que o empreiteiro tenha qualquer responsabilidade pelo ocorrido.

> *Exemplo prático*:
> Acordo entre ex-cônjuges no qual um deles se compromete a entregar um bem infungível, como um veículo, para uso relacionado aos cuidados dos filhos. Se o veículo for destruído em uma enchente causada por um evento natural, o devedor estará impossibilitado de cumprir sua obrigação.

Parte da doutrina considera caso fortuito e força maior como conceitos equivalentes, tratando-os como sinônimos devido à semelhança de seus efeitos, já que ambos se referem a eventos imprevisíveis e inesperados. Essa interpretação, com a qual concordamos, está alinhada à lógica adotada pelo Código Civil, conforme disposto no art. 393.

Pablo Stolze e Rodolfo Pamplona[25] entendem que há diferença entre os conceitos, pois a imprevisibilidade caracteriza o caso fortuito, já a inevitabilidade está relacionada à força maior (*act of God*).

Por outro lado, o ordenamento jurídico prevê exceções às excludentes de responsabilidade estabelecidas no art. 393, a saber: i) quando as partes estipulam expressamente que o devedor será responsável pelo cumprimento da obrigação, mesmo em casos de força maior ou caso fortuito; ii) quando o devedor estiver em mora, conforme disposto no art. 399; e iii) nas obrigações de dar coisa incerta antes da escolha do objeto, nos termos do art. 246.

Ainda sobre a possibilidade ou não de enquadrar o caso fortuito e a força maior como excludentes, o Enunciado 443 da V Jornada de Direito Civil do Conselho Nacional de Justiça assim interpreta o art. 393: "O caso fortuito e a força maior somente serão considerados como excludentes da responsabilidade civil quando o fato gerador do dano não for conexo à atividade desenvolvida".

---

25. "Sem pretender pôr fim à controvérsia, visto que seria inadmissível a pretensão, entendemos que a característica básica da força maior é a sua inevitabilidade, mesmo sendo a sua causa conhecida (um terremoto ou uma erupção vulcânica, por exemplo); ao passo que o caso fortuito, por sua vez, tem a sua nota distintiva na sua imprevisibilidade, segundo os parâmetros do homem médio. Nesta última hipótese, portanto, a ocorrência repentina e até então desconhecida do evento atinge a parte incauta, impossibilitando o cumprimento de uma obrigação (um atropelamento, um roubo)" GAGLIANO, Pablo Stolze. PAMPLONA FILHO, Rodolfo. *Novo curso de Direito Civil*: obrigações. São Paulo: Saraiva, 2017. v. 2. p. 322.

A conexão com a atividade desenvolvida tem relação com o chamado fortuito interno, que trata daqueles eventos imprevisíveis, mas intrinsecamente ligados aos riscos próprios da atividade desempenhada. Por isso, haverá a responsabilidade da parte, pois decorrem de circunstâncias relacionadas à própria natureza do negócio ou serviço contratado, diferentemente do fortuito externo, que é completamente alheio à atividade e, por isso, tem o potencial de afastar a responsabilidade.

| Fortuito interno | Fortuito externo |
|---|---|
| • Não exclui a responsabilidade. <br>•Conexo à atividade. | • Exclui a responsabilidade. <br>• Alheio à atividade. |

Como exemplo, destaca-se o julgado da Terceira Turma do STJ,[26] no qual a responsabilidade do transportador em relação aos passageiros, quando vinculada aos riscos próprios do negócio, é considerado fortuito interno e não exclui a responsabilidade.

### 3.3.3 Cláusula resolutiva tácita

Voltando à distinção entre resilição e resolução, na teoria geral dos contratos, segundo o art. 474 do Código Civil,[27] a cláusula resolutiva se apresenta em duas modalidades, a tácita e a expressa, cada uma com características e efeitos distintos no caso de inadimplemento.

A cláusula *resolutiva tácita* é uma disposição implícita em todos os contratos bilaterais, pela qual o descumprimento de uma obrigação por uma das partes autoriza a outra a resolver o contrato, mesmo sem cláusula específica que previna tal desfecho.

Esse efeito resulta automaticamente da natureza do contrato bilateral, que exige reciprocidade no cumprimento das obrigações. Assim, na falta de cumprimento de uma das partes, a outra tem o direito de promover a extinção do

---

26. "1. Nos termos da jurisprudência desta Corte, a responsabilidade do transportador em relação aos passageiros é contratual e objetiva, somente podendo ser elidida por fortuito externo, força maior, fato exclusivo da vítima ou por fato doloso e exclusivo de terceiro, quando não há conexão com a atividade de transporte, sendo que o ato culposo de terceiro, conexo com a atividade do transportador e relacionado com os riscos próprios do negócio, caracteriza o fortuito interno, inapto a excluir a responsabilidade do transportador. Precedentes. 2. Agravo interno não provido" (STJ. AgInt no AREsp 2.146.082/SP, Relator Ministro Moura Ribeiro, Terceira Turma. Julgado em 11.12.2023. DJe 15.12.2023).
27. Art. 474. A cláusula resolutiva expressa opera de pleno direito; a tácita depende de interpelação judicial.

contrato, demonstrando que o inadimplemento torna impossível a continuidade da relação contratual.

*Exemplo prático*:

Em um contrato de prestação de serviços educacionais, caso os pais deixem de pagar a mensalidade escolar, a cláusula resolutiva tácita permite à instituição executar os devedores e encerrar o contrato, desde que observada a legislação específica, como a conclusão do ano letivo.

### 3.3.4 Cláusula resolutiva expressa

A cláusula *resolutiva expressa*, por sua vez, é incluída explicitamente no contrato e determina, de forma clara, que o descumprimento de uma obrigação específica resultará na resolução do contrato.

Nessa situação, aplica-se a regra do *dies interpellat pro homine* (o termo interpela em lugar do credor[28]), segundo a qual, ao chegar o prazo estipulado para o cumprimento da obrigação, o devedor estará automaticamente inadimplente se não tiver realizado a prestação devida, sem necessidade de notificação adicional.

Em outras palavras, ao se atingir a data estipulada para o cumprimento de uma obrigação, o devedor não precisa ser formalmente notificado ou cobrado pelo credor para que cumpra aquilo que se obrigara. O próprio vencimento do prazo é suficiente para gerar as consequências jurídicas do inadimplemento, como a incidência de juros moratórios ou cláusulas penais, conforme previsto no contrato ou na lei.

---

28. "Os juros de mora sobre a importância de cheque não pago contam-se da primeira apresentação pelo portador à instituição financeira, e não da citação do sacador. A mora ex re independe de qualquer ato do credor, como interpelação ou citação, porquanto decorre do próprio inadimplemento de obrigação positiva, líquida e com termo implementado, desde que não seja daquelas em que a própria lei afasta a constituição de mora automática. Assim, em se tratando de mora ex re, aplica-se o antigo e conhecido brocardo *dies interpellat pro homine* (o termo interpela no lugar do credor). Com efeito, fica límpido que o art. 219 do CPC, assim como o 405 do CC, deve ser interpretado à luz do ordenamento jurídico, tendo aplicação residual para casos de mora ex persona – evidentemente, se ainda não houve a prévia constituição em mora por outra forma legalmente admitida. Assim, citação implica caracterização da mora apenas se ela já não tiver ocorrido pela materialização de uma das diversas hipóteses indicadas no ordenamento jurídico. No caso, a matéria referente aos juros relativos à cobrança de crédito estampado em cheque por seu portador é regulada pela Lei do Cheque, que estabelece a incidência dos juros de mora a contar da primeira apresentação do título (art. 52, II). Ademais, por materializar uma ordem a terceiro para pagamento à vista, o momento natural de realização do cheque é a apresentação (art. 32), quando a instituição financeira verifica a existência de disponibilidade de fundos (art. 4º, § 1º), razão pela qual a apresentação é necessária" (STJ. REsp 1.354.934-RS, Relator Ministro Luis Felipe Salomão, Quarta Turma. Julgado em 20.08.2013. DJe de 25.09.2013).

| Cláusula resolutiva tácita | Cláusula resolutiva expressa |
| --- | --- |
| • Implícita para autorizar o fim do acordo no caso de descumprimento. | • Regula expressamente o descumprimento da obrigação. |

Esse tipo de cláusula impõe previamente as condições e consequências do inadimplemento, conferindo maior previsibilidade à relação contratual. A cláusula resolutiva expressa é útil para situações em que as partes desejam uma resposta rápida e automática diante do descumprimento de obrigações essenciais.

*Cláusula de resolução expressa*:

"Em caso de descumprimento de qualquer das obrigações estabelecidas neste contrato, a parte prejudicada poderá exigir o pagamento da multa compensatória no valor de R$ XXX".

Além disso, conforme estudamos no Capítulo 2 (item 2.4.2), o inadimplemento pode acarretar a aplicação de cláusulas penais previamente estabelecidas, que são cláusulas estratégicas de grande valia para a prefixação das perdas e danos.

Para ilustrar a aplicabilidade de multa às relações familiares, a juíza Maria Luiza de Andrade Rangel Pires, da Vara de Registros Públicos da Comarca de Belo Horizonte, considerou improcedente a dúvida suscitada por uma tabeliã do cartório de Registro Civil e Notas de Belo Horizonte e autorizou a lavratura de um pacto antenupcial contendo uma cláusula penal. Essa cláusula estipula uma multa de R$ 180.000,00 (cento e oitenta mil reais), caso ocorra infidelidade por parte de qualquer um dos cônjuges.[29]

Outros efeitos do inadimplemento incluem a incidência de juros moratórios, a correção monetária e honorários advocatícios, nos termos do art. 389 do Código Civil.[30]

---

29. A decisão também esclareceu que: "É que o pacto possui natureza de negócio jurídico, de modo que, embora seu conteúdo primordial seja mesmo patrimonial, acerca do regime de bens adotado pelo casal, nada obsta que possam os nubentes também, no referido instrumento, estabelecer ajustes extrapatrimoniais, desde que não contrários à legislação brasileira". In: REINA, Eduardo. Justiça autoriza inclusão de multa por traição em pacto antenupcial. *Revista Conjur Jurídico*. Disponível em: https://www.conjur.com.br/2023-mar-22/justica-autoriza-inclusao-multa-traicao-pacto-antenupcial. Acesso em: 16 nov. 2024.

30. Art. 389. Não cumprida a obrigação, responde o devedor por perdas e danos, mais juros, atualização monetária e honorários de advogado. Parágrafo único. Na hipótese de o índice de atualização monetária não ter sido convencionado ou não estar previsto em lei específica, será aplicada a variação do Índice

*Exemplo prático*:

Em um pacto antenupcial um dos cônjuges é responsável por manter a casa comum enquanto o outro contribui financeiramente para outras despesas. Se um cônjuge decide não cumprir com a sua obrigação, desviando os recursos para outro fim, a outra parte pode pedir a multa pactuada.

Um limite entre a resolução e a conservação dos contratos é a aplicação da *teoria do adimplemento substancial*,[31] buscando dimensionar a parte adimplida. Caso constatado um ínfimo descumprimento, sugere-se a manutenção ou a extinção do contrato, a depender do caso concreto.

O adimplemento substancial se perfaz quando, num contrato de duração continuada, algumas prestações já foram adimplidas, mas o devedor encontra-se inadimplente numa pequena parcela. A questão é avaliar em que medida pode o contrato ser extinto ou se seria mais equânime conservar o negócio.

Segundo Vivien Lys Porto Ferreira da Silva,[32] o adimplemento substancial tem por base o princípio da conservação dos contratos, no princípio da igualdade jurídica, na comutatividade pautada nos critérios de equivalência *versus* interdependência das prestações, no princípio da boa-fé objetiva, na autonomia da vontade, buscando atender com equidade os interesses dos contratantes.

Almejando manter os contratos, o Enunciado 361[33] da IV Jornada de Direito Civil esclarece que o "adimplemento substancial decorre dos princípios

---

Nacional de Preços ao Consumidor Amplo (IPCA), apurado e divulgado pela Fundação Instituto Brasileiro de Geografia e Estatística (IBGE), ou do índice que vier a substituí-lo.

31. "Direito Civil e Processual Civil. Reintegração de Posse. Resolução do contrato por inexecução voluntária. Cabimento. Inadimplemento do devedor. Teoria do adimplemento substancial. Inaplicabilidade. Pagamento insignificante em relação ao montante acordado. Reintegração de posse. Possibilidade. Rescisão contratual. Cessão de cotas de sociedade. Creche. Inadimplência. Pedido de restituição do bem com perdimento do valor pago. Adimplemento substancial. Se houve o pagamento de mais de 70% do preço, caracterizado está o adimplemento substancial a recomendar a manutenção do contrato, facultada à credora a cobrança do débito. Abusividade da cláusula que determina a rescisão contratual, com perdimento do valor pago em caso de atraso de pelo menos três prestações. Contrato que deve ser interpretado segundo princípio da boa-fé, mantendo-se a relação societária de cunho familiar. Provimento do recurso para se julgar improcedente o pedido e prejudicada a reconvenção, impondo-se à autora os ônus sucumbenciais" (TJ/RJ. AC 2007.001.00834. Segunda Câmara Cível Desembargadora Leila Mariano. Julgamento em 14.02.2007).

32. A autora também esclarece que: "se o devedor pudesse prever ou planejar a frustração mínima oriunda do adimplemento substancial, ele seria apenado com mais severidade, em razão de agir em dissonância ao princípio da boa-fé objetiva". In: SILVA, Vivien Lys Porto Ferreira da. *Extinção dos contratos*: limites e aplicabilidade. São Paulo: Saraiva, 2010. p. 135.

33. CONSELHO DA JUSTIÇA FEDERAL. IV Jornada de Direito Civil. Enunciado 361. Disponível em: https://www.cjf.jus.br/enunciados/enunciado/472. Acesso em: 16 nov. 2024.

gerais contratuais, de modo a fazer preponderar a função social do contrato e o princípio da boa-fé objetiva".

O Superior Tribunal de Justiça[34] já analisou a aplicação da teoria do adimplemento substancial, concluindo que esta não se aplica às obrigações alimentares. Tal teoria, concebida para situações contratuais em que a prestação foi quase integralmente cumprida, revela-se inadequada para resolver controvérsias envolvendo alimentos, dada a sua natureza de subsistência e a exigência de adimplemento integral para a proteção dos direitos fundamentais do alimentado.

## 3.4 RESILIÇÃO: ENCERRAMENTO POR VONTADE OU ACORDO

A *resilição* é a extinção do contrato por decisão voluntária das partes. Pode ser *unilateral*, quando apenas uma das partes deseja encerrar o contrato, ou *bilateral*, quando ambas as partes concordam em terminar o negócio amigavelmente.

A resilição unilateral é uma forma de extinguir a relação contratual, permitida por ato de vontade de apenas uma das partes, conforme a natureza do negócio celebrado. Nesse caso, o vínculo contratual é encerrado pela denúncia do contrato (art. 473 do Código Civil[35]), realizada mediante notificação à outra parte.

| Resolução | Resilição |
|---|---|
| • Violação grave do acordo que leva ao rompimento do contrato. | • Manifestação de vontade para a extinção do contrato. |

---

34. "1. A Teoria do Adimplemento Substancial, de aplicação estrita no âmbito do direito contratual, somente nas hipóteses em que a parcela inadimplida revela-se de escassa importância, não tem incidência nos vínculos jurídicos familiares, revelando-se inadequada para solver controvérsias relacionadas a obrigações de natureza alimentar. 2. O pagamento parcial da obrigação alimentar não afasta a possibilidade da prisão civil. Precedentes. 3. O sistema jurídico tem mecanismos por meio dos quais o devedor pode justificar o eventual inadimplemento parcial da obrigação (CPC/2015, art. 528) e, outrossim, pleitear a revisão do valor da prestação alimentar (Lei 5.478/1968, art. 15; CC/2002, art. 1.699). 4. A ação de Habeas Corpus não é a seara adequada para aferir a relevância do débito alimentar parcialmente adimplido, o que só pode ser realizado a partir de uma profunda incursão em elementos de prova, ou ainda demandando dilação probatória, procedimentos incompatíveis com a via estreita do remédio constitucional" (Superior Tribunal de Justiça. HC 439.973-MG, Relator Ministro Luis Felipe Salomão, Quarta Turma. Julgado em 16.08.2018. DJe 04.09.2018).
35. Art. 473. A resilição unilateral, nos casos em que a lei expressa ou implicitamente o permita, opera mediante denúncia notificada à outra parte. Parágrafo único. Se, porém, dada a natureza do contrato, uma das partes houver feito investimentos consideráveis para a sua execução, a denúncia unilateral só produzirá efeito depois de transcorrido prazo compatível com a natureza e o vulto dos investimentos.

A resilição unilateral ocorre no contrato de mandato, permitindo que este seja encerrado de forma unilateral, seja pela revogação do mandante ou pela renúncia do mandatário, conforme as disposições previstas no Código Civil.

No caso da revogação, conforme o art. 686,[36] o mandante tem o direito de colocar fim ao contrato a qualquer momento, independentemente de justificativa, desde que informe o mandatário e os terceiros envolvidos com o negócio. Por outro lado, segundo o art. 688,[37] ao mandatário será lícito renunciar ao mandato, também sem necessidade de justificar a decisão, bastando notificar o mandante de sua intenção e os terceiros afetados com o ato.

No Direito de Família, a resilição é comum em contratos de união estável ou convivência, em que as partes podem, de comum acordo, encerrar o contrato e dividir os bens conforme estipulado.

*Exemplo prático:*

Ana e sua tia Helena firmaram um contrato de parceria, no qual Ana se comprometia a prestar cuidados e ajudar nas atividades cotidianas de Helena em troca de uma ajuda financeira mensal. Após alguns anos, Helena decide que já não necessita desse auxílio, e ambas concordam em encerrar o acordo.

Para garantir a previsibilidade em casos de resilição contratual, é comum incluir cláusulas específicas que regulem como o contrato será encerrado e quais serão as consequências desse encerramento.

As partes poderão, de comum acordo, encerrar o presente contrato mediante a divisão patrimonial pactuada, respeitando as obrigações previstas até o momento da dissolução. A resilição deverá ser formalizada por escrito e registrada em cartório, se necessário.

A *resilição bilateral*, também chamada de distrato, ocorre quando ambas as partes, de comum acordo, decidem encerrar o vínculo contratual. Essa modalidade exige a manifestação expressa de vontade das partes para formalizar o encerramento, podendo ser acompanhada de ajustes sobre obrigações pendentes, como eventuais indenizações ou a restituição de valores já pagos.

---

36. Art. 686. A revogação do mandato, notificada somente ao mandatário, não se pode opor aos terceiros que, ignorando-a, de boa-fé com ele trataram; mas ficam salvas ao constituinte as ações que no caso lhe possam caber contra o procurador.
37. Art. 688. A renúncia do mandato será comunicada ao mandante, que, se for prejudicado pela sua inoportunidade, ou pela falta de tempo, a fim de prover à substituição do procurador, será indenizado pelo mandatário, salvo se este provar que não podia continuar no mandato sem prejuízo considerável, e que não lhe era dado substabelecer.

O distrato expressa a autonomia privada das partes para ajustar seus interesses de forma consensual e, conforme o art. 472 do Código Civil, deve ser formalizado na mesma forma exigida para a celebração do contrato primitivo.

Entendemos que a resilição, seja unilateral ou bilateral, deve ser formalizada por escrito, de modo que os termos da extinção estabeleçam todas as consequências a serem assumidas pelas partes.

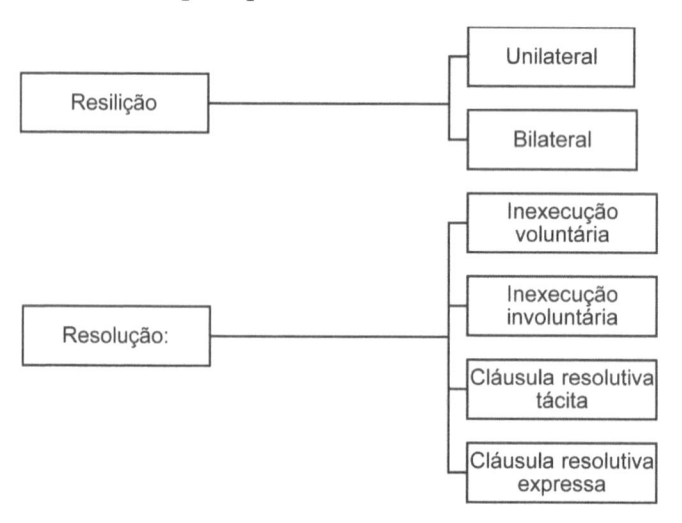

## 3.5 INVALIDADE DOS CONTRATOS

A *invalidade absoluta* de um contrato ocorre quando há uma violação grave das normas jurídicas que tornam o contrato nulo desde a sua origem, ou seja, sem qualquer efeito jurídico.

No Direito de Família, isso pode acontecer, por exemplo, quando um contrato de doação é celebrado para estabelecer um regime de bens ilícito, como um acordo que vise fraudar credores. Nesse caso, o contrato será considerado nulo, pois contraria disposições legais e princípios de ordem pública.

A *invalidade relativa*, por sua vez, ocorre quando há um vício menos grave, que torna o contrato anulável. Isso significa que o contrato é válido até que uma das partes o questione e a sentença decida pela sua anulação.

| Invalidade absoluta | Invalidade relativa |
|---|---|
| • Vício que gera a nulidade do contrato. | • Vício que gera a anulabilidade do contrato. |

A Súmula 332[38] do Superior Tribunal de Justiça dispõe que a ausência de autorização de um dos cônjuges na prestação de fiança resulta na ineficácia completa dessa garantia.

No Res 772419/SP,[39] o Superior Tribunal de Justiça esclareceu que a nulidade da fiança não pode ser declarada de ofício. Trata-se de nulidade relativa, válida e eficaz entre as partes envolvidas – o cônjuge que concedeu a fiança, o afiançado e o credor – até que seja legitimamente questionada por quem tem o direito de fazê-lo, como o cônjuge não anuente, e posteriormente reconhecida judicialmente. Somente nesse caso, o contrato acessório será desconstituído integralmente.

*Exemplo prático:*

Um contrato de união estável firmado sob coação, em que uma das partes foi pressionada a assinar o acordo contra sua vontade. Nesse caso, o contrato poderá ser invalidado.

## 3.6  TEORIA DA IMPREVISÃO: SITUAÇÕES INESPERADAS

A teoria da imprevisão permite a revisão ou até mesmo a extinção de um contrato quando eventos extraordinários e imprevisíveis, alheios à vontade das partes, tornam o cumprimento das obrigações excessivamente oneroso para uma delas (art. 478 e art. 479 do Código Civil).

---

38. Súmula 332 do STJ: "A fiança prestada sem autorização de um dos cônjuges implica a ineficácia total da garantia".
39. "1. É pacífica a jurisprudência do Superior Tribunal de Justiça no sentido de que é nula a fiança prestada sem a necessária outorga uxória, não havendo considerá-la parcialmente eficaz para constranger a meação do cônjuge varão. 2. É inadmissível recurso especial pela alínea "a" do permissivo constitucional, quando os dispositivos infraconstitucionais tidos por violados não foram debatidos no acórdão recorrido, malgrado tenham sido opostos embargos declaratórios, restando ausente seu necessário prequestionamento. Tal exigência tem como desiderato principal impedir a condução ao Superior Tribunal de Justiça de questões federais não examinadas no tribunal de origem. Aplicação das Súmulas 282/STF e 211/STJ. 3. Nos termos do art. 239 do Código Civil de 1.916 (atual art. 1.650 do Novo Código Civil), a nulidade da fiança só pode ser demandada pelo cônjuge que não a subscreveu, ou por seus respectivos herdeiros.
4. Afasta-se a legitimidade do cônjuge autor da fiança para alegar sua nulidade, pois a ela deu causa. Tal posicionamento busca preservar o princípio consagrado na lei substantiva civil segundo a qual não poder invocar a nulidade do ato aquele que o praticou, valendo-se da própria ilicitude para desfazer o negócio. 5. A nulidade da fiança também não pode ser declarada ex officio, à falta de base legal, por não se tratar de nulidade absoluta, à qual a lei comine tal sanção, independentemente da provocação do cônjuge ou herdeiros, legitimados a argui-la. Ao contrário, trata-se de nulidade relativa, válida e eficaz entre o cônjuge que a concedeu, o afiançado e o credor da obrigação, sobrevindo sua invalidade quando, e se, legitimamente suscitada, por quem de direito, vier a ser reconhecida judicialmente, quando, então, em sua totalidade será desconstituído tal contrato acessório. 6. Recurso especial conhecido e improvido" (Superior Tribunal de Justiça. REsp 772419/SP. Relator Ministro Arnaldo Esteves Lima. Quinta Turma. Julgado 16.03.2006. DJ 24.04.2006).

Essa teoria busca equilibrar os efeitos do contrato diante de circunstâncias que não poderiam ter sido previstas pelas partes no momento da sua celebração, objetivando a manutenção do equilíbrio contratual.

No julgamento do REsp 1.984.277,[40] a Quarta Turma do Superior Tribunal de Justiça considerou adequada a revisão judicial de um contrato de locação não residencial, determinando a redução proporcional do valor dos aluguéis devido a um fato superveniente relacionado à pandemia da Covid-19.

*Exemplo prático:*

Em um contrato de transação que prevê contribuições financeiras específicas de cada ex-cônjuge para a manutenção da casa e despesas comuns, durante a pandemia da Covid-19, um dos ex-cônjuges pode ter sofrido uma redução drástica de renda, tornando impossível cumprir a contribuição pactuada sem um desequilíbrio significativo.

No exemplo, a parte prejudicada pode pleitear a revisão[41] do contrato com base na teoria da imprevisão, para ajustar as obrigações às novas circunstâncias inesperadas e evitar uma situação de desequilíbrio ou onerosidade excessiva. Essa aplicação visa manter a justiça e o equilíbrio nas relações contratuais familiares diante de mudanças imprevistas.

Gustavo Tepedino, Carlos Konder e Paula Bandeira[42] destacam que, embora o desfazimento do contrato seja permitido em situações de onerosidade excessiva, tal solução pode ser inconveniente, quando o contrato já está em fase de execução, devido ao impacto para as partes envolvidas e para a função social do contrato.

A doutrina buscou alternativas para lidar com o desequilíbrio, e o Código Civil prevê a possibilidade de manutenção do vínculo contratual mediante a *reductio ad aequitatem* (diligência para restabelecer a equidade). Esse mecanismo levará à redução proporcional da vantagem obtida, ajustando a prestação ou contraprestação para afastar o desequilíbrio, mesmo que isso não restabeleça o equilíbrio inicial.

---

40. STJ. REsp 1.984.277. Quarta Turma do Superior Tribunal de Justiça. Relator Ministro Luis Felipe Salomão. Julgado em 16.08.2022.
41. É o que dispõe o Enunciado 367 da IV Jornada de Direito Civil do Conselho da Justiça Federal: "Em observância ao princípio da conservação do contrato, nas ações que tenham por objeto a resolução do pacto por excessiva onerosidade, pode o juiz modificá-lo equitativamente, desde que ouvida a parte autora, respeitada sua vontade e observado o contraditório". CONSELHO DA JUSTIÇA FEDERAL. IV Jornada de Direito Civil. Enunciado 367. Disponível em: https://www.cjf.jus.br/enunciados/enunciado/488. Acesso em: 19 nov. 2024.
42. TEPEDINO, Gustavo; KONDER, Carlos Nelson; BANDEIRA, Paula Greco. *Fundamentos do direito civil*: contratos. Rio de Janeiro: Forense. 2023. v. 3. Edição do Kindle. 2022, p. 275.

Os autores apontam, contudo, que essa abordagem legislativa recebe críticas, pois, enquanto concede ao devedor o direito de requerer a resolução do contrato, restringe o réu à iniciativa de ofertar a redução ou adaptação do negócio. Ainda assim, a solução proposta pela *reductio ad aequitatem* é vista como um caminho processual adequado para evitar a extinção do contrato, desde que as alterações sejam suficientes para mitigar os efeitos da onerosidade excessiva e manter a funcionalidade da relação contratual.

*Exemplo prático:*

Dois irmãos firmam um contrato de empréstimo oneroso. Após alguns meses, o contrato é revisado devido à onerosidade excessiva.

## 3.7 MORTE DE UM DOS CONTRATANTES

A extinção também pode ocorrer no caso de morte de um dos contratantes, quando a prestação ou a obrigação contratual possui caráter personalíssimo. Nesse caso, o vínculo se encerra porque o cumprimento da prestação está ligado às acuidades, habilidades ou vontade específica da parte falecida, impossibilitando a continuidade da relação contratual.

Contudo, nem todos os contratos se extinguem com a morte de uma das partes. Em contratos como a locação, compra e venda ou empreitada, os direitos e deveres podem ser transferidos a terceiros, desde que não sejam de natureza infungível. Nesses casos, o vínculo continua, cabendo aos terceiros o cumprimento da prestação acordada.

A extinção do contrato pela morte ocorre automaticamente, com efeitos *ex nunc*, levando à preservação das situações patrimoniais já consolidadas, incluindo as prestações vencidas em contratos de duração continuada.[43]

No contexto dos contratos familiares, a morte de um dos contratantes pode gerar implicações específicas, dependendo da natureza do contrato e das obrigações pactuada, como ocorre no acordo de pagamento dos alimentos. Ocorrendo a morte do devedor de alimentos, a situação será regulada pelo art. 1.700 do Código Civil.

Segundo o art. 1.700, há uma inversão na regra geral anteriormente vigente na codificação, o princípio da intransmissibilidade da obrigação de prestar

---

43. CHAVES DE FARIAS, Cristiano. ROSENVALD, Nelson. *Curso de direito civil*: contratos. 7. ed. Salvador: JusPodivm, 2017. p. 624.

alimentos aos herdeiros do devedor foi superado, passando a constar na lei a possibilidade de transmissão dessa obrigação aos herdeiros.

O Superior Tribunal de Justiça,[44] em um julgamento sobre o tema se a obrigação de pagar alimentos pode ou não pode ser transferida ao espólio, entendeu que a jurisprudência do STJ, embora entenda que a obrigação alimentar possui natureza personalíssima e se extingue com o falecimento do alimentante, admite, em caráter excepcional, que o espólio continue a prestar alimentos ao alimentado que seja herdeiro. Essa medida é justificada pela morosidade do processo de inventário e pela necessidade essencial que caracteriza os alimentos.

## 3.8 DEVER DE RENEGOCIAÇÃO

Seria possível falar no dever de renegociar? Entendemos que sim, principalmente em contratos de duração continuada ou em situações em que eventos supervenientes afetam substancialmente a base do contrato.

A revisão contratual, prevista no Código Civil brasileiro, reconhece que, em cenários de desequilíbrio das prestações, na forma do art. 317 do Código Civil, poderá o juiz corrigir o valor da prestação originariamente devida, a pedido da parte, de modo que assegure, quanto possível, o valor real da prestação.

O dever de renegociar decorre diretamente da boa-fé objetiva, que exige cooperação entre as partes, mesmo diante de motivos imprevisíveis. Esse dever não implica, necessariamente, na obrigação de aceitar as condições propostas pela outra parte, mas exige a abertura para dialogar, avaliar alternativas e tentar ajustar o contrato às novas circunstâncias.

Anderson Schreiber defende o dever de renegociar[45] para alcançar o equilíbrio contratual.[46] Esse dever de renegociar se pautaria em princípios constitucionais como a igualdade material e a solidariedade.

---

44. "A jurisprudência do STJ, apesar de reconhecer que a obrigação alimentar é de natureza personalíssima e extingue-se com o óbito do alimentante, também admite excepcionalmente que o espólio continue a prestar alimentos, quando o alimentado for herdeiro, até o encerramento do inventário, considerada a morosidade inerente a tal procedimento e o caráter de necessidade intrínseco aos alimentos. Súmula 568/STJ. Agravo interno não provido" (STJ. AgInt no REsp 1.974.766/PE, Relatora Ministra Nancy Andrighi, Terceira Turma. Julgado em 30.05.2022. DJe 1º.06.2022).

45. No Brasil, no entanto, não há norma que impute às partes o dever de renegociação. Na Europa, os princípios de direito contratual europeu preveem, em seu artigo 6:111 (chamado "alteração das circunstâncias), que, "se o cumprimento do contrato se tornar excessivamente oneroso devido a uma alteração das circunstâncias, as partes estão obrigadas a entrar em negociações, a fim de adaptar o contrato ou extingui-lo". Disponível em: https://www.trans-lex.org/400200/_/pecl/#head_101. Acesso em: 19 nov. 2024.

46. SCHREIBER, Anderson. *Equilíbrio contratual e dever de renegociar*. São Paulo: Saraiva, 2018. p. 275.

Em contratos familiares, a renegociação pode ser essencial para adequar o contrato a mudanças significativas na vida dos envolvidos, como acontece nas revisões ou exonerações dos alimentos.

A ausência de disposição para renegociar, em certos casos, pode configurar abuso do direito, se uma das partes se recusa injustificadamente a ajustar as condições contratuais que se tornaram inviáveis para a outra. Assim, o dever de renegociação levará à continuidade do contrato e refletirá o respeito aos princípios de solidariedade e boa-fé.

Nesse contexto, Gustavo Tepedino, Carlos Konder e Paula Bandeira[47] (2022, p. 276) defendem que as partes devem adotar uma postura colaborativa para buscar uma solução consensual que permita redistribuir os ônus causados pelo evento imprevisível. No entanto, esse mecanismo aplica-se apenas quando presentes os requisitos da onerosidade excessiva, evitando sua utilização abusiva por devedores. Caso as partes não alcancem um acordo, a questão será submetida ao Poder Judiciário.

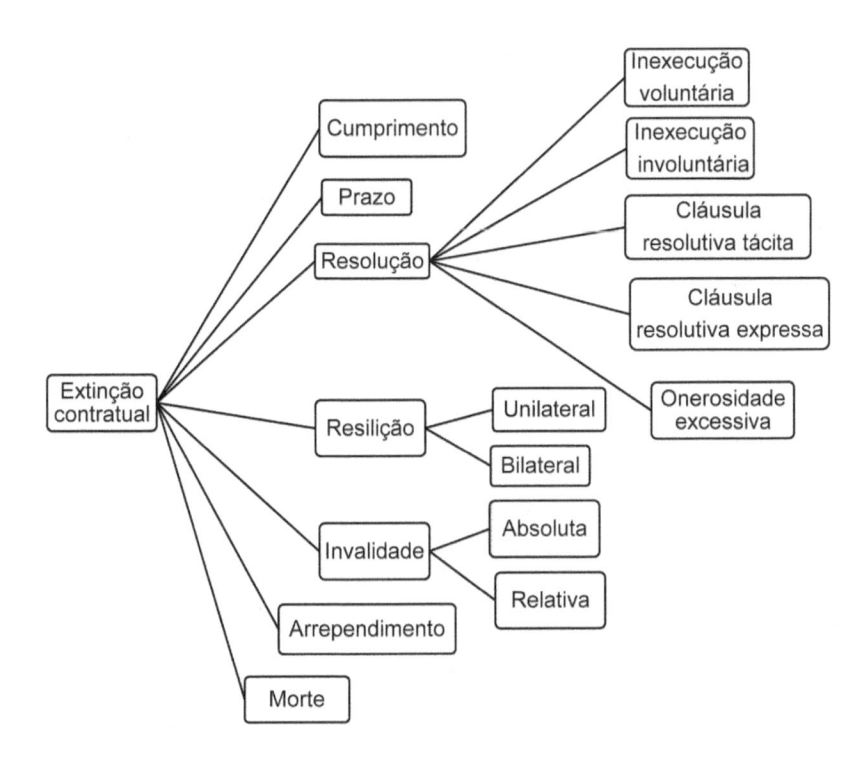

---

47. TEPEDINO, Gustavo; KONDER, Carlos Nelson; BANDEIRA, Paula Greco. *Fundamentos do direito civil*: contratos. Rio de Janeiro: Forense. 2023. Edição do Kindle. 2022, v. 3. p. 275.

Observa-se que o dever de renegociação não constitui um meio de extinção contratual, estando relacionado à possibilidade de preservar o vínculo originalmente estabelecido entre as partes. Por essa razão, não foi inserido no resumo esquemático.

# 4
# FUNDAMENTOS PRÁTICOS DOS CONTRATOS

Compreendida a formação e a extinção dos contratos, agora é o momento de avançarmos para os seus fundamentos práticos. A prática contratual é um dos pilares que garantem a funcionalidade e a eficácia das relações entre as partes. Esse processo envolve três etapas cruciais: redação, negociação e revisão, que devem ser conduzidas com técnica apurada e atenção aos detalhes.

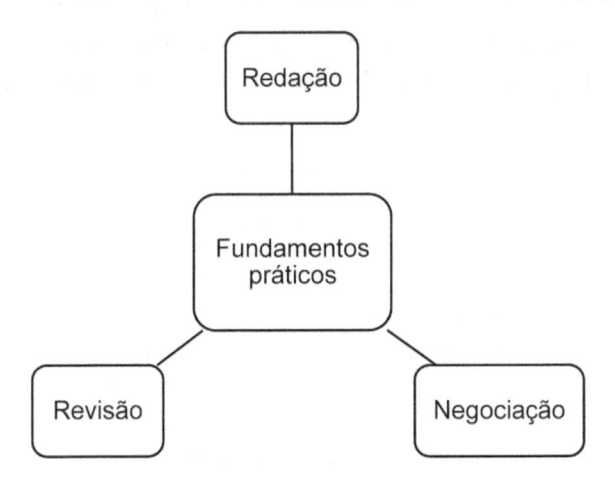

A *redação* contratual não se limita à descrição de deveres e direitos, mas requer precisão técnica, clareza e uma visão estratégica que antecipe cenários futuros. Nesse sentido, cada cláusula deve ser elaborada com base em uma análise cuidadosa das necessidades das partes e dos riscos envolvidos, equilibrando aspectos jurídicos e práticos para criar um documento robusto e eficaz.

A *negociação*, por sua vez, exige habilidades interpessoais e jurídicas para equilibrar os interesses das partes. É nesse momento que as diferenças são ajustadas e os termos ganham forma definitiva, sendo essencial a postura colaborativa para construir um acordo que atenda às expectativas das partes.

A negociação está presente em toda relação humana. Negociamos nas mínimas coisas. No campo contratual, a negociação se inicia desde a fase de tratativas iniciais, continua no momento da confecção do instrumento contratual e se mantém durante o cumprimento das obrigações. De igual modo, a arte de negociar também é essencial, caso aconteça o descumprimento do contrato.

Querer, formar convicções, desejar e respeitar são escopos que se misturam neste jogo de liberdade, interesses e negociações. Diante disso, considerando que todo negócio tem uma dose de risco, passa a ser fundamental considerar qual seria o risco de cada negócio para as partes envolvidas.

A *revisão* do contrato é indispensável para garantir sua validade, exequibilidade e adequação legal. Essa etapa demanda um olhar minucioso sobre todas as cláusulas, verificando sua coerência e eliminando inconsistências. Além disso, durante a revisão, o profissional deve reavaliar os cenários futuros, garantindo que o contrato seja flexível ou contenha restrições necessárias para se ajustar a eventuais mudanças no contexto ou nas condições das partes.

A prática contratual, pois, se estrutura em três dimensões que consistem na articulação entre técnica, estratégia e razoabilidade, sendo indispensável para prover que os contratos sejam eficazes.

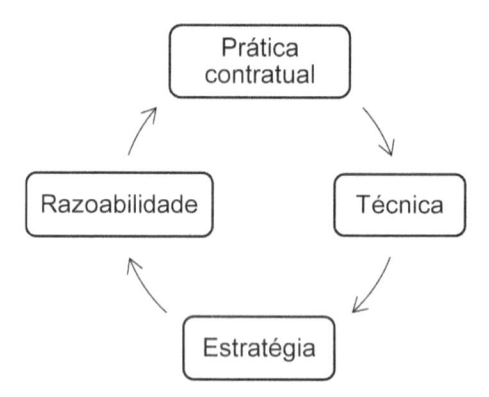

A *técnica* refere-se ao conhecimento especializado e envolve a aplicação precisa de normas, doutrina e jurisprudência.

A *estratégia* relaciona-se à capacidade de planejar e estruturar o contrato para atender aos objetivos específicos dos envolvidos, considerando aspectos práticos, negociais e de gestão de riscos.

A *razoabilidade* representa a habilidade de equilibrar as necessidades jurídicas e práticas, levando em conta o contexto e a relação entre as partes. É o elemento que evita exageros ou imposições desproporcionais.

*Exemplo prático:*

Em um acordo entre ex-cônjuges para o cuidado dos filhos, a técnica é aplicada ao incluir cláusulas que detalhem o regime de convivência, como dias e horários de visitas. A estratégia pode ser usada para prever um cronograma que considere os horários de trabalho dos pais e a necessidade dos filhos.

Vamos, em seguida, compreender os aspectos técnicos e práticos que permeiam essas três etapas fundamentais na vida de um contrato, oferecendo ferramentas para que o profissional possa aplicar as melhores práticas em cada uma delas.

## 4.1 TÉCNICAS DE REDAÇÃO JURÍDICA

A redação de contratos no Direito de Família exige, como vimos, precisão técnica, bem como sensibilidade para lidar com interesses que envolvem relacionamentos e expectativas afetivas. Ao mesmo tempo, a linguagem deve ser objetiva e precisa, de forma a não deixar margem para interpretações dúbias. A técnica de redação jurídica deve levar em conta vários aspectos e especificidades daquilo que se pretende ajustar.

Um bom contrato familiar deve evitar termos ambíguos ou vagos. Com cláusulas claras, as partes envolvidas compreendem facilmente os termos e as condições do acordo. Isso é importante, de igual modo, nos pactos extrajudiciais ou judiciais, pois a falta de exatidão pode gerar mais disputas futuras.

Ademais, a redação de contratos deve refletir um compromisso com o respeito mútuo e com a preservação da harmonia entre as partes. Contratos desse gênero frequentemente abrangem demandas patrimoniais, existenciais e afetivas que exigem uma abordagem ponderada. Lembrando que a negociação cuidadosa dos termos ajustados entre as partes também precisa seguir essa lógica.

*Exemplo prático:*

Em um contrato de namoro, ao delimitar os direitos e deveres das partes, deve-se evitar termos vagos como "o relacionamento é apenas afetivo". A redação precisa especificar quais direitos e deveres as partes terão ou não, evitando possíveis disputas sobre aspectos financeiros ou responsabilidades durante e após o relacionamento.

## 4.2 EVITAR TECNICISMOS DESNECESSÁRIOS

Embora a redação de contratos jurídicos exija formalidade, o uso excessivo de termos técnicos pode dificultar a compreensão do documento, como ocorre quando uma das partes não tem formação jurídica.

O objetivo é assegurar que o contrato seja plenamente compreendido pelas partes envolvidas e, eventualmente, por terceiros que precisem interpretá-lo. Para alcançar esse fim, o ideal é priorizar o uso de definições objetivas e, sempre que possível, a explicação dos termos técnicos, evitando ambiguidades que possam gerar conflitos futuros.

Importa ressaltar que essa clareza não compromete a formalidade do documento; ao contrário, reforça sua eficácia, ao garantir que os termos contratuais estejam alinhados ao entendimento de todos. O contrato deve, ainda, conter cláusulas que detalhem os direitos e deveres, proporcionando tanto equilíbrio quanto um sentimento de proteção para as partes. Por exemplo, em divórcios com intensos conflitos de conjugalidade, as partes podem antecipar as possíveis divergências e abordá-las preventivamente.

Essas cláusulas podem tratar de temas sensíveis, como o calendário de convivência, a previsão de despesas alimentares futuras e outras disposições que exigem previsibilidade para reduzir o risco de novos litígios e promover a estabilidade do vínculo residual entre as partes.

*Exemplo prático:*

Em vez de usar expressões como "ipso facto" ou "ex vi legis", prefira traduções simples como "pelo próprio fato" ou "por força de lei".

## 4.3 PREVER CENÁRIOS FUTUROS

Uma boa redação contratual deve considerar as condições iniciais do contrato e prever cenários futuros que possam impactar a relação jurídica entre as partes. Em qualquer contrato, a antecipação de situações que podem surgir ao longo do tempo – como mudanças nas condições financeiras, a inclusão de novos membros na estrutura familiar ou empresarial, ou a alteração de interesses e necessidades – gera a previsibilidade esperada pelas partes.

Os cenários futuros devem ser previstos de forma detalhada, com cláusulas que estabeleçam procedimentos para adaptar o contrato às novas circunstâncias. Ressalta-se que a abordagem proativa avaliza que os termos contratuais sejam adequados mesmo diante de mudanças.

Por exemplo, em contratos de natureza exclusivamente patrimonial, como na sociedade empresarial ou nos contratos de prestação de serviços, a previsão de cenários futuros é indispensável. Não poderão ser esquecidos aspectos como inadimplemento, resilição, e a forma de avaliar e compensar prejuízos, caso ocorra uma dissolução ou um rompimento inesperado.

A cláusula de revisão contratual é uma ferramenta utilizada para ajustar o contrato em situações de onerosidade excessiva[1] que tornem o cumprimento desproporcional ou inviável. Nesses contratos, a precisão técnica fará com que as partes compreendam as implicações de cada cláusula e estejam cientes de seus direitos e deveres, de forma que possam tomar decisões informadas.

As relações jurídicas entre cônjuges e companheiros, por exemplo, se desdobram ao longo de muitos anos e englobam eventos significativos, como o nascimento de filhos, a aquisição de bens em comum, ou mesmo o falecimento de um dos cônjuges.

Cláusulas que regulam a convivência com os filhos, a divisão de responsabilidades em caso de término da relação, ou a forma de partilha de bens acumulados ao longo do tempo, contribuem para que o contrato seja um instrumento jurídico e uma estrutura de apoio para a harmonia familiar em um momento de transição.

*Exemplo prático:*

Em um acordo de convivência de uma criança que exige cuidados especiais decorrentes de uma doença grave, pode ser estipulado que, caso algum dos pais se mude para outro estado, as responsabilidades de cuidado e os custos envolvidos deverão ser ajustados.

## 4.4 PILARES DE UMA BOA NEGOCIAÇÃO

A negociação é uma etapa crítica na formação de qualquer contrato. No Direito de Família, as partes estão lidando com várias situações conjugadas em um momento de instabilidade emocional.

---

1. Até mesmo a aplicação da teoria da imprevisão, considerada como um instrumento jurídico para resolução ou revisão do contrato, deverá ser fundada na aplicação direta da causa do contrato, para permitir a rediscussão dos preceitos contidos nas relações jurídicas, em face da ocorrência de acontecimentos novos, pois as partes devem buscar alcançar as prestações que originalmente se comprometeram e da forma como se obrigaram. In: DUQUE, Bruna Lyra. *Precisamos falar sobre causa do contrato em tempos de crise pandêmica*. Disponível em: https://brunalyraduque.jusbrasil.com.br/artigos/829925664/precisamos-falar-sobre-causa-do-contrato-em-tempos-de-crise-pandemica. Acesso em: 16 nov. 2024.

Como propõe Ricardo Goretti,[2] os "exercícios de ação e reação que caracterizam e conferem dinâmica aos conflitos revelam seu caráter binário". Esse caráter posiciona os sujeitos da relação familiar em conflito dentro da lógica do "eu contra você, ou do "nós contra eles", direcionando o foco para a busca de satisfação de "interesses independentes". O autor também destaca que "há outro elemento essencial na definição dos conflitos, além dos sujeitos, que merece ser enfatizado: o relacionamento".

O relacionamento, nos contratos familiares, tem o potencial de fortalecer os elos entre os envolvidos, funcionando como uma ferramenta para promover entendimento mútuo e alinhar expectativas. Por estarem inseridos em contextos de convivência pessoal e, muitas vezes, emocionalmente delicados, esses contratos desempenham um papel mais significativo do que a mera formalização de obrigações. Quando elaborados, considerando o relacionamento das partes envolvidas, as combinações criam oportunidades para diálogo, respeito e cooperação.

Além disso, em situações de ruptura, como divórcios ou reorganizações nas empresas familiares, os contratos familiares vão além da regulamentação, servindo como uma ponte para restabelecer o equilíbrio nas relações.

*Exemplo prático*:

Em um acordo de sócios, cláusulas bem estruturadas definem direitos e deveres, promovendo uma convivência harmoniosa baseada na confiança entre as partes.

---

2. GORETTI, Ricardo. *Negociação estratégica*: ferramentas para a gestão negociada de conflitos. Salvador: JusPodivm, 2024. p. 38.

Diante disso, concordamos com Ricardo Goretti,[3] que considera que "conflito é relação em movimento". Nesse sentido, consideramos que o relacionamento não é apenas um contexto, mas um elemento essencial na construção e aplicação dos contratos familiares.

Por isso, uma boa negociação deve se basear em três pilares fundamentais: transparência, flexibilidade e foco nos interesses e não nas posições. Para chegar ao sim num acordo, o ganha x ganha precisa ser alcançado. Formular cada questão com critérios objetivos e estar aberto a ponderações pode ser um bom caminho em uma negociação.[4]

A transparência é primordial para que as partes possam negociar de forma equilibrada. Esconder informações financeiras ou manipular dados durante a negociação pode levar a desentendimentos graves no futuro, além de ser uma violação do princípio da boa-fé objetiva.

Embora seja importante que cada parte tenha clareza sobre suas prioridades e expectativas, a flexibilidade é necessária para alcançar um acordo satisfatório para ambos. As negociações familiares costumam ser mais adequadas quando as partes estão dispostas a ceder em alguns pontos para garantir o sucesso do acordo.

Aventar a possibilidade de negociação, antes de tudo, exige superar a cultura da má gestão dos conflitos, que pode ser entendida como a aplicação indiscriminada de métodos e técnicas de prevenção e resolução de disputas, sem considerar as particularidades do caso específico.[5]

Os princípios fundamentais de uma boa negociação se concentram nos seguintes aspectos: focar nos interesses subjacentes, e não nas posições rígidas que as partes inicialmente adotam; evitar posturas inflexíveis; e considerar que os interesses emocionais estão entrelaçados no conflito.

---

3. GORETTI, Ricardo. *Negociação estratégica*: ferramentas para a gestão negociada de conflitos. Salvador: JusPodivm, 2024. p. 38.
4. FICHER, Roger. URY, Willian. Patton, Bruce. Trad. RIBEIRO, Vera; BORGES, Ana Luiza. *Como chegar ao SIM*: a negociação de acordos sem concessões. Rio de Janeiro: Imago, 2005. p. 106.
5. GORETTI, Ricardo. *Gestão adequada de conflitos*: do diagnóstico à escolha do método para cada caso concreto. Salvador: JusPodivm, 2019. p. 42.

*Exemplo prático:*

Durante a negociação dos alimentos, o pai insiste em realizar o pagamento em valor inferior à necessidade dos filhos, alegando que precisa de recursos para cobrir outras despesas. A mãe, por sua vez, não concorda com a prestação sugerida. Ao discutirem seus reais interesses, eles chegam a um acordo que contempla tanto as necessidades das crianças quanto as possibilidades econômicas do pai.

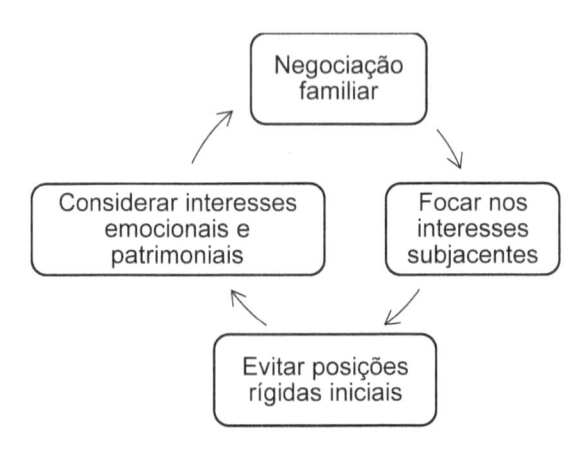

## 4.5 COMO REVISAR CONTRATOS

A revisão de contratos é uma etapa decisiva para a confecção dos negócios. A revisão envolve a verificação da linguagem e da formatação, além de uma análise minuciosa de todas as cláusulas à luz das leis vigentes e dos interesses das partes.

O primeiro passo é garantir que o contrato esteja em conformidade com as disposições legais aplicáveis, de maneira especial, em contratos complexos com diversos interesses envolvidos, em que determinadas leis especiais aplicáveis ao Direito de Família devem ser seguidas à risca.

O segundo passo é assegurar a clareza das cláusulas para evitar disputas futuras. Durante a revisão, deve-se garantir que todas as cláusulas sejam delimitadas ao escopo do negócio e não deixem margem para interpretações contraditórias. Isso inclui a revisão de termos técnicos e a adequação da linguagem para as partes envolvidas.

O terceiro passo é prever como o contrato será executado em caso de inadimplemento de uma das partes. Isso abrange a inclusão de cláusulas de penalidade em caso de descumprimento das obrigações.

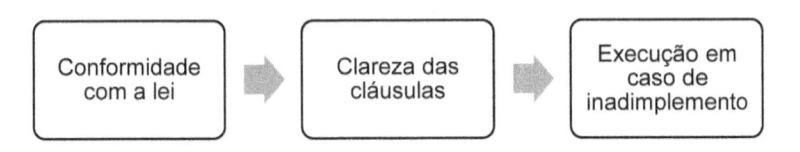

# RESUMO DA PARTE I

*As cláusulas estratégicas transformam contratos em instrumentos poderosos de proteção e planejamento.*

Na Parte I, foram apresentados os pilares fundamentais para compreender a estrutura e aplicação dos contratos, com ênfase na sua relação com o Direito de Família. O capítulo inicial destacou as definições essenciais e os princípios basilares que orientam tanto os contratos quanto as relações familiares. Os princípios da autonomia privada, boa-fé objetiva, função social do contrato, afetividade e solidariedade familiar foram analisados como norteadores das relações contratuais, com atenção especial à sua projeção no contexto familiar.

A formação dos contratos foi abordada em etapas, desde o planejamento até a execução, incluindo a classificação dos contratos em categorias como bilaterais, unilaterais, onerosos, gratuitos, paritários, adesão, típicos, atípicos, entre outros. Ainda, foi destacada a importância das cláusulas estratégicas, como cláusula de confidencialidade, cláusula penal, cláusula do pôr do sol, cláusula de escalonamento, cláusulas para o planejamento patrimonial e cláusulas temporárias.

No tema da extinção contratual, foram exploradas as modalidades de encerramento dos contratos, sejam por cumprimento, resolução, resilição ou invalidação. Diferenças práticas entre resolução e resilição foram detalhadas, assim como a aplicação da teoria da imprevisão, em situações inesperadas que podem impactar as relações familiares e patrimoniais.

Por fim, o capítulo abordou técnicas de redação, negociação e revisão de contratos, enfatizando a objetividade e a capacidade de prever cenários futuros. Foi ressaltada a necessidade de tornar a linguagem técnica mais acessível, assim como os pilares de uma boa negociação e as estratégias para revisar contratos. Todos esses fundamentos estabelecem as bases teóricas e práticas para uma atuação jurídica adaptável às demandas contemporâneas.

# PARTE II
# CONTRATOS NO DIREITO DE FAMÍLIA

*"A criatura se destaca pelo que saiba, mas vale pelo bem que se decida a fazer"*
(Francisco Cândido Xavier[1])

No campo do Direito de Família, mediante o avanço da contratualização, as partes possuem maior liberdade para definir interesses patrimoniais e existenciais da vida familiar.[2]

Essa ampliação da contratualização da relação conjugal aposta na concepção subjetivista da família, pois a cada pessoa será possível dimensionar e redimensionar os seus vínculos de afeto da maneira que entender pertinente, ampliando-se as possibilidades de construção de família.

O Capítulo "Contratos no Direito de Família" aborda as principais estruturas contratuais aplicáveis às relações familiares, oferecendo um panorama abrangente das suas especificidades e funcionalidades. O capítulo está dividido em seis partes que exploram diferentes perspectivas e usos dos contratos familiares.

Na primeira parte, apresentamos uma proposta de *sistematização* dos contratos no Direito de Família, que visa organizar e estruturar os contratos de acordo com suas finalidades e características. Em seguida, na segunda parte, são discutidos os *contratos especiais*, com enfoque nas particularidades que os diferenciam dos contratos comuns, dadas as naturezas patrimonial e existencial que envolvem as relações familiares.

A terceira parte explora os *contratos com vínculos predominantemente obrigacionais*, aqueles que, apesar de se relacionarem ao âmbito familiar, mantêm uma estrutura contratual voltada exclusivamente para a criação de obrigações de cunho patrimonial entre as partes.

---

1. XAVIER, Francisco Cândido. *Convivência*. Brasília: FEB, 2021. Edição do Kindle. p. 233.
2. OLIVEIRA, Lorena Marchesi de. DUQUE, Bruna Lyra. A contratualização do direito de família e os limites aplicáveis ao pacto antenupcial. In: CYRINO, Rodrigo Reis (Org.). et. al. *Direito notarial e registral*: temas contemporâneos. Curitiba: Íthala, 2022. p. 342.

A quarta parte trata dos *contratos atípicos e criativos*, aqueles desenvolvidos para situações particulares e que muitas vezes adaptam soluções inovadoras para demandas específicas, como parceria, contratos envolvendo bens digitais, negócios jurídicos processuais em contratos conjugais, convivência intergeracional e contratos para famílias empreendedoras.

A quinta parte aborda a *combinação de contratos*, explorando como diferentes tipos contratuais podem ser articulados para atender às necessidades específicas de cada caso.

A sexta parte é dedicada ao *planejamento sucessório*, discutindo os caminhos que servem para organizar a transmissão de bens e direitos de forma planejada, antecipando conflitos e resguardando os interesses dos familiares.

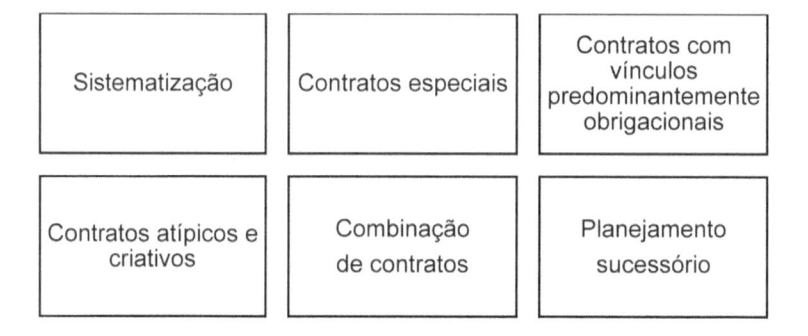

Este capítulo tem como objetivo apresentar uma visão sistematizada dos contratos no Direito de Família, oferecendo ferramentas práticas para sua aplicação no cotidiano profissional, sempre considerando as complexidades e o caráter dinâmico das relações familiares.

# 5
# UMA PROPOSTA DE SISTEMATIZAÇÃO

Como classificação para os contratos no Direito de Família, propomos as seguintes possibilidades de arranjos contratuais: contratos anteriores à formação das famílias, contratos na consolidação das famílias, contratos na dissolução do vínculo afetivo, contratos especiais, contratos com vínculos predominantemente obrigacionais e contratos atípicos e criativos.

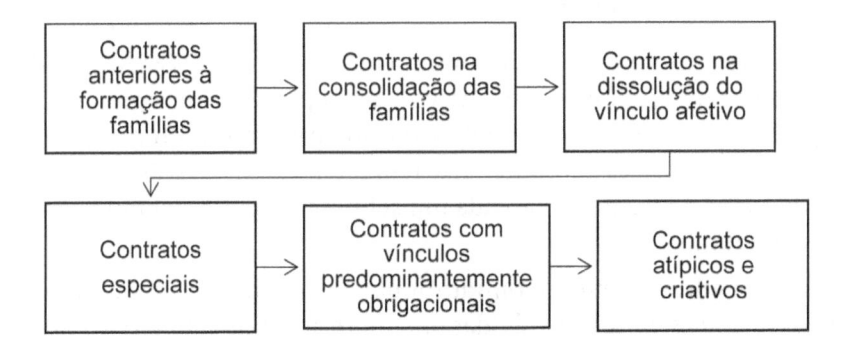

## 5.1 CONTRATOS ANTERIORES À FORMAÇÃO DAS FAMÍLIAS

Os contratos anteriores à formação das famílias são instrumentos utilizados para estabelecer direitos e deveres entre indivíduos que planejam constituir uma família ou iniciar uma relação afetiva. Esses contratos têm como principal objetivo organizar regras patrimoniais e existenciais, definir responsabilidades e prevenir possíveis conflitos futuros.

Alguns exemplos serão abordados sobre as suas formas de constituição e as possíveis cláusulas a serem instituídas pelas partes, como acontece no namoro, no pacto antenupcial e no contrato de convivência.

Os contratos preliminares, como um compromisso financeiro pré-conjugal firmado antes da assinatura do pacto antenupcial, um contrato de coabitação provisória para avaliar a possibilidade de uma futura união estável, ou ainda memorandos de entendimento, também são exemplos que antecedem à formação das famílias. Abordaremos com mais detalhes sobre os memorandos no Capítulo 9.

*Exemplo prático:*

Divaldo e Helena, que estão em um relacionamento, decidem morar juntos temporariamente para avaliar a possibilidade de uma futura união estável. Para organizar a convivência e evitar conflitos, firmam um contrato de coabitação provisória.

Esses contratos têm como finalidade não só proteger o patrimônio dos envolvidos, mas também garantir que as expectativas e responsabilidades de cada parte estejam claramente definidas, antes de dar início ao vínculo afetivo.

Dessa forma, tais mecanismos promovem um ambiente transparente, permitindo que o relacionamento evolua de uma maneira realmente desejada pelas partes e sem incertezas quanto às obrigações assumidas.

### 5.1.1 Contrato de namoro

O contrato de namoro é um caminho cada vez mais utilizado para definir a natureza de um relacionamento afetivo e evitar possíveis interpretações equivocadas. Diferentemente de um contrato de união estável, o contrato de namoro deixa claro que as partes envolvidas não têm intenção de constituir família, preservando assim a autonomia de cada um sobre seus bens e evitando confusões jurídicas no futuro.

Marília Pedroso[3] define o contrato de namoro como uma espécie de negócio jurídico em que as partes, envolvidas em um relacionamento afetivo, acordam que não têm o objetivo de constituir uma família.

Pablo Stolze e Rodolfo Pamplona[4] observam que a necessidade de regulamentar as diversas formas de afeto demonstra uma inevitável reconstrução do conceito de família, fundamentando-se no princípio da afetividade. Assim, para os autores, o namoro é também um comprometimento afetivo, mas sem "roupagem jurídica familiar".

O namoro adquiriu contornos autônomos, o que leva muitos casais a optarem por relações duradouras sem formalizar uma união estável. Contudo, essa relação, quando revestida de grande complexidade, pode ser confundida com uma união estável, trazendo consigo as consequências jurídicas inerentes a esse reconhecimento.[5]

---

3. XAVIER, Marília Pedroso. *Contrato de namoro*: amor líquido e direito de família mínimo. 2. ed. Fórum: Belo Horizonte, 2021. p. 102.

4. GAGLIANO, Pablo Stolze. PAMPLONA FILHO, Rodolfo. *Novo curso de direito civil*: família. São Paulo: Saraiva, 2018. v. 6. p. 140-141.

5. XAVIER, Marília Pedroso. *Contrato de namoro*: amor líquido e direito de família mínimo. 2. ed. Fórum: Belo Horizonte, 2021. p. 57.

A formalização do contrato se mostra importante para casais que desejam manter um relacionamento afetivo, regulando entre si direitos e deveres específicos, e, consequentemente, buscando a proteção patrimonial para que a relação não seja confundida com outros vínculos afetivos.

| Namoro | União estável |
|---|---|
| • Sem caracterização jurídica familiar. | • União afetiva com intuito familiar. |

Sobre a necessidade de formalidades para o contrato de namoro, não existe a necessidade de escritura pública, podendo ser feito também por instrumento particular.

O Tribunal de Justiça do Paraná[6] apreciou questão que tocava neste ponto e entendeu que essa exigência de publicidade só se aplica quando o objetivo é estender os efeitos do contrato além das partes envolvidas.

No REsp 1.257.819,[7] a Terceira Turma do STJ entendeu que a dedicação e a solidariedade prestadas entre os namorados, "por si só, não tem o condão de

---

6. "1. De acordo com a lei, doutrina e jurisprudência em direito de família, para que o contrato de namoro qualificado ou união estável seja válido, é necessário os agentes sejam capazes e o objeto seja lícito, possível, determinado ou determinável, observando forma prescrita ou não defesa em lei (conforme dicção do art. 104 do Código Civil brasileiro). O documento poderá ser público ou privado. 2. No REsp 1.454.643/RJ, o STJ esclareceu que "O propósito de constituir família, alçado pela lei de regência como requisito essencial à constituição da união estável – a distinguir, inclusive, esta entidade familiar do denominado 'namoro qualificado' –, não consubstancia mera proclamação, para o futuro, da intenção de constituir uma família. É mais abrangente. Esta deve se afigurar presente durante toda a convivência, a partir do efetivo compartilhamento de vidas, com irrestrito apoio moral e material entre os companheiros. É dizer: a família deve, de fato, restar constituída". 3. A Corte Infraconstitucional possui orientação no sentido de que a escolha do regime de bens em contrato escrito de união estável produz efeitos ex nunc, e que as cláusulas que estabeleçam a retroatividade desses efeitos são inválidas, devendo vigorar o regime de comunhão parcial de bens no período anterior à celebração do contrato. 4. No tema repetitivo 1.076, o STJ fixou orientação no sentido de que "i) A fixação dos honorários por apreciação equitativa não é permitida quando os valores da condenação, da causa ou o proveito econômico da demanda forem elevados. É obrigatória nesses casos a observância dos percentuais previstos nos §§ 2º ou 3º do artigo 85 do CPC – a depender da presença da Fazenda Pública na lide –, os quais serão subsequentemente calculados sobre o valor: (a) da condenação; ou (b) do proveito econômico obtido; ou (c) do valor atualizado da causa. ii) Apenas se admite arbitramento de honorários por equidade quando, havendo ou não condenação: (a) o proveito econômico obtido pelo vencedor for inestimável ou irrisório; ou (b) o valor da causa for muito baixo". Apelação cível: conhecida e provida em parte. Recurso adesivo: conhecido em parte e não provido" (Tribunal de Justiça do Estado do Paraná. Apelação Cível 0002492-04.2019.8.16.0187, 11ª Câmara Cível, Relator Desembargador Sigurd Roberto Bengtsson. Julgado 30.11.2022. DJe 1º.12.2022).

7. REsp 1.257.819-SP, Relator Ministro Massami Uyeda, Terceira Turma. Julgado em 1º.12.2011. DJe 15.12.2011.

transmudar a relação de namoro para a de união estável, assim compreendida como unidade familiar".

Rodrigo da Cunha Pereira[8] sugere que a distinção entre namoro e união estável deve ser analisada caso a caso, considerando tanto os elementos objetivos quanto os subjetivos na constituição da família.

Dessa forma, o contrato de namoro evita conflitos futuros e garante que a relação seja interpretada de acordo com a vontade dos envolvidos,[9] já que os casais estabelecerão limites sobre o que esperam do relacionamento, preservando a autonomia privada.

A Terceira Turma do Superior Tribunal de Justiça, no REsp 1.454.643-RJ,[10] julgou que o simples fato de namorados planejarem constituir família no futuro não caracteriza união estável, mesmo havendo coabitação. O requisito do propósito de constituir família, essencial à configuração da união estável, diferencia essa entidade familiar do "namoro qualificado" e não se satisfaz com uma mera intenção futura.

---

8. PEREIRA, Rodrigo da Cunha. *Comentários ao Novo Código Civil*: da união estável, da tutela e da curatela. Coord. Sálvio de Figueiredo Teixeira. v. XX. Rio de Janeiro: Forense, 2003. p. 65.

9. "No período da pandemia do coronavírus, reforçou-se o debate sobre se a coabitação de namorados teria o condão de caracterizar união estável. Entendeu-se, em outra oportunidade, que "Verificou-se que a coabitação por si só no período isolado da quarentena não tem o condão de alçar o relacionamento à união estável, pois, se não existentes os elementos anteriormente nomeados, haverá, no máximo, um namoro qualificado. No entanto, esses elementos caracterizadores poderão advir com a perpetuação da coabitação do casal no período que sucederá o fim das restrições governamentais ao deslocamento, o que poderá significar a assunção de uma comunhão de vida pautada no afeto e na solidariedade recíproca, devendo haver a análise pormenorizada de cada caso diante das implicações jurídicas que podem advir do reconhecimento desta entidade familiar". In: TEIXEIRA, Ana Carolina Brochado. MATTOS, Eleonora G. Saltão de Q. A coabitação em tempos de pandemia pode ser elemento caracterizador de união estável? In: NEVARES, Ana Luiza Maia. et. al. (Coord.). *Coronavírus. Impactos no Direito de Família e Sucessões*. Indaiatuba: Foco, 2020. p. 83.

10. "O fato de namorados projetarem constituir família no futuro não caracteriza união estável, ainda que haja coabitação. Isso porque essas circunstâncias não bastam à verificação da *affectio maritalis*. O propósito de constituir família, alçado pela lei de regência como requisito essencial à constituição da união estável – a distinguir, inclusive, esta entidade familiar do denominado "namoro qualificado" –, não consubstancia mera proclamação, para o futuro, da intenção de constituir uma família. É mais abrangente. Deve se afigurar presente durante toda a convivência, a partir do efetivo compartilhamento de vidas, com irrestrito apoio moral e material entre os companheiros. É dizer: a família deve, de fato, estar constituída. Tampouco a coabitação, por si, evidencia a constituição de uma união estável (ainda que possa vir a constituir, no mais das vezes, um relevante indício). A coabitação entre namorados, a propósito, afigura-se absolutamente usual nos tempos atuais, impondo-se ao Direito, longe das críticas e dos estigmas, adequar-se à realidade social. Por oportuno, convém ressaltar que existe precedente do STJ no qual, a despeito da coabitação entre os namorados, por contingências da vida, inclusive com o consequente fortalecimento da relação, reconheceu-se inexistente a união estável, justamente em virtude da não configuração do animus maritalis (REsp 1.257.819-SP, Terceira Turma, DJe 15.12.2011)". (STJ. REsp 1.454.643-RJ, Rel. Min. Marco Aurélio Bellizze, julgado em 03.03.2015, DJe 10.03.2015).

Neste ponto, percebemos uma via delicada, em que surge uma possível classificação do namoro em "simples" e "qualificado", com implicações que podem gerar insegurança jurídica. Essa distinção, embora destinada a delimitar um critério interpretativo para o caso apreciado pelo STJ, abre espaço para interpretações subjetivas sobre o nível de compromisso e intenções das partes em um namoro.

Marília Pedroso[11] observa que, mesmo entre os críticos ao contrato de namoro, há o reconhecimento de que a distinção entre namoro e união estável é pouco clara, notadamente em casos de "namoro qualificado", nos quais os elementos podem se aproximar das características de uma união estável.

*Exemplo prático*:
Marivaldo e Joana estão juntos há três anos, mas decidiram que não têm planos de constituir uma família. Assim, optaram por firmar um contrato de namoro e incluíram uma cláusula que protege o patrimônio de cada um, esclarecendo que, em caso de rompimento, não haverá qualquer divisão dos bens adquiridos individualmente.

### 5.1.2 Pacto antenupcial

O pacto antenupcial é um negócio jurídico celebrado antes do casamento, no qual as partes podem definir direitos e deveres de natureza patrimonial e existencial. Esse acordo é formal e consensual.

Há divergências quanto ao alcance do pacto antenupcial. Alguns autores defendem que, por definição, o pacto limita-se a regular os direitos patrimoniais dos futuros cônjuges, por isso as cláusulas que delimitam aspectos existenciais não teriam validade.

Por outro lado, há uma corrente que defende a possibilidade de incluir disposições extrapatrimoniais no pacto, desde que essa seja a vontade das partes. Para esses autores, nada impede que as partes regulem interesses não patrimoniais, estabelecendo arranjos que envolvem o relacionamento pessoal e os aspectos existenciais da união.

Rolf Madaleno[12] observa que, embora o conteúdo do pacto antenupcial pareça ser predominantemente patrimonial, é válida, por exemplo, a inclusão de uma cláusula em que os cônjuges dispensam mutuamente o dever de coabitação.

---

11. XAVIER, Marília Pedroso. *Contrato de namoro*: amor líquido e direito de família mínimo. 2. ed. Fórum: Belo Horizonte, 2021. p. 98.
12. Rolf Madaleno, por outro lado, defende ser "ineficaz cláusula que renuncia aos deveres conjugais, dentre eles o da fidelidade, assistência mútua e sustento, guarda e educação dos filhos e indenizações

Assim, defendemos que a visão mais ampla do pacto está alinhada à perspectiva da contratualização, permitindo incluir aspectos pessoais e não patrimoniais nas tratativas.

Segundo Silvia Marzagão,[13] a negociabilidade das questões relativas à conjugalidade está, em princípio, ligada aos elementos existenciais que podem, em alguns casos, acarretar consequências patrimoniais e que se relacionam com a autonomia dos cônjuges. Estão excluídos dos ajustes contratuais, contudo, os direitos que derivam da "inegociável solidariedade familiar".

O pacto é regulado pelos art. 1.653 a 1.657 do Código Civil,[14] sendo obrigatório quando os cônjuges desejam adotar um regime de bens diferente da comunhão parcial, que é o regime legal padrão em ausência de estipulação contrária, devendo ser feito por escritura pública e só produzirá efeitos legais após o casamento. Se o casamento não ocorrer, o pacto antenupcial perde sua eficácia. É importante notar que o pacto não pode conter cláusulas que contrariem a lei, sob pena de nulidade, nos termos do art. 1.655 do Código Civil.[15]

O *regime de separação total de bens* é uma escolha frequente, principalmente quando um ou ambos os cônjuges possuem patrimônio significativo ou desejam manter suas finanças separadas. Nesse regime, cada cônjuge é o único proprietário dos bens que adquire antes e durante o casamento, sem participação do outro nos lucros ou nas dívidas.

Assim, na separação convencional, não há presunção de comunhão de bens, sendo o patrimônio, incluindo ativos e passivos, mantido sob a titularidade de quem figura no título. Contudo, as dívidas contraídas para atender às necessidades da economia doméstica são comunicáveis, conforme disposto no art. 1.644 do Código Civil.[16]

---

pactuadas, uma vez que a natureza penal da indenização é estranha aos contratos antenupciais". In: MADALENO, Rolf. *Curso de Direito de Família*. Rio de Janeiro: Forense, 2018. p. 937.

13. MARZAGÃO, Silvia Felipe. *Contrato Paraconjugal*: A modulação da conjugalidade por contrato teoria e prática. 2. ed. São Paulo: Foco, 2024. Edição do Kindle. p. 114-115.

14. Art. 1.653. É nulo o pacto antenupcial se não for feito por escritura pública, e ineficaz se não lhe seguir o casamento.

15. Art. 1.655. É nula a convenção ou cláusula dela que contravenha disposição absoluta de lei.

16. Defendem Gustavo Tepedino e Ana Carolina Brochado que "a este regime, não se aplica a Súmula 377 do STF, uma vez que ele não é fruto de imposição estatal, mas unicamente da autonomia privada dos nubentes que não pretendem contratar uma presunção de que os bens adquiridos durante o casamento são comuns". In: TEPEDINO, Gustavo; TEIXEIRA, Ana Carolina Brochado. *Fundamentos do direito civil*: direito de família. Rio de Janeiro: Forense. 2022. v. 6. Edição do Kindle. p. 208.

*Exemplo prático:*

Um casal de empresários decide que, para preservar seus respectivos patrimônios adquiridos antes do casamento, irão adotar o regime de separação total de bens. Por isso, no pacto antenupcial, será estabelecido que qualquer bem adquirido durante o casamento será considerado de propriedade exclusiva de quem o adquiriu.

No REsp 1.706.812,[17] sob relatoria do ministro Ricardo Villas Bôas Cueva, a Terceira Turma concluiu que o regime de separação convencional de bens, definido voluntariamente em pacto antenupcial, possui caráter imutável, salvo em caso de manifestação expressa de ambos os cônjuges em sentido contrário.

O regime de *comunhão universal de bens* estabelece que todos os bens, tanto os adquiridos antes quanto durante o casamento, são comuns ao casal, salvo disposições contratuais em contrário. Este regime pode ser interessante para casais que desejam compartilhar todo o seu patrimônio, mas também pode gerar complicações em caso de divórcio ou separação.

*Exemplo prático:*

Um casal que deseja compartilhar os frutos do trabalho durante o casamento, os bens herdados ou recebidos antes da união, opta pela comunhão universal. No pacto antenupcial, fica delimitado que as dívidas também serão partilhadas, para que não haja desequilíbrios financeiros em caso de divórcio.

Na *participação final nos aquestos*, pode ser combinado aspectos de separação e comunhão de bens, pois durante o casamento cada cônjuge administra seus bens de forma independente. Porém, em caso de dissolução do casamento, os bens adquiridos a título oneroso durante a união são divididos igualmente.

---

17. "Recurso especial. Direito de família, processual civil e civil. Divórcio. Separação convencional de bens. Pacto antenupcial. Regime adotado. Sociedade de fato. Prova escrita. Inexistência. Vida em comum. Apoio mútuo. Justa expectativa. Artigos 981 e 987 do Código Civil de 2002. Violação. 1. Recurso especial interposto contra acórdão publicado na vigência do Código de Processo Civil de 2015 (Enunciados Administrativos 2 e 3/STJ). 2. O regime jurídico da separação convencional de bens voluntariamente estabelecido pelo ex-casal é imutável, ressalvada manifestação expressa de ambos os cônjuges em sentido contrário ao pacto antenupcial. 3. A prova escrita constitui requisito indispensável para a configuração da sociedade de fato perante os sócios entre si. 4. Inexistência de *affectio societatis* entre as partes e da prática de atos de gestão ou de assunção dos riscos do negócio pela recorrida. 5. Recurso especial provido" (Superior Tribunal de Justiça. REsp 1.706.812, Ministro Ricardo Villas Bôas Cueva, Terceira Turma. Julgado em 03.09.2019. DJe 06.09.2019).

*Exemplo prático:*

Um casal decide adotar o regime de participação final nos aquestos, em que ambos mantêm seus patrimônios separados durante o casamento. No entanto, ao final da relação, o patrimônio comum construído será partilhado, salvo os bens adquiridos a título gratuito.

É possível também a escolha de um *regime misto* que é a mistura das regras dos regimes anteriormente explicados, o que dependerá da situação específica das partes.

Aqui está um resumo dos regimes a serem considerados no pacto antenupcial:

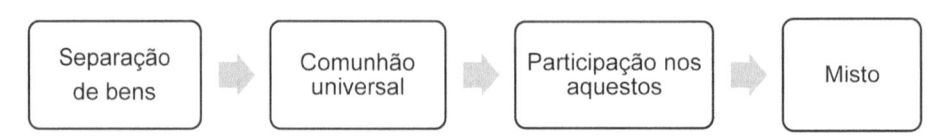

Lembrando que, se o regime é de comunhão parcial, não existe a obrigatoriedade legal de formalização do pacto antenupcial. Por isso mesmo, a depender da decisão do casal, o pacto é uma ferramenta para alinhar as expectativas patrimoniais estabelecendo desde o início como será o gerenciamento e a divisão de bens.

Um ponto importante é a identificação dos bens que cada cônjuge possui antes do casamento. Isso evita disputas futuras sobre quais bens são considerados parte do patrimônio comum e quais pertencem exclusivamente a um dos cônjuges.

*Exemplo prático:*

Ao se casar, uma mulher possui um imóvel herdado de seus pais, enquanto seu futuro marido tem uma empresa que fundou antes do casamento. No pacto antenupcial, ambos concordam que esses bens permanecerão como propriedade exclusiva de cada um, independentemente do crescimento do patrimônio conjugal.

O pacto também pode prever como serão administrados e partilhados os bens adquiridos durante o casamento, sendo adequado quando o casal prevê a aquisição de imóveis, investimentos ou negócios em conjunto.

*Exemplo prático:*

Um casal que pretende adquirir uma casa durante o casamento pode incluir no pacto antenupcial uma cláusula determinando que essa propriedade será comprada em nome de ambos, na proporção de 50% para cada um, assegurando igualdade na administração e divisão do bem em caso de divórcio.

A escolha do regime de bens tem um impacto profundo na vida patrimonial do casal, tanto durante o casamento quanto em sua dissolução. O regime afeta a administração dos bens, a responsabilidade por dívidas e a divisão do patrimônio em caso de divórcio.

Dependendo do regime de bens escolhido, a administração do patrimônio pode ser compartilhada ou individual. No regime de comunhão parcial, por exemplo, os bens adquiridos durante o casamento são administrados conjuntamente, enquanto no regime de separação total, cada cônjuge administra seus próprios bens.

O regime de bens também define a responsabilidade dos cônjuges por dívidas contraídas durante o casamento. No regime de comunhão universal, ambos são responsáveis pelas dívidas, independentemente de quem as contraiu, enquanto na separação total, cada cônjuge é responsável apenas por suas próprias dívidas.

Pelo art. 1.639 do Código Civil,[18] os nubentes têm a possibilidade de estabelecer previamente normas relativas ao regime de bens, sem impor restrições à criação de regimes híbridos ou atípicos.[19]

A preocupação com o divórcio pode ser abordada no pacto. Nesse sentido, as partes podem prever a possibilidade de autocomposição. Essa formulação está alinhada ao princípio da intervenção mínima[20] do Estado e ao fomento de mecanismos alternativos de resolução de conflitos, desde que observados os limites dos direitos indisponíveis e das normas de ordem pública, assegurando o equilíbrio nas relações familiares.

Como observa Rodrigo da Cunha Pereira,[21] "a família contemporânea não admite mais ingerência do Estado, sobretudo no que se refere à intimidade de seus membros".

---

18. Art. 1.639. É lícito aos nubentes, antes de celebrado o casamento, estipular, quanto aos seus bens, o que lhes aprouver.
19. TEPEDINO, Gustavo; TEIXEIRA, Ana Carolina Brochado. *Fundamentos do direito civil*: direito de família. Rio de Janeiro: Forense. 2022. v. 6. Edição do Kindle. p. 189.
20. "Sem pretender romantizar sobre os aspectos positivos sustentados na busca pela cooperação e negociação, devem ser analisados de igual modo os efeitos negativos de uma relação contratual em razão da sua própria normatividade econômica, a fim de evitar as intervenções (sem critérios) nas relações privadas com perdas de eficiência e limitações ineficientes para resolver os conflitos". In: DUQUE, Bruna Lyra. *Precisamos falar sobre causa do contrato em tempos de crise pandêmica*. Disponível em: https://brunalyraduque.jusbrasil.com.br/artigos/829925664/precisamos-falar-sobre-causa-do-contrato-em-tempos-de-crise-pandemica. Acesso em: 16 nov. 2024.
21. PEREIRA, Rodrigo da Cunha. *Princípios fundamentais norteadores do direito de família*. 3. ed. São Paulo: Saraiva, 2016. p. 156.

Ressalta-se que, no Anteprojeto de Reforma do Código Civil, atualmente o PL 4/2025, há uma proposta interessante de mudança de nomenclatura para contratos conjugais, englobando aí os contratos antenupciais e os contratos de convivência.

Destaca-se também no Anteprojeto uma disposição moderna que valoriza a autonomia familiar, permitindo que cada núcleo decida internamente sobre aspectos que regulam suas relações. O novo art. 1.639, parágrafo único, confere ampla liberdade para que cônjuges e conviventes, tanto antes quanto após o casamento ou a constituição da união estável, possam decidir sobre a disposição de bens e interesses patrimoniais.[22]

Ainda sobre a possibilidade de invalidade do pacto antenupcial, a nulidade de uma cláusula específica do pacto não compromete a validade das demais disposições do ato, o que decorre do princípio da conservação dos negócios jurídicos, que busca preservar a autonomia privada e proteger a continuidade do que foi acordado entre as partes.[23]

Por fim, o pacto ainda pode ser visto como uma ferramenta do planejamento sucessório, como estudaremos no Capítulo 10.

### 5.1.3 Contrato de convivência

A união estável é uma entidade familiar reconhecida pela legislação brasileira, com direitos e deveres similares aos do casamento, especialmente no que se refere ao patrimônio e à herança. Por isso, é essencial que os companheiros formalizem a sua união com um contrato escrito, protegendo seus direitos e estabelecendo claramente como será o relacionamento patrimonial.

O art. 1.723 do Código Civil[24] define que a união estável é uma entidade familiar quando baseada em uma convivência pública, constante e duradoura, com o propósito de formar uma família.

---

22. DUQUE, Bruna Lyra; BINDANDI, João Victor Correa; ALVES, Kalline Costa. Ampliação da autonomia privada nos pactos antenupciais frente ao anteprojeto de reforma do Código Civil. In: OLIVEIRA, Lucas Costa de; GUIMARÃES, Luiza Resende (Org.). *Anais do X Congresso Mineiro de Direito Civil*. Belo Horizonte: Expert, 2024. p. 342-343.
23. TARTUCE, Flávio. *Autonomia privada e Direito de Família* – Algumas reflexões atuais. Disponível em: https://www.migalhas.com.br/coluna/familia-e-sucessoes/350602/autonomia-privada-e-direito-de-familia--algumas-reflexoes-atuais. Acesso em: 08 dez. 2024.
24. Art. 1.723. É reconhecida como entidade familiar a união estável entre o homem e a mulher, configurada na convivência pública, contínua e duradoura e estabelecida com o objetivo de constituição de família.

Cristiano Chaves e Nelson Rosenvald[25] esclarecem que é o intuito de constituir família o requisito principal para a caracterização da união estável. Os autores complementam que "sem dúvida, é fundamental a existência de uma comunhão de vidas no sentido material e imaterial, em correspondência e similitude ao casamento".

Não restam dúvidas que podem existir questionamentos sobre a comprovação do intuito de constituir família. Para isso, um balizador pode ser o uso da teoria da primazia da realidade, também conhecida como teoria da realidade dos fatos. A união estável constitui uma situação familiar fática, posto que promove de um modo contundente a liberdade entre os conviventes.

Diante disso, faz-se importante entender o que é e o que não é a união estável. Embora a união estável e o casamento possuam semelhanças, existem diferenças importantes em termos de formalização, dissolução e efeitos patrimoniais.

A principal diferença é que o casamento requer um ato formal de celebração e registro civil, enquanto a união estável pode ser informalmente reconhecida, desde que preenchidos os requisitos legais.

Portanto, enquanto o casamento exige um procedimento formal no cartório, a união estável pode ser formalizada por escritura pública, mas também pode ser reconhecida judicialmente com base na convivência e outros fatores. Isso torna a união estável uma opção mais flexível para casais que desejam regularizar sua situação sem a necessidade de um ato formal.

A união estável, diferentemente do casamento, não possui um marco formal e específico estabelecido em lei para seu início. Essa ausência de um marco inicial gera dúvidas quanto ao termo originário da configuração da relação. Nesse contexto, o contrato de convivência torna-se um instrumento fundamental.

| Casamento | União estável |
|---|---|
| • Ato formal. | • Situação fática. |

O contrato de convivência não serve apenas para regular demandas de natureza patrimonial. Será "possível os conviventes preverem a forma de conduzirem suas vidas",[26] neste ponto, poderão estabelecer regras existenciais.

25. CHAVES DE FARIAS, Cristiano. ROSENVALD, Nelson. *Curso de direito civil*: direito de família. Salvador: JusPodivm, 2017. p. 475.
26. DIAS, Maria Berenice. *Manual de direito das famílias*. 11. ed. São Paulo: RT, 2016. p. 430.

Além disso, conforme expõe Tereza Mafra e Lettícia Gontijo,[27] na união estável aplica-se o princípio da autonomia privada, permitindo que os companheiros escolham livremente entre constituir um patrimônio comum, resultante de seus esforços e recursos conjuntos, ou manter patrimônios separados, preservando a individualidade de suas atividades econômicas.

A dissolução da união estável é, em regra, um procedimento mais informal do que o divórcio, quando há consenso, pois requer um contrato para dissolver a união estabelecida entre os companheiros e pode ser realizada extrajudicialmente. No entanto, quando existem assuntos pendentes, como a partilha de bens ou definições relacionadas aos filhos, e os conviventes não chegam a um acordo, a intervenção judicial torna-se necessária.

Nesse caso de intenso conflito entre os companheiros, o processo judicial busca resguardar a tutela dos filhos, promover uma divisão equitativa do patrimônio e regular a guarda, convivência e alimentos, se aplicável. Embora a união estável permita uma dissolução menos formal, conflitos patrimoniais ou familiares podem demandar a mesma atenção judicial requerida em um processo de divórcio.

Um dos pontos mais importantes em contratos de união estável é a *cláusula que define como os bens adquiridos* durante a convivência serão divididos em caso de dissolução da união. No Brasil, a regra é a comunhão parcial de bens, a menos que o casal estipule algo diferente em contrato.[28]

*Cláusula de convivência:*

Essa cláusula estabelece regras para a convivência do casal, incluindo aspectos como o uso da residência comum e a gestão de despesas cotidianas, tais como: (XXX).

---

27. MAFRA, Tereza Cristina Monteiro; GONTIJO, Lettícia Fabel. Direito transitório na união estável e a comunicação de bens. *Civilistica.com*. Rio de Janeiro, a. 7, n. 3, 2018. Disponível em: http://civilistica.com/direito-transitorio-na-uniao-estavel. Acesso em: nov. 2024. p. 9.

28. "Na união estável, vigente o regime da comunhão parcial, há presunção absoluta de que os bens adquiridos onerosamente na constância da união são resultado do esforço comum dos conviventes. Desnecessidade de comprovação da participação financeira de ambos os conviventes na aquisição de bens, considerando que o suporte emocional e o apoio afetivo também configuram elemento imprescindível para a construção do patrimônio comum. Os bens adquiridos onerosamente apenas não se comunicam quando configuram bens de uso pessoal ou instrumentos da profissão ou ainda quando há sub-rogação de bens particulares, o que deve ser provado em cada caso. Os frutos civis do trabalho são comunicáveis quando percebidos, sendo que a incomunicabilidade apenas atinge o direito ao seu recebimento. Interpretação restritiva do art. 1.659, VI, do Código Civil, sob pena de se malferir a própria natureza do regime da comunhão parcial" (Superior Tribunal de Justiça. REsp 1.454.643-RJ, Relator Ministro Marco Aurélio Bellizze, Terceira Turma. Julgado em 03.03.2015. DJe 10.03.2015).

*Exemplo prático*:

Um contrato de união estável pode estabelecer que um dos companheiros será responsável pelo pagamento das despesas da casa, enquanto o outro será responsável pelas despesas com alimentação do casal.

Sobre a natureza compensatória, há discussão na doutrina sobre a validade das cláusulas para o caso de encerramento do contrato. Há quem defenda que será "válida cláusula que estabeleça o pagamento de indenização quando do fim do relacionamento".[29]

Por outro lado, há autores que entendem que nem todos os deveres de natureza existencial serão exigidos coercitivamente ou convertidos em valores pecuniários, característicos da lógica patrimonial. Assim, sua eficácia fica condicionada ao exercício da autonomia privada de cada indivíduo.[30]

Ademais, sobre a previsão de cláusulas sucessórias, a *sucessão* é um aspecto importante a ser ajustado entre as partes, regulando a partilha dos bens em caso de falecimento de um dos companheiros.

*Exemplo prático*:

Um companheiro com filhos de um relacionamento anterior pode estipular no contrato que, em caso de seu falecimento, uma parte de seu patrimônio será destinada diretamente aos filhos, enquanto o restante será partilhado com o companheiro sobrevivente.

Assim, tanto a constituição como a dissolução da união podem ser publicizadas. Além disso, mesmo que não tenha sido registrada a sua constituição, poderá ser registrada a sua dissolução, conforme art. 7º do Provimento 37/2014 do CNJ.[31]

## 5.2 CONTRATOS NA CONSOLIDAÇÃO DAS FAMÍLIAS

Os contratos na consolidação das famílias são instrumentos utilizados para estabelecer, organizar e regulamentar aspectos da vida familiar. Esses contratos são celebrados durante a relação afetiva, com o objetivo de garantir clareza nos direitos e deveres de cada parte.

---

29. DIAS, Maria Berenice. *Manual de direito das famílias*. 11. ed. São Paulo: RT, 2016. p. 430.
30. TEPEDINO, Gustavo; TEIXEIRA, Ana Carolina Brochado. *Fundamentos do direito civil*: direito de família. Rio de Janeiro: Forense. 2022. v. 6. Edição do Kindle. p. 347.
31. Art. 7º Não é exigível o prévio registro da união estável para que seja registrada a sua dissolução, devendo, nessa hipótese, constar do registro somente a data da escritura pública de dissolução.

## 5.2.1 O que é o contrato pós-conjugal

Os cônjuges ou conviventes poderão celebrar contrato pós-conjugal para criar regras patrimoniais e existenciais, desde que sejam observados os direitos e deveres fundamentais, além das normas de ordem pública.

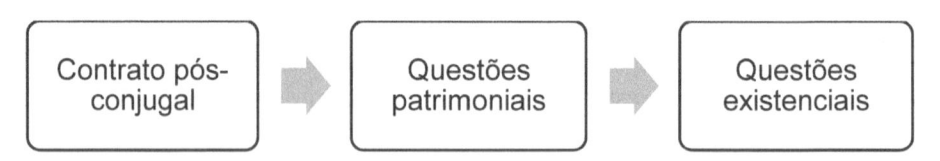

Entendemos que os contratos pós-conjugais são negócios jurídicos estabelecidos para a manutenção do vínculo conjugal, estabelecendo novas bases para a relação, bem como permitindo que os interesses sejam regulados pelo casal, em razão da autonomia privada e da mínima intervenção estatal.

| Contratos anteriores à formação da família | Contratos na consolidação das famílias |
| --- | --- |
| • Planejamento para constituir uma família. | • Manutenção do vínculo conjugal. |

Em vez de contrato pós-conjugal, Silvia Marzagão[32] prefere o termo "contrato paraconjugal" e o define da seguinte forma:

> Negócio jurídico pelo qual duas pessoas casadas modulam sua conjugalidade, estabelecendo direitos e deveres específicos e recíprocos, sempre em busca de comunhão plena de vidas. É, nos termos do art. 445 do CC, um contrato atípico que, como tal, deve observar o disposto no art. 104 do CC: ser firmado por agente capaz e ter objeto lícito.

A criação de um instrumento jurídico para regular a conjugalidade deve ser precedida por uma apreciação dos requisitos de validade e eficácia, sob o risco de esses contratos não terem reconhecimento jurídico. É claro que muitos ajustes já ocorrem em caráter informal na convivência dos casais, e a formalização contratual seria apenas uma forma de oficializar uma prática que já é comum nas relações conjugais.[33]

---

32. MARZAGÃO, Silvia Felipe. *Contrato Paraconjugal*: A modulação da conjugalidade por contrato teoria e prática. 2. ed. São Paulo: Foco, 2024. Edição do Kindle. p. 109.

33. MARZAGÃO, Silvia Felipe. *Contrato Paraconjugal*: A modulação da conjugalidade por contrato teoria e prática. 2. ed. São Paulo: Foco, 2024. Edição do Kindle. p. 119-120.

Além disso, a regulamentação de alimentos compensatórios, autocomposição de conflitos, cuidados de saúde e disposições sobre convivência familiar resguarda a vontade das partes em situações de vulnerabilidade. No entanto, devemos também certificar que tais convenções, como dito, não contrariem direitos e deveres fundamentais ou normas de ordem pública.

### 5.2.2 Como estabelecer regras de convivência

Este acordo visa formalizar as regras de convivência no ambiente familiar, estabelecendo compromissos e responsabilidades quanto ao uso do espaço comum, divisão de tarefas domésticas e limites para visitas de familiares ou amigos.

A ideia é organizar e preservar o bom relacionamento entre os cônjuges ou conviventes, evitando possíveis desgastes por falta de comunicação ou expectativas desalinhadas.

*Exemplo prático:*
Um casal decide formalizar um contrato de convivência em que cada parte será responsável por determinadas tarefas domésticas durante a semana. Além disso, definem que as despesas mensais da casa serão divididas de acordo com os rendimentos de cada um.

### 5.2.3 Contribuição para projetos comuns

Outro exemplo de contrato na consolidação das famílias é o contrato para definir as contribuições financeiras e não financeiras para projetos comuns do casal, como a construção ou compra de um imóvel, o financiamento de um negócio familiar ou até a realização de grandes viagens. Esse contrato pode definir a proporção das contribuições e a participação de cada um nos benefícios futuros.

*Exemplo prático:*
Josevaldo e Ana têm o objetivo de construir uma casa de veraneio para uso familiar. Para organizar essa meta, Josevaldo contribuirá com uma quantia mensal para o financiamento do projeto, enquanto Ana ficará responsável pela gestão das obras.

### 5.2.4 Apoio à educação

Esse tipo de contrato pode ser utilizado para organizar o suporte financeiro e educacional de filhos ou outros dependentes durante o curso do relacionamento. É possível definir as responsabilidades de cada cônjuge quanto à educação dos filhos, abrangendo despesas escolares, cursos extracurriculares, apoio para estudos e outros aspectos relacionados ao desenvolvimento educacional.

*Exemplo prático*:

José e Beatriz têm um filho em idade escolar e decidem formalizar um contrato no qual ambos se comprometem a contribuir igualmente com as despesas relacionadas aos estudos do filho.

### 5.2.5 Manutenção de plano de saúde

Um contrato que envolve a manutenção de um plano de saúde familiar também pode ser utilizado como forma de garantir a tutela à vida de todos os integrantes da família durante a relação.

Esse contrato pode definir que um dos cônjuges ficará responsável pela manutenção do plano de saúde do casal ou dos dependentes, bem como os critérios para cobrir as despesas em caso de alterações financeiras ao longo do relacionamento.

*Exemplo prático*:

Carla e Paulo decidem formalizar um acordo, após seis anos da realização do casamento, no qual Paulo será responsável por manter o plano de saúde familiar, que inclui Carla e os filhos.

### 5.2.6 Compensação patrimonial

A compensação patrimonial é um acordo entre cônjuges ou conviventes para garantir uma contrapartida a uma das partes que tenha feito sacrifícios pessoais significativos em benefício do relacionamento ou da carreira do parceiro. Esse tipo de contrato é importante quando, ao longo da união, um dos parceiros precisa abdicar de aspectos de sua vida pessoal ou profissional para apoiar o desenvolvimento do outro.

A compensação busca equilibrar a relação patrimonial entre as partes. Aquele que renunciou algo, por conta de necessidades da relação, será compensado pelo esforço e contribuição dedicados. Tal ajuste encontra espaço nas relações familiares que não possuem regime de comunhão de bens, em que o incremento patrimonial de uma das partes não é automaticamente partilhado pelo outro, deixando um dos cônjuges em situação de desvantagem.

*Exemplo prático*:

Um casal pactua um acordo para regular a compensação patrimonial em virtude de uma mudança significativa na dinâmica familiar. Um dos cônjuges recebeu uma proposta profissional que exige a mudança para outro estado, enquanto o outro precisará abdicar de sua carreira e de oportunidades pessoais para acompanhar o parceiro.

Conforme observa Silvia Marzagão,[34] no exemplo apresentado, não há mitigação ou afastamento dos deveres; trata-se, na verdade, da modulação da forma de exercício da conjugalidade, dentro da autonomia privada existencial e negocial do casal.

Assim, para que haja um equilíbrio entre os esforços despendidos por ambos os parceiros, a compensação patrimonial pode ser estabelecida de forma a garantir uma remuneração proporcional pelo sacrifício realizado.

### 5.2.7 Copropriedade

O contrato de copropriedade é um instrumento utilizado para formalizar o uso e a administração conjunta de um bem entre duas ou mais pessoas. No contexto das relações familiares, esse contrato organiza a titularidade de bens adquiridos em conjunto, associando as medidas protetivas na definição dos direitos e deveres de cada coproprietário.

A copropriedade pode ocorrer entre cônjuges, conviventes ou até entre parentes que decidem adquirir um bem juntos, como um imóvel ou um veículo, e desejam reforçar que a gestão e divisão dos direitos sobre esse bem sejam realizadas de forma organizada.

O contrato estabelece um entendimento prévio e consensual sobre a gestão do patrimônio compartilhado, incluindo a definição de responsabilidades em relação às despesas de manutenção, melhorias, impostos, bem como as condições para o uso do bem e a possibilidade de alienação ou cessão da parte de um dos coproprietários.

Além disso, o contrato também pode ser utilizado para proteger o bem contra litígios ou contra a venda sem a concordância de todos os coproprietários, sendo essenciais as cláusulas que exigem o consentimento de todos os envolvidos para a alienação do bem ou que regulam o direito de preferência de um coproprietário caso outro o queira vender sua parte.

---

34. MARZAGÃO, Silvia Felipe. *Contrato Paraconjugal*: A modulação da conjugalidade por contrato teoria e prática. 2. ed. São Paulo: Foco, 2024. Edição do Kindle. p. 117.

*Exemplo prático*:

Um casal pactua, cinco anos após a formalização da união estável, a compra de uma casa para uso em finais de semana e feriados. Para garantir a divisão dos direitos e deveres sobre o imóvel, as partes firmam um contrato de copropriedade. No contrato, estipulam que ambos contribuirão igualmente com as despesas de manutenção do imóvel.

## 5.3 CONTRATOS NA DISSOLUÇÃO DO VÍNCULO AFETIVO

Os cônjuges ou conviventes podem celebrar um contrato para estabelecer os termos do término do vínculo afetivo, assegurando que aspectos patrimoniais e existenciais sejam solucionados com o mínimo de conflito possível. Ao estabelecer antecipadamente regras para a partilha de bens, os deveres patrimoniais e, até mesmo a convivência com os filhos, esses contratos oferecem uma solução mais célere para as partes envolvidas.

A formalização de um contrato de dissolução pode prever a divisão dos bens adquiridos durante o relacionamento, definindo responsabilidades pertinentes a dívidas comuns, a manutenção de planos de saúde e até a guarda dos animais.

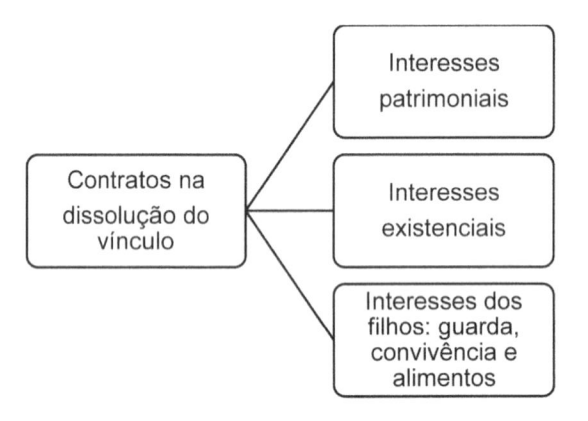

*Exemplo prático*:

Marilda e José decidiram se divorciar de forma amigável e optaram por estabelecer um acordo preliminar, para posteriormente convertê-lo em divórcio extrajudicial. No acordo, estipularam a divisão de bens e definiram que a empresa que fundaram em conjunto seria administrada por ambos até que um dos dois decidisse vender a sua parte.

Assim, a utilização de contratos na dissolução do vínculo afetivo é um caminho consensual, mesmo em um momento de transição e ruptura, permitindo estabelecer uma base equilibrada para cada pessoa seguir com a sua vida.

### 5.3.1 Acordos de guarda

A guarda dos filhos é um dos temas mais delicados em relações familiares, especialmente quando o conflito é intenso entre o casal. A guarda pode ser unilateral, em que apenas um dos pais será o responsável pelo filho, ou compartilhada, em que ambos os pais dividem a responsabilidade. Em ambos os casos, é essencial que o acordo de guarda seja bem delimitado em todos os seus termos.

A guarda *unilateral* é excepcional e será concedida a apenas um dos pais, tendo o outro o direito de conviver com os filhos. Esse regime é adotado em casos em que um dos pais não tem condições de cuidar dos filhos ou quando é considerado prejudicial ao bem-estar das crianças.

A guarda unilateral pode enfraquecer o vínculo da criança com o genitor que não detém a guarda, já que este frequentemente fica restrito a dias pré-determinados, que nem sempre são os mais convenientes. Além disso, os períodos de convivência frequentemente ficam sujeitos a regras impostas pelo guardião, o que pode gerar desconforto e limitações no relacionamento, como esclarece Maria Berenice Dias.[35]

*Exemplo prático*:
Em uma situação de divórcio, o pai obtém a guarda unilateral da filha devido a problemas de saúde da mãe, que dificultam o cuidado diário da criança. O acordo prevê que a mãe terá o direito de convivência periódica e assistida.

A *guarda compartilhada* é o regime obrigatório no direito brasileiro, conforme previsto no art. 1.584, § 2º, do Código Civil,[36] e estabelece que ambos os pais devem participar igualmente das decisões relativas à vida dos filhos, independentemente de onde a criança resida.

---

35. DIAS, Maria Berenice. *Manual de Direito das Famílias*. 11. ed. São Paulo: RT, 2016, p. 516.
36. Art. 1.584, § 2º Quando não houver acordo entre a mãe e o pai quanto à guarda do filho, encontrando-se ambos os genitores aptos a exercer o poder familiar, será aplicada a guarda compartilhada, salvo se um dos genitores declarar ao magistrado que não deseja a guarda da criança ou do adolescente ou quando houver elementos que evidenciem a probabilidade de risco de violência doméstica ou familiar.

| Guarda unilateral | Guarda compartilhada |
|---|---|
| • É exceção.<br>• Exercício da guarda por um dos pais. | • É regra no ordenamento.<br>• Exercício da guarda por ambos os pais. |

Para parte da doutrina, a guarda compartilhada é considerada como um poder familiar compartido, porque o filho, geralmente, reside no domicílio de um dos pais, porém ambos compartilham as decisões e se distribuem de modo equitativo nas tarefas atinentes aos cuidados dos filhos.[37]

Por outro lado, há quem confronte a proposta teórica do poder familiar compartido pelo uso do instituto da autoridade parental, sendo esta voltada à tutela da pessoa, a qual não tem somente o intuito protetivo, mas, sobretudo, promocional da personalidade. Nesta linha de identificação de uma autoridade parental e não de uma guarda, os pais, igualmente, têm a função promocional da educação dos filhos, no sentido amplo, abrangendo concepção, orientação e acompanhamento, tais afazeres não incubem somente ao genitor guardião.[38]

Ainda que seja regra a guarda compartilhada, existem discussões sobre tal determinação legal, em situações de intenso litígio, uma vez que o princípio norteador é o melhor interesse dos filhos menores. Esse princípio pressupõe a proteção da integridade psíquica da criança, de modo que o modelo de guarda escolhido esteja em conformidade com a legalidade constitucional, como observam Gustavo Tepedino e Ana Carolina Brochado.[39]

O maior aspecto dessa discussão é quando há falta de diálogo entre os genitores e alto grau de conflito, como ocorreu num julgamento do Tribunal de Justiça de São Paulo.[40]

O Tribunal entendeu que a guarda compartilhada exige diálogo entre as partes para viabilizar deliberações conjuntas relacionadas ao menor. No caso,

---

37. MADALENO, Rolf. *Manual de direito de família*. Rio de Janeiro: Forense, 2017. p. 117.
38. TEIXEIRA, Ana Carolina Brochado. A (des)necessidade da guarda compartilhada ante o conteúdo da autoridade parental. In: COLTRO, Antônio Carlos Mathias. DELGADO, Mário Luiz (Coord.). *Guarda Compartilhada*. 3. ed. Rio de Janeiro: Forense, 2018. p. 23.
39. TEPEDINO, Gustavo; TEIXEIRA, Ana Carolina Brochado. *Fundamentos do direito civil*: direito de família. Rio de Janeiro: Forense. 2022. v. 6. Edição do Kindle. p. 577.
40. "Decisão que fixou liminarmente a guarda compartilhada – Insurgência da autora. Acolhimento – Guarda compartilhada que pressupõe diálogo entre as partes para que possam deliberar acerca das questões envolvendo a menor – Indícios de violência doméstica que culminaram em medida protetiva em defesa da agravante – Elevado grau de beligerância entre as partes que obsta a guarda compartilhada – Guarda unilateral materna que se afigura mais adequada – Recurso provido (TJ-SP. Agravo de Instrumento: AI SP XXXXX-29.2021.8.26.0000).

foram identificados indícios de violência doméstica, que resultaram em medida protetiva em favor da autora, além de um elevado grau de beligerância entre as partes, o que inviabiliza a guarda compartilhada.

Em sentido contrário, o Superior Tribunal de Justiça, no REsp 1.560.594 – RS,[41] reafirmou a preferência pela guarda compartilhada sobre a guarda unilateral, mesmo em casos de desavenças entre cônjuges divorciados. O STJ entendeu que o conflito entre os pais, por si só, não justifica a exclusão de um deles da guarda, de acordo com o art. 1.584, § 2º, do Código Civil.

Existem alguns desafios na conjugação da parentalidade na guarda compartilhada. Guardar parece tornar coisa aquilo que é humano, existencial e único para as famílias. Considerar a guarda dos filhos como um tema que conjuga aspectos psicológicos, emocionais, sociais e econômicos, almejando-se, prioritariamente, a tutela dos hipervulneráveis é um grande desafio, diante do intenso cenário de conflito da conjugalidade entre pais que desejam (ou não) o pleno exercício de seus direitos e deveres inerentes ao poder familiar. Entendemos que, na prática forense, o conflito de conjugalidade acaba se misturando com os direitos e os deveres inerentes à parentalidade.

Para a lei, o comando é rígido, voltado à obrigatoriedade do compartilhamento de responsabilidade parental. Na realidade, as funções parentais são direcionadas à convivência (quando não misturados os conceitos) e sob o viés de imposição de participação dos pais na vida dos filhos. Será, pois, que esta determinação (e mistura de conceitos) realmente se volta à tutela da vulnerabilidade da criança?

Entendemos que a imposição judicial da guarda compartilhada pode, sim, ser culminada de ineficácia prática do modelo, o que, na maioria das vezes, é consequência da ausência de um acompanhamento interdisciplinar adequado ou da utilização do meio judicial como um instrumento de subjugação e derrota do outro.[42]

---

41. "1. Primazia da guarda compartilhada no ordenamento jurídico brasileiro, conforme de depreende do disposto no art. 1.584 do Código Civil, em face da redação estabelecida pelas Leis 11.698/08 e 13.058/14. 2. Impossibilidade de se suprimir a guarda de um dos genitores com base apenas na existência de desavenças entre os cônjuges separados. Precedentes e doutrina sobre o tema. 3. Necessidade de devolução dos autos à origem para que prossiga a análise do pedido de guarda compartilhada, tendo em vista as limitações da cognição desta Corte Superior em matéria probatória. 4. Recurso especial parcialmente provido" (STJ. 1.560.594 – RS, Relator Ministro Paulo de Tarso Sanseverino. Terceira Turma. Data do julgamento: 23.02.2016. DJe 1º.03.2016).

42. LEAL, Livia Teixeira. As controvérsias em torno da guarda compartilhada. *Revista da EMERJ*, v. 20, n. 79, maio/ago. 2017. Disponível em http://www.emerj.tjrj.jus.br/revistaemerj_online/edicoes/revista79/revista79_68.pdf. Acesso em: 16 nov. 2024. p. 91.

Faz-se necessário dar novo significado à guarda compartilhada, no sentido de passar a ser um núcleo dispositivo consubstanciado na vontade integral dos pais, em vez de um núcleo impositivo da lei.

A efetividade da responsabilidade conjunta dos pais nas decisões práticas da vida dos filhos é um ponto em aberto nos casos de alto grau de litigiosidade. Quando isso ocorre, há exagerada judicialização das regras ligadas ao cotidiano dos filhos e, consequentemente, dos problemas da família, visto que os pais não conseguiram decidir de forma compartilhada os interesses dos próprios menores.

No contexto da guarda compartilhada, além dos assuntos tradicionais que envolvem convivência e responsabilidades dos pais, um tema que requer atenção é o *sharenting*. A parentalidade, nos tempos atuais, assumiu uma nova dimensão, em grande parte moldada pela era digital. O termo *sharenting* descreve o hábito de pais compartilharem nas redes sociais acontecimentos envolvendo seus filhos.

Embora possa parecer inofensivo, o *sharenting* pode trazer implicações na dinâmica da guarda, quando os pais têm opiniões divergentes sobre a exposição da criança na internet.

Ana Carolina Brochado e Renata Vilela Multedo[43] destacam que o compartilhamento digital feito pelos pais sobre suas experiências de parentalidade, comparável aos murais ou álbuns de fotos do passado, ganha uma dimensão ampla e permanente com o advento da internet. "Mas a potencialidade da Internet de eternizar informações que estejam na Rede é infinitas vezes maior".

A capacidade das redes sociais de perpetuar as informações cria preocupações sobre o impacto no desenvolvimento social das crianças e adolescentes, bem como sobre o uso futuro dessas informações pela inteligência artificial e pelos algoritmos. Por sua vez, isso resulta em um desafio para os jovens, que, ao atingirem a fase adulta, podem não ter a oportunidade de construir suas próprias identidades digitais, uma vez que já possuem um passado digital definido por decisões tomadas por seus pais, nem sempre de forma responsável.

Assim, os acordos de guarda devem incluir regras sobre o uso da imagem e a privacidade dos filhos. Aspectos como consentimento para a publicação de conteúdos, restrições à exposição on-line e medidas de proteção contra riscos digitais precisam ser detalhadamente regulamentados.

---

43. TEIXEIRA, Ana Carolina Brochado. MULTEDO, Renata Vilela. Autoridade parental: os deveres dos pais frente aos desafios do ambiente digital. In: TEIXEIRA, Ana Carolina Brochado (Coord.) et. al. *Infância, adolescência e tecnologia*: O Estatuto da Criança e do Adolescente na Sociedade da Informação. Indaiatuba: Foco, 2022. p. 33.

*Exemplo prático*:

Ana e Roberto, pais de Júlia, de 8 anos, estão em processo de divórcio e optaram por estabelecer um acordo de guarda compartilhada. Durante a elaboração do acordo, foram criadas cláusulas específicas para regular o uso da imagem e a privacidade de Júlia nas redes sociais. Também ficou estabelecido que qualquer publicação de fotos ou vídeos da criança deve ser previamente autorizada por ambos os pais.

### 5.3.2 Alimentos: como evitar conflitos

O pagamento dos alimentos é outro ponto sensível. A definição do valor dos alimentos deve ser baseada nas necessidades do alimentado e nas possibilidades econômicas do alimentante, garantindo que atenda ao bem-estar dos filhos e evitando que a obrigação de pagar se torne um fardo excessivo para uma das partes.

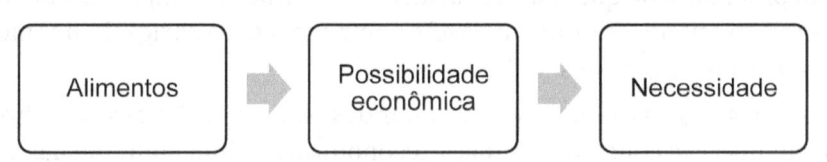

As despesas com alimentação, saúde, educação, vestuário e lazer devem ser levadas em conta para que o filho tenha um padrão de vida adequado.

*Exemplo prático*:

Um pai que possui uma renda mensal de R$ 10.000,00 é obrigado a pagar 20% de sua renda como alimentos para seus dois filhos. O valor da obrigação alimentar é destinado a cobrir as despesas dos filhos, assegurando que eles mantenham um padrão de vida semelhante ao que tinham antes do divórcio.

As circunstâncias econômicas dos pais podem variar ao longo do tempo, permitindo a solicitação de revisão do valor dos alimentos em caso de aumento ou diminuição significativa da renda. Além disso, as necessidades dos filhos também podem se alterar à medida que crescem e demandam mais recursos para educação e saúde.

*Exemplo prático*:

Após perder o emprego, um pai solicita a revisão do valor dos alimentos, alegando que não pode mais arcar com os mesmos 20% de sua renda anterior. O juiz concede a revisão até que o pai encontre um novo emprego.

Neste contexto, também é importante destacar uma situação que tem sido objeto de interpretações contraditórias: o pedido de revisão da pensão alimentícia feito por um dos genitores pelo simples fato de ter constituído nova família e ter um novo filho.

É consolidado o entendimento, no Superior Tribunal de Justiça,[44] de que a constituição de nova família ou o nascimento de novos filhos, por si só, não justifica a revisão dos alimentos devidos aos filhos anteriores.

Entendemos que a constituição de uma nova família ou o nascimento de outros filhos, não exime o alimentante de comprovar efetivamente uma alteração substancial no binômio necessidade e possibilidade para justificar a revisão ou a exoneração dos alimentos estabelecidos para filhos de relacionamentos anteriores.

Em outras palavras, a simples existência de novos dependentes não altera automaticamente a obrigação alimentar já fixada; é indispensável a demonstração probatória de que sua a capacidade econômica foi impactada de forma significativa a ponto de tornar inviável o cumprimento da obrigação nos moldes anteriormente estipulados.

A revisão ou a exoneração[45] do valor dos alimentos só é cabível se houver uma modificação concreta na situação econômica do alimentante ou nas necessidades específicas dos filhos beneficiários.

A fixação do valor dos alimentos, além de seguir critérios legais, frequentemente envolve a análise do padrão de vida das partes. É possível observar

---

44. "1. No caso dos autos, o julgador apreciou a lide nos termos em que fora proposta, examinando detidamente o acervo probatório dos autos, adotando fundamentação clara e suficiente a amparar a improcedência do pedido. Nesse contexto, não há falar em violação ao art. 1022 do CPC/15. Com efeito, o Tribunal de origem decidiu de forma fundamentada sobre todas as questões necessárias para o deslinde da controvérsia. O mero inconformismo da parte com o julgamento contrário à sua pretensão não caracteriza falta de prestação jurisdicional. 2. A jurisprudência desta Corte é firme no sentido de que a constituição de nova família, ou o nascimento de novos filhos, por si só, não implica a revisão de alimentos devidos aos filhos anteriores. Incidência do óbice da Súmula 83/STJ. Precedentes. 3. A reanálise do binômio da possibilidade do alimentante e da necessidade do alimentado pressupõe enfrentar o quadro fático delineado na instância ordinária, o que é vedado nesta via recursal extrema, vocacionada à discussão eminentemente jurídica, ante a incidência do óbice da Súmula 7/STJ. 4. Agravo interno desprovido" (STJ. AgInt no AREsp 2216201/SP, Relator Ministro Marco Buzzi, Quarta Turma. Julgado em 28.08.2023. DJe 31.08.2023).
45. "Agravo de instrumento. Ação de exoneração de alimentos. Pedido do genitor para que seja exonerado da obrigação alimentar em relação a filha maior. Com razão. Filha já atingiu a maioridade civil e possui 3 (três) filhos. Hipossuficiência deve ser demonstrada para a continuidade na obrigação alimentar, o que não se observa no presente caso. Contraditório (súmula 358/STJ) instaurado. Alimentanda que, mesmo sendo citada nos autos, se manteve inerte e não comprovou a necessidade da continuação de receber os alimentos. Decisão reformada. Recurso conhecido e provido" (TJPR. 12ª Câmara Cível. 0035984-24.2023.8.16.0000. Relator Desembargador Luis Cesar de Paula Espindola. Julgado em 04.12.2023).

duas situações comuns: a primeira ocorre quando as aparências são enganosas, e o estilo de vida exibido não reflete a real situação financeira do alimentante; a segunda acontece quando, em juízo, a parte alega dificuldades financeiras, mas, em ambientes virtuais, ostenta um padrão de vida diferente.

Essas contradições reforçam a importância das provas no processo de fixação da pensão alimentícia. Não basta apenas observar o que é exibido externamente; é necessário aprofundar a análise com documentos financeiros que revelem a situação patrimonial real das partes. Somente com a comprovação por meio de provas robustas é possível asseverar que a decisão judicial leve em consideração tanto as necessidades de quem recebe quanto a capacidade de quem paga.

Relatos, apontados na jurisprudência,[46] demonstram que as aparências nem sempre refletem a realidade. Embora o Código Civil e a legislação sobre alimentos forneçam critérios objetivos para a fixação da pensão, a percepção subjetiva sobre o estilo de vida das partes pode distorcer o resultado. Portanto, é essencial desconstruir as aparências para garantir que a decisão seja apropriada e condizente com a situação econômica das partes.[47]

A teoria da aparência é frequentemente aplicada como fundamento nas ações de alimentos, servindo como um indicativo importante da forma como o devedor se projeta socialmente. Tomando-se como base a aparência do alimentante, será possível avaliar os sinais externos de riqueza ou padrão de vida, o que pode ser interpretado como um reflexo de sua condição econômica e, assim, da sua capacidade de arcar com a prestação alimentícia.

Ao observar elementos como o estilo de vida, os bens consumidos, os serviços adquiridos e a ocupação, a teoria da aparência estabelece uma conexão entre os indícios exteriores e a capacidade econômica do devedor, evitando possíveis

---

46. "Agravo de instrumento com pedido de efeito ativo. Ação de divórcio litigioso c/c fixação de alimentos. Alimentante que ostenta situação financeira superior à declarada ao Poder Judiciário. Majoração da pensão alimentícia. Agravo conhecido e parcialmente provido" (TJ/PI. Agravo de Instrumento 0757957-71.2022.8.18.0000. Segunda Câmara Especializada Cível. Relator Gonzaga Brandão de Carvalho. Julgado em 18.12.2023).

47. "Agravo de instrumento. Ação de guarda cumulada com regulamentação de visitas e alimentos. Decisão que reduziu os alimentos provisórios devidos às duas filhas para o valor equivalente a 5 (cinco) salários-mínimos vigentes e à ex-cônjuge para 2 (dois) salários-mínimos vigentes. Insurgência do alimentante. Pleito pela redução dos alimentos provisórios. Impossibilidade. Ausência de demonstração de que a pensão alimentícia é desproporcional à extensão de seus ganhos (CC, art. 1.694, § 1º). Valor fixado que atende ao trinômio necessidade, possibilidade e proporcionalidade. Necessidades das filhas que, em razão da menoridade, são presumidas. Cônjuge virago que vinha dependendo financeiramente do cônjuge varão. Alimentos compensatórios que visam compensar o desequilíbrio gerado pela ruptura da relação conjugal e equilibrar o padrão de vida do casal. Observância ao trinômio necessidade, possibilidade e proporcionalidade. Manutenção do valor da obrigação alimentar. Decisão mantida. Recurso desprovido" (TJPR. 12ª Câmara Cível. 0031903-66.2022.8.16.0000. Rel.: Desa. Vilma Régia Ramos de Rezende. J.: 06.03.2023).

fraudes ou tentativas de ocultar o verdadeiro padrão financeiro, assegurando que o direito do alimentando seja atendido.

Sobre o pagamento de alimentos ao ex-cônjuge,[48] alguns requisitos devem ser observados na fundamentação dessa obrigação, impactando na prova do seu valor e da sua duração. Inicialmente, a análise também partirá do binômio necessidade e possibilidade, que estabelece que a pensão será devida na medida em que o alimentando, ou seja, o ex-cônjuge que pleiteia os alimentos, demonstre a sua necessidade, e o alimentante, ou seja, o ex-cônjuge que deve pagar, tenha a possibilidade de prover esse sustento.

Esse binômio é essencial, pois a pensão alimentícia ao ex-cônjuge não tem caráter automático, dependendo da comprovação de que, sem essa assistência, o ex-cônjuge não conseguiria manter o padrão de vida ou prover o próprio sustento.

A idade do ex-cônjuge é um fator relevante na análise do pedido de alimentos. Quanto mais avançada a idade, maior a probabilidade da existência de dificuldades em se inserir ou se recolocar no mercado de trabalho. A idade limita a capacidade do ex-cônjuge de obter um emprego ou adquirir novas qualificações que lhe permitam conquistar uma remuneração suficiente para o próprio sustento, o que justifica a necessidade dos alimentos.

A dependência financeira preexistente ao longo do casamento é outro aspecto importante. Em muitos casos, um dos cônjuges renuncia a sua atividade profissional ou reduz sua atividade profissional para cuidar da família, permitindo que o outro cônjuge desenvolva sua carreira. Tal situação cria uma dependência

---

48. "O art. 1.704 do CC estabelece que "se um dos cônjuges separados judicialmente vier a necessitar de alimentos, será o outro obrigado a prestá-los mediante pensão a ser fixada pelo juiz, caso não tenha sido declarado culpado na ação de separação judicial". É consabido que a obrigação alimentar entre ex-cônjuges está lastreada no dever de mútua assistência, persistindo após a separação quando restar demonstrada a dependência econômica de uma parte em relação à outra, observando-se sempre o binômio necessidade-possibilidade, nos termos dos art. 1.694 e 1.695, ambos do CC. Ademais, o encargo alimentar entre ex-cônjuges reveste-se de caráter excepcional, devendo ser atribuído apenas nas hipóteses em que plenamente demonstrada a necessidade daquele que pleiteia o seu pagamento e a possibilidade do devedor, vez que presumida a capacidade dos mesmos de proverem a própria subsistência após o término da sociedade conjugal. No caso dos autos, a recorrente possui 71 (setenta e um) anos, com impossibilidade de reinserção no mercado de trabalho e aquisição de autonomia financeira, eis que se dedicou exclusivamente ao lar por 38 (trinta e oito) anos, necessitando, portanto, da prestação alimentar. Além disso, comprovou-se nos autos a possibilidade do Apelado, aposentado, de pagar alimentos para a ex-cônjuge sem prejuízo do seu próprio sustento. O pedido de partilha de bens requer a demonstração mínima, nos termos do art. 333, inciso I, do CPC, da existência e da propriedade dos bens indicados à partilha. No presente caso, competia à requerente o ônus da prova, do qual não se desincumbiu. Assim, ausente prova mínima do direito pleiteado pela Apelante – existência de bens que guarnecem a residência do casal a serem partilhados – impõe-se a improcedência do pedido de partilha" (TJPR. 12ª Câmara Cível. 0001197-40.2020.8.16.0075. Relatora Desembargadora Ivanise Maria Tratz Martins. Julgado em 03.05.2023).

econômica em relação ao ex-cônjuge provedor. Assim, o cônjuge que ficou em situação de dependência possui direito aos alimentos.

Outro critério a ser analisado é a dificuldade de reinserção no mercado de trabalho, que pode acontecer devido à falta de qualificação profissional, em razão do tempo longe do mercado, situação que reduz as chances de empregabilidade. Em casos em que o ex-cônjuge esteve fora do mercado por um longo período, torna-se mais justificável a concessão de alimentos até que ele consiga se reestabelecer financeiramente, o que pode incluir a capacitação profissional e um período de adaptação ao mercado.

### 5.3.3 Acordo de parentalidade

O acordo de parentalidade é um instrumento contratual utilizado para definir os direitos e deveres dos pais em relação aos filhos, principalmente em situações de dissolução do vínculo ou para o caso de revisão da convivência. Esse acordo tem como principal objetivo estabelecer os aspectos ordinários da convivência, a tomada de decisões em relação às necessidades dos filhos, bem como a divisão das responsabilidades advindas da parentalidade.

Ao formalizar o acordo de parentalidade, as partes envolvidas buscam evitar conflitos futuros, estabelecendo regras objetivas que priorizem os interesses da criança.

Uma prática pertinente são as oficinas de divórcio e parentalidade, organizadas pelos Tribunais de Justiça,[49] que seguem as diretrizes da Resolução 125 do Conselho Nacional de Justiça. Esse programa educativo tem caráter preventivo e multidisciplinar, com o objetivo de promover a estabilidade nas relações, durante a fase de adaptação que ocorre após o divórcio.

As oficinas, verdadeiros espaços que fomentam maior diálogo entre as partes, oferecem suporte[50] e orientação, ajudando pais e filhos a enfrentarem as mudanças e desafios que surgem com o divórcio.

---

49. Prática do Tribunal de Justiça do DF. Disponível em: https://www.tjdft.jus.br/institucional/imprensa/noticias/2018/outubro/tjdft-e-mpdft-firmam-acordo-para-ampliar-oficinas-de-parentalidade. Acesso em: 15 nov. 2024.
50. Amanda Alves, Dorian Arpini e Sabrina Cúnico (2015, p. 931) esclarecem sobre "a importância da construção de espaços que promovam o diálogo acerca das relações familiares na separação, possibilitando que os conflitos conjugais não tenham tanta repercussão no exercício da parentalidade. Também, destaca-se a importância de oferecer aos pais um acompanhamento após o estabelecimento dos acordos, sendo esse um espaço voltado ao diálogo e enfrentamento das dificuldades que poderão surgir, buscando, assim, o melhor interesse da criança e a promoção de saúde no contexto da família".

*Exemplo prático:*

Paula e Roberto, após decidirem dissolver a união estável, optaram por elaborar um acordo de parentalidade para definir a guarda compartilhada do filho. No acordo, estipularam o cronograma de convivência semanal, definiram a contribuição de cada um para as despesas escolares e médicas, e acordaram que todas as decisões sobre a educação e saúde do filho seriam tomadas em conjunto.

### 5.3.4 Acordos no divórcio e a Resolução 571/24

O Conselho Nacional de Justiça, na Resolução 571/24,[51] regulamentou a lavratura de atos notariais para inventários, partilhas, separações consensuais, divórcios consensuais e extinções de uniões estáveis pela via extrajudicial, mesmo em casos que envolvam menores ou incapazes.

Para que a partilha de bens possa ocorrer, é essencial obter a anuência do Ministério Público. Além disso, é necessário que as partes estejam assistidas por advogados ou defensores públicos, resguardando os interesses de todos os envolvidos.

A Resolução 571 impactará a forma de construção dos acordos. A ampliação da possibilidade de divórcio extrajudicial para casais com filhos menores viabiliza

---

51. CONSELHO NACIONAL DE JUSTIÇA. Resolução 571/2024, que disciplina a lavratura dos atos notariais relacionados a inventário, partilha, separação consensual, divórcio consensual e extinção consensual de união estável por via administrativa. Disponível em: https://atos.cnj.jus.br/atos/detalhar/5705. Acesso em: 14 nov. 2024.

a resolução de demandas patrimoniais e de dissolução conjugal sejam resolvidas com maior celeridade. Essa desjudicialização conecta a celeridade dos divórcios com a tutela dos direitos e deveres fundamentais dos envolvidos, representando uma conquista significativa.

A atuação do Ministério Público em casos que envolvem filhos menores ou incapazes continua a ser uma medida essencial para garantir que os interesses desses indivíduos, mais vulneráveis, sejam devidamente protegidos. Embora o divórcio possa ocorrer extrajudicialmente, a supervisão das demandas referentes à guarda e aos direitos dos filhos permanece adstrita ao Poder Judiciário.

A fiscalização do Ministério Público funciona como uma garantia de que qualquer decisão que envolva aspectos da vida das crianças e dos adolescentes, como guarda, convivência e pensão alimentícia, será tomada com rigor e atenção às suas necessidades e ao seu desenvolvimento integral.

# 6
# CONTRATOS ESPECIAIS

Entendemos como contratos especiais certos contratos familiares que não se enquadram isoladamente na classificação proposta no Capítulo 5 (contratos anteriores à formação das famílias, na consolidação das famílias e na dissolução da família), a saber:

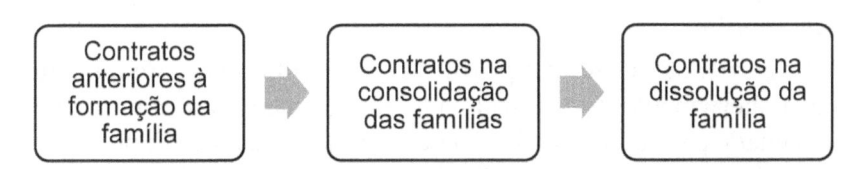

Contratos como os de parentalidade e maternidade substitutiva envolvem aspectos que vão além do arranjo patrimonial ou existencial tradicional, tratando de relações humanas e responsabilidades que se estendem de forma complexa, abarcando múltiplas dimensões.

Essas situações, portanto, não se encaixam exclusivamente em uma única categoria da classificação dos contratos familiares, pois demandam uma abordagem que integre simultaneamente vetores emocionais, sociais e jurídicos.

## 6.1 COPARENTALIDADE

A coparentalidade é uma modalidade de parentalidade em que duas ou mais pessoas se comprometem a dividir as responsabilidades da criação de uma criança, sem que haja necessariamente uma relação afetiva entre elas.

Esse formato se aplica às famílias formadas por pessoas que não necessariamente estabeleceram uma relação conjugal ou sequer uma relação sexual, mas que compartilham o interesse e desejo de formar uma parceria para exercer a paternidade ou maternidade. Em muitos casos, o processo de geração de filhos é viabilizado mediante as técnicas de reprodução assistida.[1]

---

1. PEREIRA, Rodrigo da Cunha. *Coparentalidade abre novas formas de estrutura familiar*. Disponível em: https://ibdfam.org.br/artigos/1229/Coparentalidade+abre+novas+formas+de+estrutura+familiar. Acesso em: 16 nov. 2024.

Maria Celina Bodin e Ana Carolina Brochado[2] explicam que a coparentalidade introduz uma nova forma de planejamento familiar voltado para a parentalidade, focado na realização de um objetivo comum, sem a necessidade de casamento ou união estável. A proposta é que, previamente, os futuros pais acordem sobre as normas que guiarão suas relações parentais, tanto durante a gestação quanto, sobretudo, após o nascimento da criança.

O contrato de coparentalidade é essencial para formalizar os direitos e deveres dos envolvidos, estabelecendo regras claras sobre a convivência, as responsabilidades financeiras e a tomada de decisões em relação à vida da criança. O objetivo é deixar delimitado todos os direitos e deveres da parentalidade sem conjugalidade.

*Exemplo prático:*

Carlos e Fernanda são amigos próximos que decidiram ter um filho juntos sem qualquer vínculo de conjugalidade. Eles firmaram um contrato de coparentalidade para definir a divisão de responsabilidades, estipulando que ambos teriam a guarda compartilhada e participariam de forma igualitária das despesas e decisões sobre a educação e saúde do filho.

## 6.2 MATERNIDADE SUBSTITUTIVA

A maternidade substitutiva, também chamada de gestação por substituição, regula um acordo em que uma mulher se dispõe a gestar uma criança em nome de outra pessoa ou casal, sem que ela tenha intenção de exercer a maternidade do bebê. Essa prática é regida por situações específicas que estipulam direitos e deveres de ambas as partes com a máxima transparência.

O acordo deve conter cláusulas que assegurem, entre outras coisas, o consentimento da mulher que irá gestar o bebê, a ausência de vínculos parentais sobre a criança, as condições médicas para a gestação e inexistência de qualquer onerosidade para a realização do ato.

Tal tipo de negócio jurídico não possui regulamentação específica por lei no Brasil. A orientação normativa para a gestação substitutiva é dada pelo Conselho Federal de Medicina (CFM), que emite resoluções estabelecendo diretrizes e procedimentos a serem seguidos pelos médicos. Essas resoluções visam resguardar a ética no acompanhamento médico, especificando os critérios e as condições

---

2. BODIN DE MORAES, Maria Celina. TEIXEIRA, Ana Carolina Brochado. Contratos no ambiente familiar. In: TEIXEIRA, Ana Carolina Brochado. RODRIGUES, Renata de Lima (Coord.). *Contratos, família e sucessões*: diálogos interdisciplinares. Indaiatuba: Foco, 2019. p. 14.

para a realização dessa gestação, incluindo requisitos como consentimento das partes envolvidas, avaliação psicológica e limites de atuação dos profissionais.

De acordo com a Resolução 2.168/2017[3] do Conselho Federal de Medicina, é obrigatório obter o consentimento livre e esclarecido de todos os pacientes submetidos às técnicas de reprodução assistida. O consentimento deve detalhar os aspectos médicos e as circunstâncias específicas da técnica a ser aplicada, incluindo os resultados obtidos pela unidade de tratamento que a realiza.

O termo de consentimento deve abranger também informações de natureza biológica, jurídica e ética. Esse consentimento é formalizado em um formulário específico, com a concordância por escrito das partes envolvidas, após uma discussão bilateral sobre os detalhes e implicações do procedimento.

Também conforme a Resolução CFM 2.320/2022, a gestação por substituição é permitida apenas em situações em que a mulher que deseja ter filhos não possa, por razões médicas, gerar uma criança. A prática deve ser realizada sem caráter patrimonial, e a gestante substituta deve ter vínculo de parentesco de até quarto grau com a beneficiária, exceto nos casos autorizados pelo Conselho Regional de Medicina.

Nas clínicas de reprodução assistida, conforme a Resolução do CFM 2.320/2022, devem constar no prontuário da paciente: termo de consentimento livre e esclarecido; relatório médico comprovando a saúde física e mental de todos os envolvidos; termo de compromisso sobre a filiação da criança; compromisso dos pacientes de garantir tratamento e acompanhamento à cedente do útero até o puerpério; compromisso do registro civil da criança; e aprovação por escrito do cônjuge ou companheiro, se a cedente for casada ou viver em união estável.

Maria de Fátima Freire e Anna Cristina de Carvalho[4] explicam que o contrato de gestação de substituição envolve mais do que o acordo entre a gestante e os

---

3. "I, 3. § 2º, 4. O consentimento livre e esclarecido será obrigatório para todos os pacientes submetidos às técnicas de RA. Os aspectos médicos envolvendo a totalidade das circunstâncias da aplicação de uma técnica de RA serão detalhadamente expostos, bem como os resultados obtidos naquela unidade de tratamento com a técnica proposta. As informações devem também atingir dados de caráter biológico, jurídico e ético. O documento de consentimento livre e esclarecido será elaborado em formulário especial e estará completo com a concordância, por escrito, obtida a partir de discussão bilateral entre as pessoas envolvidas nas técnicas de reprodução assistida". CONSELHO FEDERAL DE MEDICINA. Resolução CFM 2.168/2017, que adota as normas éticas para a utilização das técnicas de reprodução assistida. Disponível em: https://sistemas.cfm.org.br/normas/visualizar/resolucoes/BR/2017/2168. Acesso em: 28 out. 2024.

4. SÁ, Maria de Fátima Freire. RETTORE, Anna Cristina de Carvalho. A gestação de substituição vista como um contrato em prol da garantia de segurança jurídica aos participantes e à criança a nascer. In: TEIXEIRA, Ana Carolina Brochado. RODRIGUES, Renata de Lima (Coord.). *Contratos, família e sucessões*: diálogos interdisciplinares. São Paulo: Foco, 2019. p. 132.

beneficiários, exigindo contratos complementares para viabilizar o procedimento, sendo possível falar em contratos coligados.

Isso porque, para que a reprodução assistida ocorra, são necessários acordos entre a gestante e a clínica, além de um contrato de prestação de serviços médicos entre os beneficiários e a clínica ou médico, que cobre todos os custos e remuneração dos profissionais. Esse arranjo cria uma interdependência entre os contratos, formando uma relação de dependência jurídica e destacando a importância do consentimento informado da gestante.

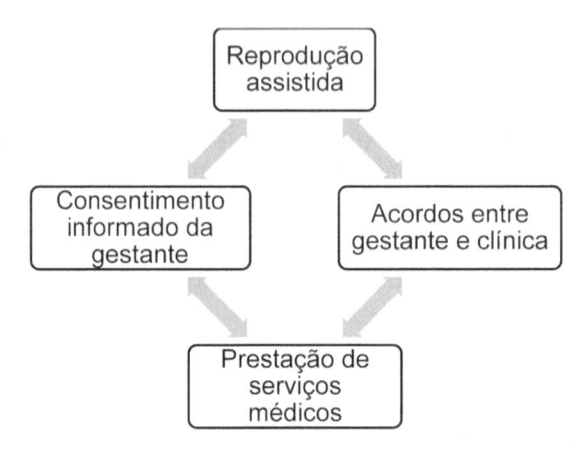

*Exemplo prático*:

Marina decidiu ajudar sua irmã que não podia engravidar. No acordo, Marina renunciou a qualquer vínculo de maternidade sobre a criança, que seria registrada diretamente pelos pais.

# 7
# CONTRATOS PREDOMINANTEMENTE OBRIGACIONAIS

Definimos como contratos com vínculos predominantemente obrigacionais os negócios jurídicos de natureza patrimonial que, embora possam ser aplicados em contextos familiares, não se destinam especificamente a regular as relações de natureza afetiva ou familiar. Esses contratos focam na criação de obrigações entre as partes, limitando-se aos direitos e deveres de ordem econômica.

Como ensina Pietro Perlingieri,[1] o regime patrimonial da família possui um caráter dinâmico, abrangendo, em termos funcionais e de disciplina, o esquema das obrigações, que deve ser analisado à luz das necessidades familiares e da direção acordada entre os cônjuges e companheiros.

Neste capítulo, serão explorados cinco tipos de contratos amplamente utilizados, tanto em relações familiares quanto em contextos diversos, caracterizados por seu conteúdo estritamente obrigacional. São eles: contrato de compra e venda, permuta, comodato, fiança e transação.

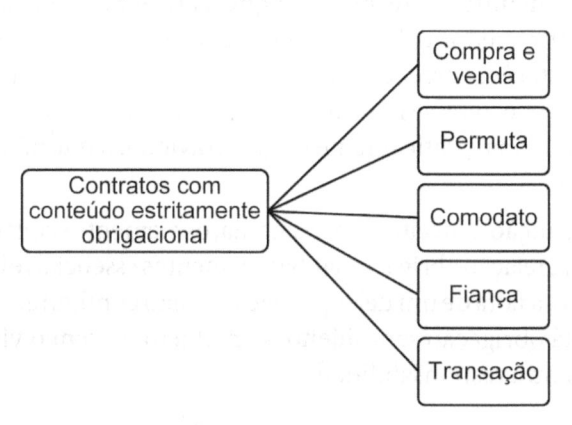

---

1. "No interesse da família é aquela obrigação contraída para satisfazer as necessidades dos componentes do grupo, como concretização, consciente ou inconsciente, da direção acordada e, em todo caso, congruente e proporcional à capacidade patrimonial do grupo, com espírito de lealdade e retidão em relação a este intuito". In: PERLINGIERI, Pietro. *O direito civil na legalidade constitucional*. Trad. Maria Cristina de Cicco. Rio de Janeiro: Renovar, 2008. p. 1038.

Esses cinco contratos foram selecionados porque, embora tenham conteúdo essencialmente econômico, são frequentemente celebrados entre ascendentes e descendentes ou geram efeitos que impactam diretamente esses vínculos familiares. Em muitos casos, esses contratos são utilizados para organizar o patrimônio, transferir bens ou garantir assistência econômica, respeitando a estrutura familiar e as particularidades dos casos.

O direito das obrigações tem por escopo equilibrar as relações entre credores e devedores. É um direito que indica as normas especificadoras das fontes das obrigações, isto é, as espécies de contratos (arts. 481 a 853), as declarações unilaterais de vontade (arts. 854 a 886) e as obrigações por atos ilícitos (arts. 186 a 188).

Washington de Barros Monteiro[2] explica que a obrigação é a relação jurídica "de caráter transitório, estabelecida entre devedor e credor e cujo objeto consiste numa prestação pessoal econômica, positiva ou negativa, devida pelo primeiro ao segundo, garantindo-lhe o adimplemento através de seu patrimônio".

Definimos a obrigação como a relação jurídica de caráter econômico, pessoal e transitória, na qual o polo passivo se compromete a dar, fazer, não fazer ou restituir alguma coisa, sob a forma de prestação, ao polo ativo. Caso o polo passivo (devedor) não cumpra o acordado, poderá o polo ativo (credor) exigir o cumprimento da obrigação coercitivamente.

A obrigação é transitória porque não dura indefinidamente, tendo, em regra, momento de início e término, já que as relações pessoais e de crédito, estabelecidas entre credor e devedor, possuem um objetivo específico: o cumprimento da prestação. Percebemos que o caráter transitório da relação jurídica obrigacional é lógico, pois se fosse uma relação perpétua restaria configurando uma servidão humana, praticamente uma escravidão, o que não mais se admite nas relações civis.

A partir da noção conceitual apresentada, os elementos constitutivos devem estar presentes na relação obrigacional. São elementos essenciais e imprescindíveis e, em razão disso, a falta de um deles provocará a não configuração da obrigação. Portanto, não há obrigação sem sujeito, sem objeto ou sem o vínculo que dará origem à dívida ou à responsabilidade.

---

2. MONTEIRO, Washington de Barros. *Curso de direito civil*: direito das obrigações. São Paulo: Saraiva, 1999. p. 23.

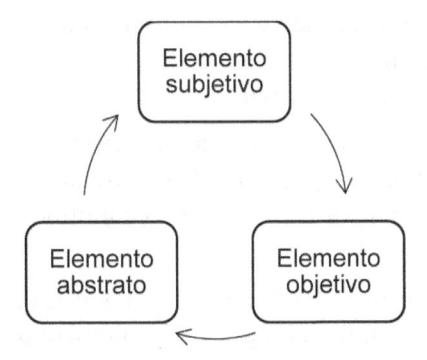

O elemento subjetivo é aquele que diz respeito aos sujeitos envolvidos na relação. Nesta relação, há dois sujeitos: o ativo (credor) e o passivo (devedor). Cada um dos sujeitos tem um papel distinto na relação e isso é assumido no momento da estipulação do negócio.

No momento da constituição da avença, características importantes devem ser observadas pelos sujeitos na composição do acordo. Eles devem ser capazes civilmente para o exercício dos seus atos, na forma do art. 104 e do art. 166 do Código Civil.

Além disso, o sujeito de uma obrigação pode ser determinado previamente ou pode sofrer determinação futura, sendo neste último caso determinável, como é o caso da promessa de recompensa.[3]

Os sujeitos que iniciam a relação obrigacional se vinculam juridicamente, todavia será permitida a mudança dos sujeitos, por transmissão da obrigação, como disciplina o art. 286 do Código Civil que trata da cessão de crédito e o art. 1.997 da transmissão em caso de morte.

Também é possível considerar que os sujeitos da obrigação podem ser pessoas físicas ou pessoas jurídicas. Além disso, algumas relações apresentam sujeitos com denominações específicas, como é o caso da relação de consumo (consumidor e fornecedor) ou da relação locatícia (locador e locatário).

O elemento objetivo refere-se à obrigação positiva ou negativa do devedor, isto é, a atuação do sujeito passivo que deve dar, restituir, fazer ou não fazer alguma coisa ao credor.

As prestações positivas classificam-se em dar coisa certa, dar coisa incerta, restituir coisa certa e fazer. Por outro lado, será considerada como obrigação negativa a obrigação de não fazer, isto é, o dever de abstenção do devedor. Acerca

---

3. Promessa de recompensa é um negócio jurídico unilateral, que obriga aquele que emite a declaração de vontade desde o início em que ela se torna pública, independentemente de aceitação (art. 854).

do elemento objetivo depreende-se os seguintes requisitos de validade: objeto lícito, objeto possível e objeto determinado ou determinável, como determinado no art. 104, inciso II, do Código Civil.

O objeto da obrigação, necessariamente, deve ter caráter patrimonial, pois possui estimativa econômica, sob pena do objeto da obrigação ser insuscetível de perdas e danos. Trata-se de um conteúdo econômico ou conversível economicamente.

O objeto da relação jurídica obrigacional divide-se em imediato ou mediato. O primeiro consiste na conduta ou prestação que será praticada pelo devedor: ato de dar, restituir, fazer ou não fazer. O segundo refere-se ao bem da vida, ou seja, a própria coisa ou bem ou serviço que deverá ser prestado.

Assim, como exemplo do objeto da obrigação, tem-se como objeto material o serviço a ser feito, ou o carro da marca X que deverá ser entregue, na obrigação de dar coisa certa, ou ainda, a prestação de serviço de estética pelo médico famoso, na obrigação de fazer um serviço infungível.

Dessa foram, devemos entender as seguintes ocasiões distintas no contexto do elemento objetivo da obrigação: 1) a conduta segundo a qual o devedor encontra-se vinculado (dar, restituir, fazer ou não fazer); e 2) bem jurídico ligado à conduta da relação obrigacional.

É o elemento abstrato que une o devedor e o credor, como se fosse uma fixação jurídica, para a realização de um ato positivo ou negativo para com o credor. Desta ligação, decorrem dois institutos jurídicos importantes: a dívida e a responsabilidade.

| Elemento objetivo | Elemento abstrato |
|---|---|
| • Objeto da obrigação que será imediato e mediato. | • Vínculo jurídico que se biparte em dívida e responsabilidade. |

Caio Mário[4] (2005, p. 23) alerta que é no vínculo que reside a essência abstrata da obrigação, o poder criador de um liame por cujo desate o indivíduo respondia outrora com a sua pessoa e hoje com seu patrimônio.

Entendemos que este vínculo garante, em qualquer espécie de obrigação, o seu adimplemento, porque se este não se realizar espontaneamente, realizar-se-á, coercitivamente, por intermédio do Poder Judiciário.

---

4. PEREIRA, Caio Mário da Silva. *Instituições de Direito Civil*. Rio de Janeiro: Forense, 2005. v. 2. p. 23.

A responsabilidade só aparece com o inadimplemento, isto é, só quando o sujeito passivo não cumpre espontaneamente com o convencionado, sendo a responsabilidade uma "consequência jurídica patrimonial do descumprimento da relação obrigacional".[5] Não se pode confundir, portanto, a responsabilidade com a dívida. Entende-se por dívida o dever do devedor de satisfazer a obrigação. Já a responsabilidade[6] é o direito do credor de exigir judicialmente o cumprimento da obrigação.

A regra geral prevê que a existência de uma dívida implica, em caso de descumprimento, a responsabilidade. No entanto, podem ocorrer exceções, tais como: i) responsabilidade sem obrigação – como no caso do fiador, em que há uma obrigação originária (do devedor) e uma obrigação de garantia (do fiador), que só se concretiza em caso de inadimplemento do devedor; e ii) obrigação sem responsabilidade – como nas obrigações naturais, que incluem dívidas de jogo (art. 814 do Código Civil) e débitos prescritos (art. 882 do Código Civil). Nessas circunstâncias, existe uma dívida, mas ela não pode ser exigida judicialmente.

A ideia de obrigação, restrita ao vínculo estabelecido entre devedor e credor, para grande parte da doutrina, já se tornou ultrapassada. Na verdade, a ideia de cooperação e interação obrigacional é mais aceita, já que há contraprestação de direitos e deveres envolvidos entre os polos ativo e passivo da relação.[7]

Na perspectiva de uma nova ordem de cooperação, a relação entre credor e devedor deixa de ser marcada por antagonismos, polarizações ou conflitos. A tradicional posição antagônica entre as partes cede lugar a uma abordagem que considera a relação obrigacional em sua totalidade.[8]

---

5. GONÇALVES, Carlos Roberto. *Direito Civil brasileiro*: obrigações. São Paulo: Saraiva, 2008a. p. 3.
6. Carlos Roberto conceitua a responsabilidade civil como um "dever sucessivo que surge para recompor o dano decorrente da violação de um dever jurídico originário. Destarte, toda conduta humana que, violando dever jurídico originário, causa prejuízo a outrem é fonte geradora da responsabilidade civil". In: GONÇALVES, Carlos Roberto. *Direito Civil brasileiro*: obrigações. São Paulo: Saraiva, 2008a. p. 3.
7. "I – Como anotado em precedente (REsp 202.504-SP, DJ 1.10.2001), o inadimplemento do contrato, por si só, pode acarretar danos materiais e indenização por perdas e danos, mas, em regra, não dá margem ao dano moral, que pressupõe ofensa anormal à personalidade. Embora a inobservância das cláusulas contratuais por uma das partes possa trazer desconforto ao outro contratante – e normalmente o traz – trata-se, em princípio, do desconforto a que todos podem estar sujeitos, pela própria vida em sociedade". II – Não verificadas as omissões apontadas, a mera divergência da parte com o entendimento e a conclusão contidos no acórdão não constitui embasamento a embargos declaratórios. Outrossim, não se pode pretender, por via oblíqua, a reforma da decisão com revisão de questões de fato e de direito" (STJ. REsp 338162/MG, Rel. Ministro Sálvio de Figueiredo Teixeira, Quarta Turma, julgado em 20.11.2001, DJe 18.02.2002).
8. SILVA, Clóvis V. do Couto. *A obrigação como processo*. Rio de Janeiro: FGV, 2006. p. 19.

Conforme Pietro Perlingieri,[9] a obrigação assumida no interesse da família destaca a importância de seu caráter funcional, articulando a disciplina das relações familiares e, simultaneamente, estabelecendo um ponto de convergência entre a teoria das obrigações e a ordem pública constitucional no contexto das relações familiares.

Neste contexto, a relação obrigacional se forma a partir de uma junção de deveres que se concentram em sua estrutura, pode mesmo considerar-se como um processo ("conjunto de atos logicamente encadeados entre si e subordinado a determinado fim") conducente ao cumprimento da prestação acordada.[10]

## 7.1 CONTRATO DE COMPRA E VENDA

O contrato de compra e venda é um acordo no qual uma das partes se compromete a transferir a propriedade de um bem, enquanto a outra parte se obriga a pagar um preço em dinheiro. Esse negócio jurídico estabelece a obrigação de uma pessoa transferir a propriedade de um bem para outra, mediante contraprestação em dinheiro ou qualquer outra forma de valor econômico.

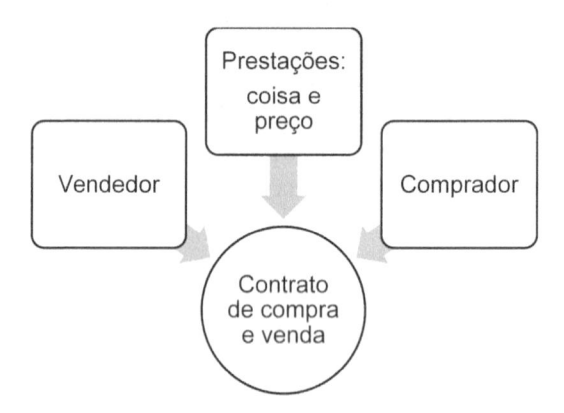

A expressão "se obriga a transferir" indica que o contrato cria apenas um direito de crédito e não um direito real. Portanto, o contrato de compra e venda, por si só, não possui efeito translativo de propriedade. A propriedade de um bem imóvel, por exemplo, só é efetivamente transferida com o registro do título no Cartório de Registro de Imóveis, conforme dispõe o art. 1.245 do Código Civil.

---

9. PERLINGIERI, Pietro. *O direito civil na legalidade constitucional*. Trad. Maria Cristina de Cicco. Rio de Janeiro: Renovar, 2008. p. 1038.
10. VARELA, João de Matos Antunes. *Das obrigações em geral*. Coimbra: Almedina, 2000. p. 18.

Em algumas codificações, como acontece na França, o contrato de compra e venda tem efeito translativo. Nesse sistema, a simples manifestação de vontade das partes é suficiente para transferir a propriedade.

A parte responsável por entregar o bem vendido é denominada "vendedor," enquanto a parte que paga o preço para adquiri-lo é o "comprador." A finalidade da compra e venda é a alienação de um bem específico, na qual o vendedor se compromete a transferir o bem (obrigação de dar coisa certa – art. 233 a 237) e o comprador retribui com o pagamento.

No que diz respeito aos elementos do contrato de compra e venda, há diferentes nomenclaturas: alguns autores preferem "pressupostos," outros "características" ou "atributos." Utilizaremos a abordagem de elementos constitutivos. Os elementos constitutivos da compra e venda são consentimento, coisa e preço.

Os contratantes são partes essenciais do acordo. Entretanto, nem todos os sujeitos legalmente capazes têm autorização para firmar um contrato de compra e venda.

O consentimento deve ser livre e espontâneo, sob pena de anulabilidade do ato jurídico, e representa a convergência de vontades sobre o bem, o preço e as demais condições do contrato. O consentimento pode ser dado de forma expressa ou tácita. Quando é expresso, mas há erro substancial quanto ao objeto principal ou suas qualidades essenciais, o negócio pode ser anulado (art. 139).

Caso uma das partes seja incapaz, ela deve estar devidamente assistida ou representada, sendo possível, inclusive, a autorização judicial para a venda, como no caso de venda de bens imóveis pertencentes a menores, quando necessário ou no interesse da prole (art. 1.691 do Código Civil).

Na venda de ascendente a descendente, é necessário o consentimento dos demais descendentes e do cônjuge (art. 496), salvo se o regime de bens for o da separação obrigatória, com o objetivo de evitar doações disfarçadas e simulações fraudulentas, garantindo que um descendente não seja favorecido em detrimento dos demais.

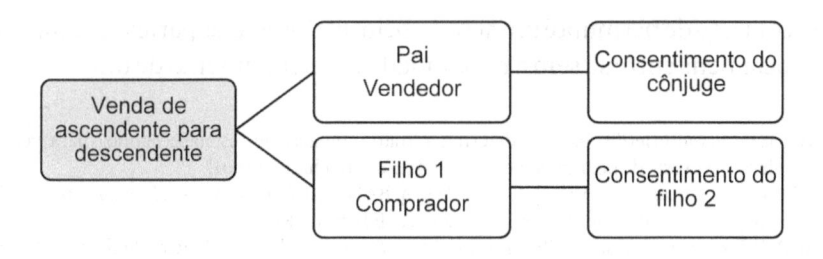

Quando esse consentimento não é obtido, presume-se fraude ou prejuízo aos outros descendentes. Nesse caso, a venda sem o consentimento previsto no art. 496 é passível de anulação. O prazo para requerer a anulação é de dois anos a partir da conclusão do ato (art. 179[11]), sendo essa uma ação de anulação sujeita ao prazo geral de decadência.

O consentimento do cônjuge do descendente não é necessário, pois ele não está realizando nenhuma alienação. O art. 1.647, inciso I, do Código Civil exige a autorização do cônjuge apenas quando se trata da alienação de bens imóveis.

Dessa forma, todos os descendentes e o cônjuge do alienante, à época do contrato, devem consentir com a venda. Em casos de bens imóveis acima do limite legal, a escritura pública é obrigatória (art. 108). Se algum dos descendentes for menor, é necessário um curador especial (art. 1.692), que deverá concordar em nome do incapaz.

Gustavo Tepedino, Carlos Konder e Paula Bandeira[12] explicam que, na compra e venda, a alienação de bens de um ascendente para um descendente é passível de anulação, exceto quando há o consentimento expresso dos demais descendentes e do cônjuge do alienante, salvo se o regime de bens for o de separação obrigatória, situação em que a outorga uxória é dispensada (art. 496, parágrafo único).

O legislador presume que essa venda pode prejudicar os direitos dos outros herdeiros necessários, comprometendo a legítima, justificando, assim, a exigência do consentimento dos herdeiros para a validade do ato. Como esclarece Caio Mário,[13] o que se pretende é resguardar "o princípio da igualdade das legítimas dos descendentes contra a defraudação que resultaria de dissimular, sob a forma da compra e venda, uma doação que beneficiaria a um, em prejuízo dos outros".

Já na venda de ascendente a descendente, intermediada por uma pessoa interposta, ocorre a nulidade do ato, pois caracteriza-se como simulação (art. 167). A simulação desloca a análise do ato para o campo da nulidade absoluta.

## 7.2 CONTRATO DE PERMUTA

O contrato de permuta é um acordo pelo qual ambas as partes se comprometem a trocar bens entre si, sem a necessidade de envolvimento de dinheiro como

---

11. "Art. 179. Quando a lei dispuser que determinado ato é anulável, sem estabelecer prazo para pleitear-se a anulação, será este de dois anos, a contar da data da conclusão do ato".
12. TEPEDINO, Gustavo; KONDER, Carlos Nelson; BANDEIRA, Paula Greco. *Fundamentos do direito civil*: contratos. Rio de Janeiro: Forense. 2023. v. 3. Edição do Kindle. p. 343.
13. In: PEREIRA, Caio Mário da Silva. *Instituições de Direito Civil*. Rio de Janeiro: Forense, 2006. v. 3. p. 185-186.

contraprestação principal, embora possam ser ajustadas diferenças pecuniárias se os valores dos bens não forem equivalentes.

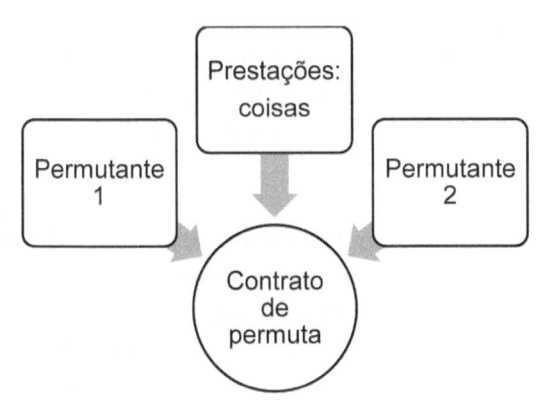

A semelhança dessa espécie contratual com o contrato de compra e venda é clara, sendo a troca essencialmente uma compra em que o pagamento ocorre utilizando um bem, em vez de dinheiro. Aqui está a diferença entre compra e venda e permuta, em termos de elementos essenciais dos contratos:

| Compra e venda |
| --- |
| • Preço, coisa e consentimento. |

| Permuta |
| --- |
| • Coisa e consentimento. |

Assim, na permuta temos como elementos essenciais o consentimento e a coisa. Falta ao contrato o elemento preço, existente na compra e venda. A questão que se coloca é: quando um bem é trocado com parte da compensação em dinheiro, isso descaracteriza a permuta?

Para responder, é necessário observar a causa do contrato de permuta com valor adicional em dinheiro. Dependendo da perspectiva adotada, pode-se ter uma permuta genuína (por exemplo, a troca de um veículo por outro, com um complemento em dinheiro) ou uma compra e venda em que parte do pagamento é feita em bens (como na venda de um imóvel, recebendo uma moto como parte do pagamento).

As despesas relativas ao instrumento da troca serão divididas igualmente entre os contratantes. Diferentemente do contrato de compra e venda, em que se presume que os custos da escritura recaem sobre o comprador e os da tradição sobre o vendedor (art. 490 do Código Civil).

Na permuta, ambos os permutantes possuem obrigações equivalentes, sendo ambos responsáveis pela tradição de um bem. Essa igualdade de obrigações justifica a divisão equitativa dos encargos. Assim, cada permutante arcará com metade das despesas (art. 533, inciso I, do Código Civil).

Na permuta realizada entre ascendente e descendente, prevista no art. 533, inciso II, do Código Civil, existe a possibilidade de anulação do contrato quando ocorre uma troca de bens de valores desiguais entre as partes, sem o consentimento dos demais descendentes e do cônjuge do alienante.

*Exemplo prático:*

João, filho de Maria, possui um terreno em área rural e deseja adquirir uma propriedade urbana. Maria, por sua vez, possui uma casa na cidade e tem interesse em expandir suas atividades agrícolas. João e Maria firmam um contrato de permuta, em que João transfere o terreno a Maria e recebe a casa em troca. Para equilibrar a negociação, João complementa a permuta com um valor adicional.

Neste caso apresentado, não há necessidade do consentimento dos demais descendentes e do cônjuge do alienante, pois a vantagem econômica é da mãe e não do João.

## 7.3 CONTRATO DE COMODATO

O contrato de comodato é um empréstimo gratuito, em que uma das partes (comodante) cede um bem infungível para que a outra pessoa, o comodatário, o utilize por um período determinado ou para um fim específico. Ao final do contrato, o bem deve ser devolvido nas mesmas condições em que foi emprestado.

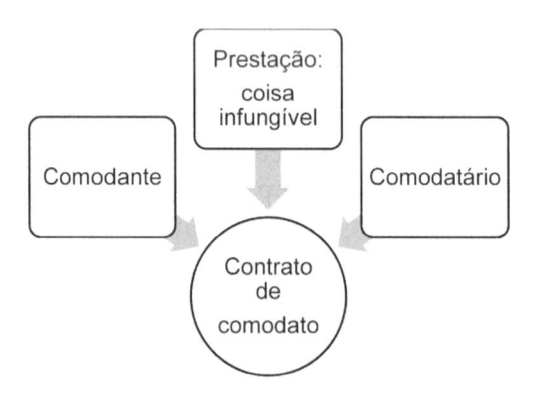

O comodato é o empréstimo gratuito de coisas infungíveis, isto é, aquele contrato pelo qual uma pessoa entrega a outra, gratuitamente, coisa não fungível, para que a utilize e depois a restitua. Daí lhe advém o nome de empréstimo de uso.[14]

As partes dessa relação são o comodante, que é o proprietário do bem, e o comodatário, que recebe o bem para utilizá-lo temporariamente, com a obrigação de devolvê-lo ao comodante ao término do empréstimo.

A principal obrigação do comodatário é conservar o bem e utilizá-lo de acordo com o contrato ou com a sua natureza (art. 582, primeira parte). As despesas ordinárias de conservação do bem são de responsabilidade do comodatário, que não poderá repassá-las ao comodante (art. 584).

No que se refere às despesas extraordinárias, estas somente poderão ser realizadas após notificação e autorização do comodante. Há entendimento de que benfeitorias somente são indenizáveis se configurarem despesas extraordinárias e urgentes. Melhorias no bem também exigem autorização prévia do comodante.

Maria Helena Diniz[15] explica que os encargos de guarda e manutenção do bem devem ser assumidos pelo comodatário, que não poderá reaver do comodante as despesas ordinárias de uso e gozo. No entanto, despesas extraordinárias, quando necessárias ou previamente autorizadas, podem ser cobradas pelo comodatário.

Também é obrigação do comodatário responder pelo aluguel se o comodatário estiver em mora (art. 582, segunda parte). No entanto, precisamos observar que o termo aluguel não foi bem empregado pelo legislador, tendo em vista que aluguel só deve ser utilizado na locação.

Em posição contrária, Roberto Senise Lisboa[16] sustenta que o comodatário deve responder pelo "pagamento do aluguel da coisa arbitrada pelo comodante e pelos riscos, aplicando-se as regras da locação". Discordamos dessa interpretação, pois entendemos que o legislador atribuiu ao aluguel um caráter de penalidade, sem a intenção de transformar a natureza do contrato em locação.[17]

---

14. PEREIRA, Caio Mário da Silva. *Instituições de Direito Civil*. Rio de Janeiro: Forense, 2006. v. 3. p. 341.
15. DINIZ, Maria Helena. *Curso de Direito Civil Brasileiro*. São Paulo: Saraiva, 2007. v. 3. p. 329.
16. LISBOA, Roberto Senise. *Manual de Direito Civil*: contratos e declarações unilaterais. v. 3. São Paulo: RT, 2005. p. 451.
17. Assim esclarece Caio Mário da Silva sobre a situação descrita no art. 582: "sancionando o dever de restituição, determina a lei que o comodatário, notificado, e assim constituído em mora, estará sujeito ao pagamento do aluguel que lhe for fixado ao arbítrio do comodante, mesmo que em cifra elevada, pois não se trata de retribuição correlativa da utilidade, mas de uma pena, a que se sujeita o contratante moroso (Código Civil, art. 582). Não pode essa fixação, no entanto, ser abusiva, já que se aplica aqui analogicamente o disposto no art. 413 do Código, que permite ao juiz a redução equitativa da multa se o montante da penalidade for manifestamente excessivo, tendo-se em vista a natureza e a finalidade do negócio". In: PEREIRA, Caio Mário da Silva. *Instituições de Direito Civil*. Rio de Janeiro: Forense, 2006. v. 3. p. 345.

*Exemplo prático*:

Marcos possui uma chácara e, sabendo que o seu sobrinho precisa de um local temporário para recuperação de uma cirurgia, decide emprestar o imóvel por três meses. Eles firmam um contrato de comodato. Marcos, como comodante, não receberá qualquer remuneração, caracterizando a gratuidade do comodato.

## 7.4 CONTRATO DE FIANÇA

A fiança é um contrato em que uma pessoa se compromete a garantir ao credor o cumprimento de uma obrigação assumida pelo devedor, caso este não a satisfaça. Trata-se de uma obrigação acessória, pois existe exclusivamente como garantia de uma obrigação alheia, como ocorre em locações e contratos bancários.

O contrato de fiança pode ser aplicado a qualquer tipo de obrigação, seja legal ou contratual, e envolve obrigações de dar, fazer ou não fazer, sendo aplicável às várias espécies contratuais. Como contrato acessório, sua eficácia está condicionada à validade da obrigação principal.

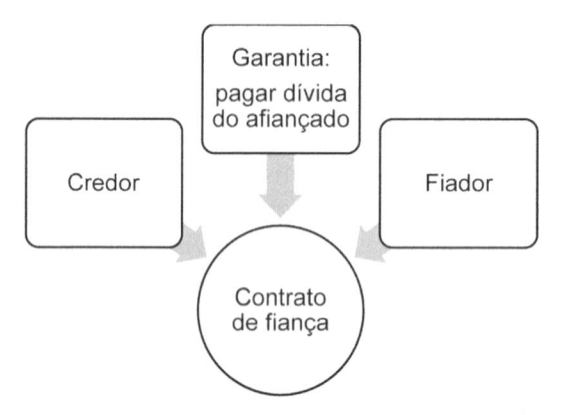

A fiança vincula o fiador, que assume a responsabilidade pelo cumprimento da obrigação principal caso o devedor a descumpra, ampliando a proteção da relação e conferindo ao credor mais proteção patrimonial.

Neste contrato de garantia, a relação jurídica será autônoma entre fiador e credor, distinto do contrato principal celebrado entre credor e afiançado. Embora seja comum o devedor indicar um fiador, frequentemente, a fiança é formalizada como uma cláusula inserida no próprio contrato principal, tal disposição não altera a autonomia e a individualidade da fiança.

Há uma restrição na fiança que é relevante para o Direito de Família: a vênia conjugal. Conforme o art. 1.647, inciso III, do Código Civil,[18] é necessário o consentimento do outro cônjuge para a validade da fiança. Assim, se o fiador for casado, a participação do cônjuge no contrato é obrigatória; caso contrário, a fiança será considerada nula. Essa exigência, contudo, não se aplica ao regime de separação de bens.

A Quarta Turma do Superior Tribunal de Justiça, por unanimidade, decidiu que é necessária a autorização do cônjuge para ser fiador, sob pena de invalidade da garantia. No REsp 1.525.638,[19] o Ministro relator Antonio Carlos Ferreira, ressaltou que permitir a prestação de fiança sem a outorga do cônjuge pode levar à alienação forçada de bens do casal, mesmo sem o consentimento ou conhecimento do outro cônjuge.

Esse risco é justamente o que o Código Civil busca evitar nos art. 1.642, incisos I e IV,[20] e 1.647, inciso II. O Ministro também aplicou ao caso a Súmula 332 do STJ,[21] que estabelece a ineficácia total da garantia quando a fiança é prestada sem a autorização de um dos cônjuges.

*Exemplo prático*:

Em uma locação imobiliária, o irmão do cônjuge assume o papel de fiador, comprometendo-se a quitar a dívida perante o locador, caso o casal, devedor principal, não efetue o pagamento dos aluguéis.

## 7.5 CONTRATO DE TRANSAÇÃO

O contrato de transação é utilizado para encerrar ou prevenir litígios, evitando ou finalizando disputas jurídicas mediante concessões mútuas. No negócio, ambas as partes renunciam a alguns direitos para alcançar um acordo e, assim, resolver a situação de maneira amigável e isto, portanto, resultada num acordo de vontades.

---

18. Art. 1.647. Ressalvado o disposto no art. 1.648, nenhum dos cônjuges pode, sem autorização do outro, exceto no regime da separação absoluta: III – prestar fiança ou aval.
19. STJ. REsp 1.525.638, Relator Ministro Antonio Carlos Ferreira, Quarta Turma. Julgado em 14.06.2022. DJe 21.06.2022.
20. Art. 1.642. Qualquer que seja o regime de bens, tanto o marido quanto a mulher podem livremente: I – praticar todos os atos de disposição e de administração necessários ao desempenho de sua profissão, com as limitações estabelecida no inciso I do art. 1.647; IV – demandar a rescisão dos contratos de fiança e doação, ou a invalidação do aval, realizados pelo outro cônjuge com infração do disposto nos incisos III e IV do art. 1.647.
21. Súmula 332 do STJ. A fiança prestada sem autorização de um dos cônjuges implica a ineficácia total da garantia.

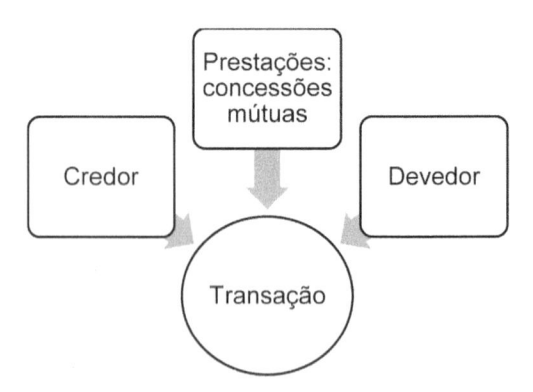

Carlos Roberto Gonçalves[22] define a transação como um negócio jurídico bilateral em que as partes fazem concessões mútuas, buscam prevenir ou encerrar disputas jurídicas, conforme disposto no art. 840 do Código Civil.

A transação, conforme disposto no art. 842 do Código Civil, pode ocorrer de forma extrajudicial ou judicial, conforme o momento e o contexto em que é celebrada. Na transação extrajudicial, as partes chegam a um acordo para prevenir um litígio, evitando que uma disputa seja levada ao Poder Judiciário. Esse tipo de transação é celebrado fora do ambiente processual e, portanto, antecede qualquer demanda judicial.

Por outro lado, a transação judicial ocorre quando as partes buscam encerrar uma demanda que já se encontra em andamento. Esse acordo pode ser formalizado com escritura pública ou por termo nos autos.

No caso de interesses que ainda não foram submetidos ao Poder Judiciário, a transação exerce uma função preventiva, estabelecendo pactos que visam evitar possíveis desentendimentos futuros. Tanto nas transações judiciais quanto nas extrajudiciais, é imprescindível que os requisitos de validade e de forma sejam rigorosamente observados.

No caso de direitos já em litígio, a transação é utilizada como um mecanismo de que dispensa a continuidade do processo, encerrando o conflito de forma consensual, mediante a homologação do julgador.

A transação exige três requisitos fundamentais para sua configuração: a existência de relações jurídicas controvertidas, a intenção de extinguir dúvidas para prevenir ou finalizar disputas, e um acordo de vontades entre as partes. Esses elementos reunidos asseguram que a transação seja realizada sob a forma de concessões recíprocas.

---

22. GONÇALVES, Carlos Roberto. *Direito Civil brasileiro*: contratos. São Paulo: Saraiva, 2008b. p. 541.

A existência de relações jurídicas controvertidas (art. 850) é um requisito essencial para a transação, pois é a partir de concessões recíprocas que as dúvidas entre as partes podem ser resolvidas. A intenção de extinguir essas dúvidas, seja para prevenir ou encerrar litígios, também é indispensável para caracterizar a transação, cujo objetivo é evitar os riscos e a morosidade de uma decisão judicial.

O acordo de vontades constitui um fundamento básico para a transação, pois esta não pode ser imposta por lei. Esse requisito implica que as partes envolvidas devem ter capacidade plena (de disposição e alienação) para celebrar o contrato.

Por fim, as concessões recíprocas são indispensáveis na transação, uma vez que, se apenas uma das partes cede, não se configura um acordo, mas sim uma renúncia, doação ou desistência.

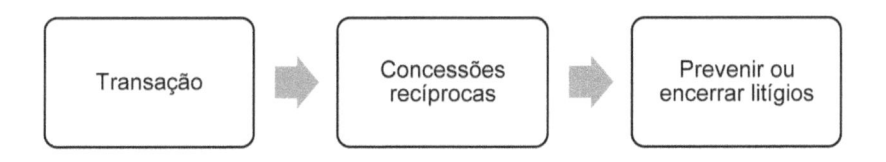

É importante ressaltar que, conforme o art. 487, inciso III, alínea "b" do Código de Processo Civil,[23] a transação judicial é causa de término do processo com resolução de mérito, conferindo ao acordo judicial a capacidade de pôr fim à lide de forma definitiva.

*Exemplo prático*:

Ana e Roberto se divorciaram recentemente. Para evitar uma longa batalha judicial, eles optaram por firmar um contrato de transação. Ana renuncia os alimentos (apenas para Ana e não para os filhos do casal), enquanto Roberto aceita contribuir com parte das despesas de moradia de Ana.

---

23. "Art. 487. Haverá resolução de mérito quando o juiz: III – homologar: b) a transação".

# 8
# CONTRATOS ATÍPICOS E CRIATIVOS

O papel da advocacia é compreender que novos contratos e novos arranjos familiares exigem contratos como ferramentas de harmonia. A criatividade do advogado se torna, aqui, uma ferramenta essencial para personalizar e atender às demandas específicas de cada cliente, respeitando suas particularidades e expectativas.

O princípio da liberdade de contratar abrange a possibilidade de as partes optarem por não adotar modelos preestabelecidos. O Código Civil consagra essa liberdade no art. 425, permitindo a estipulação de contratos atípicos, desde que respeitadas as normas gerais previstas na legislação.[1]

Neste capítulo, analisaremos quatro tipos de contratos atípicos com impactos relevantes nas relações familiares: as parcerias para cuidar de parentes, os contratos relacionados a bens digitais, os negócios jurídicos processuais em contratos conjugais, os contratos de convivência intergeracional e os contratos para famílias empreendedoras.

---

1. Caio Mário da Silva esclarece que "chamam-se típicos aqueles contratos cujas regras disciplinares são expostas e desenvolvidas nos Códigos e nas leis. São atípicos aqueles que envolvem novas relações jurídicas não especificadas no corpo dos provimentos legislativos, porém nascem criados pela imaginação ou gerados pelas necessidades econômicas". In: PEREIRA, Caio Mário da Silva. *Instituições de Direito Civil*. Rio de Janeiro: Forense, 2006. v. 3. p. 24.

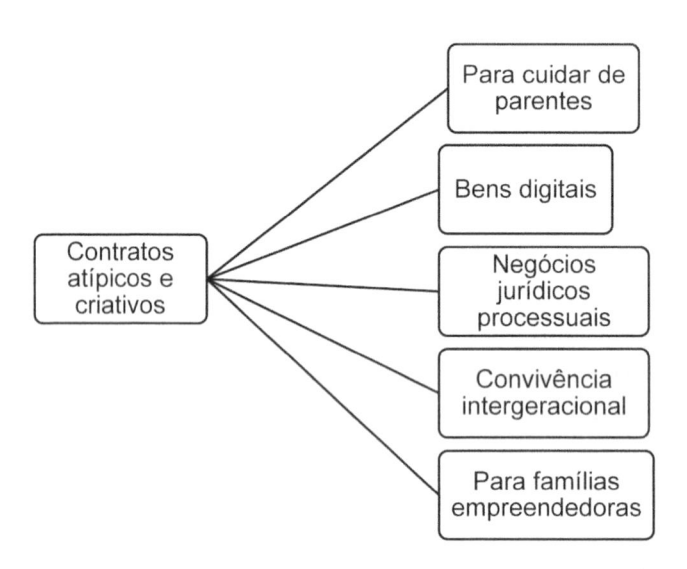

Cada contrato atípico, embora não previsto expressamente em lei, pode ser desenvolvido com base na autonomia privada, desde que observados os limites da legislação e da ordem pública.

Muitas vezes, a inversão pode ajudar a perceber *insights* óbvios que foram deixados de lado porque o problema estava sendo observado de um único ponto de vista.[2] A aplicação desse conceito ao direito contratual acaba por "inverter o olhar" do profissional que, assim, conseguirá reexaminar o panorama jurídico para criar contratos atípicos que ofereçam alternativas às partes.

## 8.1 CONTRATO DE PARCERIA PARA CUIDAR DE PARENTES

O contrato de parceria visa formalizar os cuidados e obrigações entre parentes. Todos os parceiros terão ciência e compreenderão seus papéis na assistência de alguém em situação de vulnerabilidade, como um idoso ou pessoa com necessidades especiais.

---

2. MCKEOWN, Greg. Trad. Beatriz Medina. *Sem esforço*: torne mais fácil o que é mais importante. Rio de Janeiro: Sextante, 2022. Edição do Kindle. p. 39.

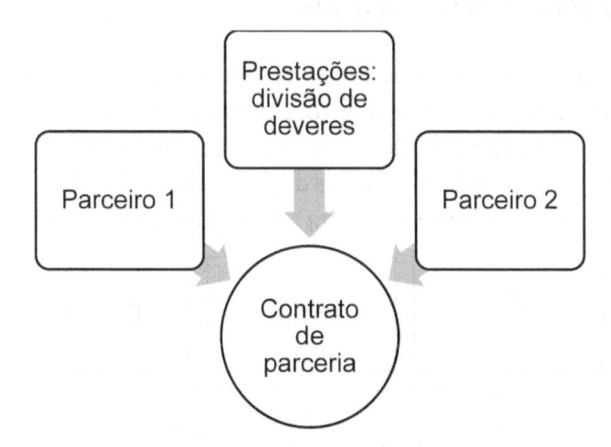

Formalizar esse tipo de parceria evita conflitos familiares e assegura que as responsabilidades sejam devidamente divididas e respeitadas. Além disso, um contrato escrito, preferencialmente registrado em cartório, pode servir para proteger os interesses do parente necessitado e promover transparência entre os envolvidos.

Ao definir de forma clara as obrigações de cada familiar, como a divisão das despesas de tratamento médico, as visitas periódicas, o acompanhamento em consultas e o apoio em atividades do dia a dia, o contrato estabelece um compromisso mútuo.

Esse tipo de contrato também pode indicar penalidades em caso de descumprimento das obrigações, como o ressarcimento por parte de um dos irmãos caso ele não cumpra uma de suas responsabilidades previamente acordadas. Além disso, é possível prever mecanismos de revisão, para ajustar as obrigações conforme as circunstâncias mudem, como a necessidade de cuidados mais intensivos por parte do parente.

Assim, a parceria formalizada é um contrato oferece maior proteção para todos os envolvidos, garantindo que os cuidados sejam compartilhados de modo equilibrado e que o parente necessitado receba o suporte de forma contínua e adequada.

*Exemplo prático*:

Três irmãos, preocupados com o bem-estar de seu pai idoso, decidiram firmar um contrato de parceria para garantir a qualidade dos cuidados a ele. No contrato, os irmãos estipularam que cada um ficaria responsável por diferentes tarefas.

## 8.2 CONTRATOS DE BENS DIGITAIS

Aprender a usar os contratos para resolver questões em aberto, como os bens digitais, no Direito Civil brasileiro, é uma necessidade urgente. Perguntas importantes exigem reflexões e devem ser consideradas nos contratos familiares, tais como: com quem ficarão os moedas digitais, sites, e-books, milhas aéreas, ou perfis em redes sociais? Como será feita a avaliação desses bens?

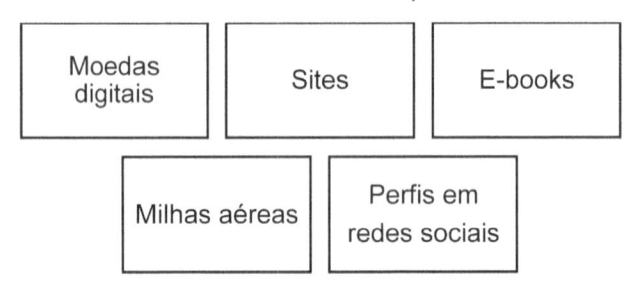

Os bens digitais são informações de caráter pessoal presentes na internet, podendo ou não ter conteúdo patrimonial.[3] Esses bens, que vêm ganhando cada vez mais importância no patrimônio das pessoas, necessitam de atenção especial na elaboração de contratos e durante o planejamento sucessório.

Diferentemente dos bens físicos, os bens digitais como criptomoedas, direitos de e-books, perfis monetizados em redes sociais e canais de vídeo, possuem características particulares que demandam regras específicas para garantir sua correta administração e divisão.

*Bitcoin* e criptomoedas são bens digitais que, por sua própria natureza, têm uma alta volatilidade e são armazenados de forma descentralizada. Assim, para que possam ser considerados na partilha, os contratos devem contemplar cláusulas que estabeleçam regras sobre o acesso às carteiras digitais, as chaves privadas, e a divisão proporcional desses bens entre os herdeiros.

O Enunciado 687 da IX Jornada de Direito Civil do Conselho da Justiça Federal[4] propõe que "o patrimônio digital pode integrar o espólio de bens na sucessão legítima do titular falecido, admitindo-se, ainda, sua disposição na forma testamentária ou por codicilo".

---

3. ZAMPIER, Bruno. *Bens Digitais*: cybercultura, redes sociais, e-mails, músicas, livros, milhas aéreas, moedas virtuais. 2. ed. São Paulo: Foco, 2021. p. 95.
4. CONSELHO DA JUSTIÇA FEDERAL. IX Jornada de Direito Civil. Enunciado 687. Disponível em: https://www.cjf.jus.br/enunciados/enunciado/1826. Acesso em: 25 out. 2024.

*Exemplo prático*:

Joaquim, ao elaborar seu planejamento sucessório, decidiu destinar parte de suas criptomoedas para cada um dos seus filhos. Para garantir que a partilha fosse realizada conforme sua vontade, João incluiu, no testamento, as chaves privadas de uma carteira digital de *backup*, sob a condição de que fossem disponibilizadas apenas mediante o seu falecimento.

Outro exemplo são os e-books e conteúdos digitais que possuem direitos autorais. Esses bens precisam ser tratados como ativos que, assim como qualquer outro bem patrimonial, têm valor econômico. No caso de uma partilha, os contratos precisam prever quem ficará com os direitos de comercialização desses conteúdos e como os valores recebidos com a venda ou distribuição dos bens.

*Exemplo prático*:

Marilda era autora de vários e-books publicados em plataformas digitais. No planejamento sucessório, ela incluiu uma cláusula que destinava os direitos de cada uma das obras para seu cônjuge.

Os perfis em redes sociais também exigem atenção, principalmente quando têm finalidade empresarial. Perfis monetizados, que geram receitas decorrentes de parcerias ou publicidade, podem ser entendidos como parte do estabelecimento empresarial e, por isso, precisam ser considerados na partilha.

O Enunciado 95 da III Jornada de Direito Comercial do Conselho da Justiça Federal[5] esclarece: "Os perfis em redes sociais, quando explorados com finalidade empresarial, podem se caracterizar como elemento imaterial do estabelecimento empresarial".

Nesse caso, o contrato deve prever quem ficará com a administração da conta, como os rendimentos serão distribuídos e quais serão os direitos e deveres dos herdeiros em relação ao perfil.

*Exemplo prático*:

José possuía um perfil de rede social com mais de 500 mil seguidores, que gerava receita com publicidades e promoções de marcas. No testamento, Pedro especificou que, após sua morte, sua irmã ficaria responsável pela administração do perfil, enquanto os rendimentos provenientes da atividade empresarial seriam divididos igualmente entre os demais herdeiros.

---

5. CONSELHO DA JUSTIÇA FEDERAL. III Jornada de Direito Civil. Enunciado 95. Disponível em: https://www.cjf.jus.br/enunciados/enunciado/1345. Acesso em: out. 2024.

Assim, a inclusão dos bens digitais no planejamento sucessório, expressa em declarações objetivas, garantirá a destinação do bem desejada pelo planejador e a proporcional distribuição do patrimônio. A evolução das tecnologias e o crescimento dos ativos digitais tornam cada vez mais urgente a regulamentação desses aspectos nas relações familiares e sucessórias.

## 8.3 NEGÓCIOS JURÍDICOS PROCESSUAIS E CONTRATOS CONJUGAIS

Os negócios jurídicos processuais são instrumentos pelos quais as partes podem ajustar regras específicas que irão regular determinado ato, em futuro processo judicial ou fora de um processo. No contexto dos contratos conjugais, será possível flexibilizar e personalizar os efeitos de um eventual litígio, permitindo que o casal antecipe a forma de condução de determinadas questões em caso de ruptura do vínculo afetivo.

Esse tipo de cláusula busca dar maior autonomia e previsibilidade ao casal, evitando surpresas ou decisões judiciais que possam desconsiderar suas vontades e expectativas.

Os requisitos do negócio jurídico processual são aqueles indicados no Código Civil, como sugere o Enunciado número 616 da VIII Jornada do Conselho da Justiça Federal:[6] "os requisitos de validade previstos no Código Civil são aplicáveis aos negócios jurídicos processuais, observadas as regras processuais pertinentes".

A previsão de negócios jurídicos processuais é fundamental em casos de dissolução conjugal, em que as partes querem estabelecer com antecedência o foro competente para julgar eventuais conflitos ou a adoção de métodos alternativos de solução de disputas, como a mediação.

Com base nessa ideia, apresentei uma proposta de enunciado, que foi aprovada na 1ª Jornada de Direito Notarial e Registral do Espírito Santo,[7] conforme descrito a seguir:

> Enunciado 9. É admissível que o pacto antenupcial ou o contrato de convivência contenha cláusulas de autocomposição com escalonamento para a resolução de conflitos futuros entre os cônjuges ou conviventes, prevendo, de forma progressiva, a mediação e a conciliação extrajudiciais, desde que sejam observados os direitos indisponíveis e as normas de ordem pública.

---

6. CONSELHO DA JUSTIÇA FEDERAL. VIII Jornada de Direito Civil. Enunciado 616. Disponível em: https://www.cjf.jus.br/enunciados/enunciado/1165. Acesso em: 14 out. 2024.
7. BROCCO, Carolina Romano. CYRINO, Rodrigo Reis. AURICH, Fabiana (Org.). *O sistema de Justiça e as serventias extrajudiciais*: possibilidades e tendências. São Paulo: Dialética, 2024. p. 283.

A inclusão de cláusulas de autocomposição com escalonamento no pacto antenupcial ou contrato de convivência reforça a autonomia privada, permitindo que cônjuges ou conviventes adotem soluções mais consensuais para a gestão de eventuais litígios.

Ao privilegiar instrumentos como a mediação e a conciliação antes de acionar o Poder Judiciário, tais acordos preservam as relações pessoais e patrimoniais, promovendo soluções menos conflituosas.

*Exemplo prático*:

Um casal celebrou um pacto antenupcial para incluir uma cláusula de negócios jurídicos processuais que estabelecia que, em caso de divórcio, ambos se comprometiam a resolver assuntos relacionados à divisão de bens pela mediação extrajudicial, antes de buscar o Poder Judiciário.

## 8.4  CONVIVÊNCIA INTERGERACIONAL

O contrato de convivência intergeracional é um negócio jurídico que tem por objetivo regular formas de coabitação entre pessoas de diferentes gerações, geralmente jovens e idosos.

A convivência intergeracional, formalizada por um contrato de natureza atípica, regulamentará os direitos e deveres das partes envolvidas, prevenindo conflitos e estabelecendo parâmetros para o convívio.

Esse tipo de contrato pode ser aplicado nos seguintes cenários: idosos que oferecem moradia a parentes em troca de companhia e tarefas domésticas; e famílias que hospedam parentes em seus lares mediante contrapartidas como ajuda financeira ou suporte nas atividades do dia a dia.

*Exemplo prático*:

Idoso que vive sozinho e busca apoio com pequenas tarefas do cotidiano formaliza um contrato com a sobrinha, jovem universitária, que precisa de moradia acessível próxima à sua instituição de ensino. O contrato estabelecerá critérios para o uso da residência e a forma de contraprestação para o auxílio ao idoso.

## 8.5  CONTRATOS PARA FAMÍLIAS EMPREENDEDORAS

Os contratos para famílias empreendedoras são negócios jurídicos que disciplinarão questões estratégicas e operacionais voltadas para o empreendimento familiar.

Tais instrumentos se aplicam em diversas situações, tais como: formalização de funções e responsabilidades de cada membro no negócio; definição de políticas de remuneração e distribuição de lucros; regras de entrada e saída de familiares no quadro societário; e cláusulas envolvendo o planejamento sucessório empresarial.

Além disso, os contratos podem incluir cláusulas que tratem da solução de conflitos internos, protegendo o negócio contra disputas que possam comprometer a sua estabilidade.

Aqui o objetivo principal é reforçar a sustentabilidade e a durabilidade do negócio

familiar, ao mesmo tempo em que preservam os laços afetivos entre os familiares envolvidos.

*Exemplo prático*:

Uma família possui uma pequena rede de restaurantes, administrada por dois irmãos e um primo. Para organizar a operação, os parentes firmaram um contrato de gestão do grupo empresarial. O contrato define funções e critérios de remuneração para cada parte.

Assim, os contratos para famílias empreendedoras se desdobram em alguns formatos específicos, que podem ser utilizados de forma independente ou de forma combinada, dependendo das necessidades e características do negócio familiar.

Sob a forma de negócios autônomos, incluem-se: i) acordo de sócios ou de acionistas; ii) contratos de gestão; e iii) acordo de governança familiar.

O *acordo de sócios* é voltado para os negócios familiares estruturados sob a forma societária, estabelecendo as regras da sociedade empresarial, incluindo direito de voto, distribuição de lucros, cláusulas de preferência na alienação de quotas ou ações e critérios para resolução de disputas entre sócios. No contexto familiar, torna-se importante incluir cláusulas que preservem os interesses da família, evitando a entrada de terceiros que possam comprometer os valores ou objetivos do empreendimento.

Os *contratos de gestão* tratam especificamente das responsabilidades administrativas e operacionais do negócio. Esse tipo de contrato define funções específicas, metas a serem atingidas, critérios para avaliação de desempenho e, quando aplicável, mecanismos de remuneração variável. São também utilizados para evitar sobreposições de responsabilidades e garantir maior profissionalismo na condução do negócio.

Como sabemos, uma sociedade, ao ser regularmente constituída por meio de seu registro, passa a ter personalidade jurídica própria e patrimônio independente de seus sócios. Além disso, nas atividades desempenhadas, a sociedade cumpre função social que impacta não apenas os seus sócios, mas também empregados, fornecedores, parceiros, terceiros e outros credores, frequentemente referidos como *stakeholders*.[8]

Por isso, é essencial que os contratos de gestão estejam alinhados aos objetivos estratégicos da sociedade. Ademais, as funções administrativas e operacionais devem ser desempenhadas de forma ética. Portanto, ao formalizar as relações internas com contratos bem estruturados, é possível estabelecer regras para o cumprimento das metas empresariais, quanto a manutenção de boas práticas, e o fortalecimento da imagem e da credibilidade da empresa no mercado.

O *acordo de governança familiar* é um instrumento mais abrangente, que combina elementos dos acordos de sócios, contratos de gestão e planejamento sucessório. O objetivo primordial é regular as interações familiares que impactam o negócio, como regras para a entrada de novos membros, limites à interferência de parentes não diretamente envolvidos e princípios que devem nortear as decisões estratégicas.

Já os contratos combinados, organizam-se da seguinte forma: i) acordo de sócios e gestão de bens; ii) promessa de parceria e memorando de entendimento; e iv) acordo de governança e planejamento sucessório integrado. Tudo isso veremos no próximo Capítulo.

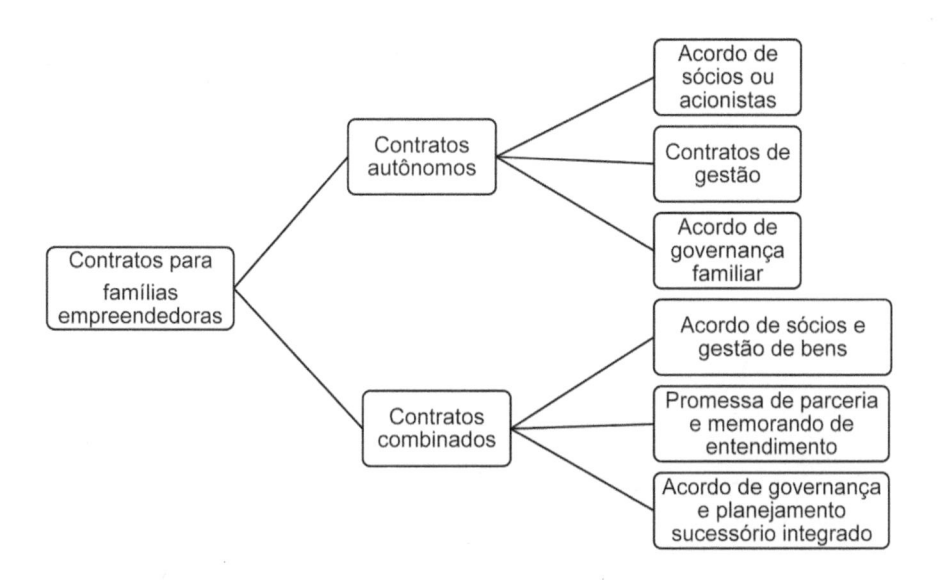

---

8. FERNANDES, Micaela Barros Barcelos. Terceiros de boa-fé, sociedade e planejamento sucessório. In: TEIXEIRA, Daniele Chaves (Coord.). *Arquitetura do planejamento sucessório*. Belo Horizonte: Fórum, 2021. t. II. p. 739.

# 9
# COMBINANDO CONTRATOS NO DIREITO DE FAMÍLIA

Conforme abordado no capítulo 2, a classificação dos contratos inclui os denominados contratos mistos e coligados, que representam formas de conexão ou coligação entre diferentes acordos.

Na prática jurídica, é bastante comum a utilização de negócios que integram ou combinam elementos de diferentes tipos contratuais, originando acordos complexos e multifacetados. A ideia é proporcionar adequação às necessidades específicas das partes envolvidas.

Conceituamos os *contratos familiares combinados* como os instrumentos utilizados para formalizar relações familiares que exigem uma diversidade de acordos em um só instrumento jurídico. Nestes negócios, as partes regulam múltiplos aspectos de sua relação em um único documento, evitando a necessidade de celebração de vários contratos separados.

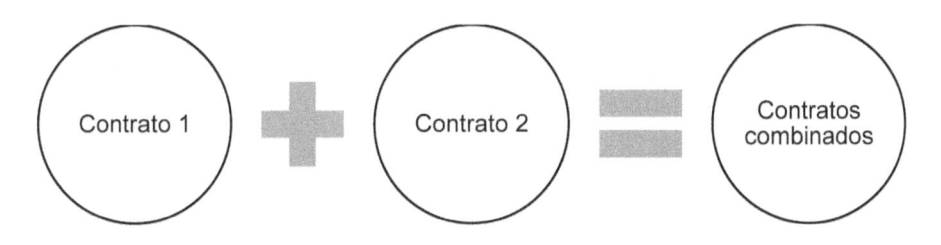

Em contextos familiares, essa combinação possibilita soluções mais adaptáveis para as partes envolvidas, sem limitá-las a um único modelo contratual.

## 9.1 DOAÇÃO, PARCERIA E COMODATO

Como um primeiro exemplo de combinação de contratos no Direito de Família, destacamos a possibilidade de combinar três contratos distintos para estruturar direitos e deveres em um planejamento patrimonial, sendo eles:

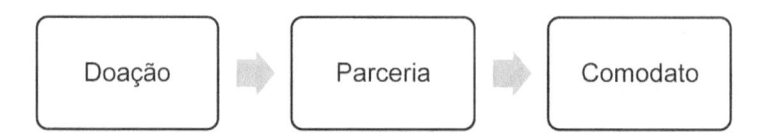

Nesse exemplo, a combinação do contrato de doação, parceria e comodato pode ser utilizada de forma personalizada para atender objetivos patrimoniais e familiares específicos.

O contrato de doação permitirá que o doador transfira bens ou vantagens de forma gratuita ao donatário, estipulando condições, como cláusulas de inalienabilidade, impenhorabilidade ou usufruto, para garantir que o bem permaneça protegido ou com destinação específica.

Já o contrato de parceria será empregado para regular a colaboração entre pessoas com interesses em comum, na administração de bens, estabelecendo responsabilidades, objetivos compartilhados e mecanismos de decisão conjunta.

O contrato de comodato complementará a organização patrimonial ao permitir o empréstimo gratuito de bens, como um imóvel para um familiar, definindo as condições de uso, conservação e devolução. A união desses instrumentos personaliza o planejamento patrimonial, conforme as necessidades das partes envolvidas.

## 9.2 ACORDO DE DIVÓRCIO E DOAÇÃO

Outro possibilidade de combinação de contratos é a integração de dois acordos com finalidades distintas: um acordo de divórcio e um contrato de doação.

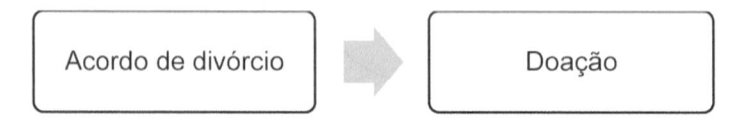

Nessa combinação, no acordo de divórcio as partes regularão a partilha do patrimônio do casal e estabelecerão que determinado imóvel será doado a um descendente, o que será formalizado por um contrato de doação, que especifica os termos e oficializa a transferência do bem ao filho.

Quando a combinação entre doação e acordo de divórcio for realizada durante o processo de dissolução do vínculo conjugal, é fundamental observar com atenção o tipo de doação a ser realizada, distinguindo entre uma doação definitiva ou uma promessa de doação ou ainda se promessa de doação aos filhos como condição para a realização de acordo referente à partilha de bens.

Isso ocorre porque a promessa de doação, sendo um ato de mera liberalidade[1], configura uma obrigação natural e, portanto, inexigível se não tiver relação com a partilha de bens do acordo de divórcio. No entanto, uma vez concretizada a doação, a obrigação torna-se plenamente exigível.

Já a promessa de doação feita aos filhos como parte integrante de um acordo relacionado à partilha de bens, em processo de divórcio dos pais, não se configura como um ato de mera liberalidade. Por esse motivo, ela pode ser exigida pelos beneficiários do ato.[2]

## 9.3 ACORDO DE SÓCIOS E GESTÃO DE BENS

Outro forma é a integração do acordo de sócios e gestão de bens, uma combinação que se mostra particularmente eficaz no contexto de negócios familiares. O acordo de sócios regula os direitos, deveres e responsabilidades dos membros da sociedade empresarial em relação à tomada de decisões estratégicas, entrada e saída de sócios e distribuição de lucros. Já o contrato de gestão de bens organiza o patrimônio vinculado à sociedade, prevendo regras para sua administração e proteção.

Acordo de sócios → Gestão de bens

A integração é relevante, por exemplo, em situações em que membros da família possuem quotas societárias e, ao mesmo tempo, participam da administração de bens comuns. Nessa conexão, serão estabelecidos mecanismos

---

1. A 5ª Turma Cível do Tribunal de Justiça do Distrito Federal e Territórios, ao analisar um caso em grau de recurso, entendeu que o pai poderia se retratar da promessa de doação. Citando precedentes do Superior Tribunal de Justiça, o relator destacou que uma promessa de doação, quando não vinculada a um encargo, é retratável por ser uma liberalidade. O tribunal considerou que, enquanto a doação não fosse formalizada, o pai tinha o direito de desistir. Além disso, foi enfatizado que, como o bem pertencia exclusivamente ao pai e a promessa não interferia na partilha do divórcio, sua desistência era válida. Também foi apontado que, por se tratar de bem imóvel, a doação deveria ter sido formalizada por escritura pública, o que não ocorreu. Disponível em: https://www.tjdft.jus.br/consultas/processuais/2a-instancia. Acesso em: 23 nov. 2024.

2. "1. Não constitui ato de mera liberalidade a promessa de doação aos filhos como condição para a realização de acordo referente à partilha de bens em processo de separação ou divórcio dos pais, razão pela qual pode ser exigida pelos beneficiários do respectivo ato. 2. A sentença homologatória de acordo celebrado por ex-casal, com a doação de imóvel aos filhos comuns, possui idêntica eficácia da escritura pública. 3. Possibilidade de expedição de alvará judicial para o fim de se proceder ao registro do formal de partilha. 4. Recurso especial provido" (Superior Tribunal de Justiça. REsp 1.537.287/SP, Relator Ministro Ricardo Villas Bôas Cueva, Terceira Turma. Julgado em 18.10.2016. DJe 28.10.2016).

para evitar conflitos, como a definição de critérios para a alienação de bens empresariais ou a destinação de rendimentos provenientes das atividades da sociedade.

*Exemplo*:

Pai decide transferir quotas da empresa familiar para seu filho. Assim, é celebrado um contrato de acordo de sócios e, dentro de mesmo negócio jurídico, um acordo para a gestão de bens.

## 9.4 PARCERIA E MEMORANDO DE ENTENDIMENTO

A integração de contratos, viabilizada por documentos como a promessa de parceria e o memorando de entendimento, proporciona a construção de um alicerce sólido para relações jurídicas que exigem cooperação entre as partes.

```
┌─────────────────────┐         ┌─────────────────────┐
│                     │         │                     │
│ Promessa de parceria│   ➡️    │   Memorando de      │
│                     │         │   entendimento      │
│                     │         │                     │
└─────────────────────┘         └─────────────────────┘
```

Esses instrumentos são utilizados tanto no contexto empresarial quanto em planejamentos patrimoniais, sendo que cada negócio cumpre uma função específica, mas em conjunto, formam um arcabouço protetivo para regular e administrar interesses dos envolvidos, conforme vimos no Capítulo 2 ao estudarmos as cláusulas estratégicas.

A promessa de parceria é um contrato preliminar que regula objetivos de cooperação futura. A ideia principal será criar um caminho para a execução de negócios, resguardando a boa-fé e as expectativas legítimas. Já o memorando de entendimento, também conhecido como *memorandum of understanding (MOU)*, é um documento que registra os principais pontos acordados entre as partes durante as negociações preliminares, servindo como uma base para a formalização de contratos futuros.

O memorando de entendimento figura como guia para registrar os principais pontos a serem alcançados entre as partes, podendo incluir cláusulas sobre obrigações, prazos e formas de execução, proporcionando uma estrutura inicial para o vínculo contratual.

No âmbito familiar, a promessa de parceria e o memorando de entendimento podem ser utilizados para alinhar expectativas em diversas situações, como na estruturação de holding, gestão compartilhada de bens, doações ou investimentos comuns, quando envolvem múltiplos beneficiários ou interesses econômicos distintos.

## 9.5 GOVERNANÇA E PLANEJAMENTO SUCESSÓRIO

O acordo de governança e planejamento sucessório é um instrumento jurídico que combina regras de administração empresarial com medidas para a transmissão de patrimônio e poder dentro de um grupo familiar. Tal acordo tem como objetivo organizar o negócio para famílias que desejam preservar seus valores e proteger o patrimônio ao longo das gerações.

Sua aplicação é fundamental para as famílias empreendedoras, já que o acordo define as responsabilidades e os direitos dos membros envolvidos, as regras para ingresso de novas gerações e os critérios para a transmissão de quotas societárias.

Como destaca Micaela Barros,[3] a morte de um sócio que desempenha um papel central no sucesso da sociedade, por sua gestão, capacidade de captação de clientela e relevância estratégica para as relações comerciais, pode gerar impactos tanto na dinâmica interna e no valor patrimonial do negócio. Tais circunstâncias evidenciam a importância do planejamento sucessório, que possa antecipar e mitigar os efeitos da ausência do sócio na continuidade das atividades empresariais e no equilíbrio das relações societárias.

A combinação proposta entre governança e planejamento sucessório, portanto, busca vincular decisões estratégicas do negócio ao futuro, prevendo a transferência de ações ou quotas para herdeiros previamente capacitados. Além disso, protege os demais membros do quadro societário contra desequilíbrios que possam surgir devido à entrada de herdeiros sem preparo ou sem o alinhamento aos objetivos da empresa.

Nesse contexto, tal contrato combinado estabelece regras para a continuidade da liderança e para a transição de ativos. Vejamos algumas cláusulas que regulam tal transição: cláusulas que condicionem a transmissão de quotas a requisitos como capacitação prévia e aprovação por um conselho familiar ou administrativo; cláusulas com mecanismos para o caso de disputas sucessórias, como a previsão de mediação obrigatória para resolução de conflitos; e cláusulas que protejam o patrimônio empresarial, restringindo a venda de quotas para terceiros ou estipulando condições para a alienação de bens.

---

3. FERNANDES, Micaela Barros Barcelos. Terceiros de boa-fé, sociedade e planejamento sucessório. In: TEIXEIRA, Daniele Chaves (Coord.). *Arquitetura do planejamento sucessório*. Belo Horizonte: Fórum, 2021. t. II. p. 746.

*Exemplo prático*:

Uma família que administra uma indústria decide celebrar um acordo de governança e planejamento sucessório. O objetivo central é a criação de regras para que as decisões estratégicas sejam tomadas por um conselho administrativo. O acordo prevê ainda a criação de um fundo de reserva para a aquisição de ações caso um dos herdeiros queira se desligar da sociedade.

Esses contratos combinados são úteis em situações em que há uma sobreposição de direitos, deveres e interesses em jogo. Dessa forma, o objetivo é trazer uma solução integrada, que atenda às necessidades específicas do cliente.

Em suma, a combinação de contratos no Direito de Família, ajustando as situações especiais e os vínculos obrigacionais, promove uma regulação mais personalizada das relações.

# 10
# PLANEJAMENTO SUCESSÓRIO

O planejamento sucessório é um instrumento utilizado para resguardar que a transmissão do patrimônio ocorra em conformidade com os desejos do planejador. O planejamento evita conflitos entre herdeiros, reduz o tempo de tramitação do inventário e minimiza os custos envolvidos. O patrimônio construído ao longo da vida, portanto, será protegido e distribuído conforme os objetivos do planejador.

Como noção conceitual, definimos o planejamento sucessório como um meio de deliberar a transmissão hereditária de bens, interesses e direitos do planejador antecipadamente ao seu falecimento. O uso de ferramentas contratuais é um meio colocado à disposição do planejador para a estruturação da sua sucessão.

De acordo com Marcos Ehrhardt Junior,[1] o planejamento sucessório consiste em "série de instrumentos direcionados a uma mesma finalidade: fazer valer as disposições de última vontade do proprietário dos bens, evitando conflitos póstumos".

Esse processo exige a definição de metas, a escolha das melhores estratégias, a análise de custos e das consequências presentes e futuras de cada decisão.

O foco é garantir o cumprimento das disposições de última vontade do titular do autor da herança, prevenindo disputas entre herdeiros e terceiros, que geram consequências indesejadas para todos os envolvidos.

---

1. EHRHARDT JUNIOR, Marcos. Planejamento sucessório na perspectiva do advogado. In: TEIXEIRA, Daniele Chaves (Coord.). *Arquitetura do planejamento sucessório*. Belo Horizonte: Fórum, 2019. t. II. Edição do Kindle. p. 538.

Tudo isso aumenta a demanda por uma maior liberdade para o titular do patrimônio, permitindo-lhe direcionar os bens conforme considera mais adequado, seja para maximizar a funcionalidade de seu patrimônio e assegurar a continuidade dos negócios, seja para atender às necessidades específicas dos herdeiros.[2]

Como uma vantagem de se fazer o planejamento sucessório, Daniele Teixeira[3] destaca: "a possibilidade de se pagar menos impostos. Com a organização fiscal e tributária, pode-se economizar dentro dos limites legais impostos pelo ordenamento".

Para isso, a primeira regra do planejamento sucessório está ligada à proteção da legítima, ou seja, a parte da herança destinada aos herdeiros necessários.[4] De acordo com o sistema jurídico brasileiro, essa legítima corresponde a cinquenta por cento do patrimônio do autor da herança, conforme disposto no art. 1.846 do Código Civil.

Apesar da exigência de garantir igualdade entre os herdeiros necessários, os ascendentes preservam a liberdade de destinar, até metade de seu patrimônio, conforme sua vontade. Assim, podem optar por uma distribuição desigual na parte disponível, até mesmo entre os próprios filhos.

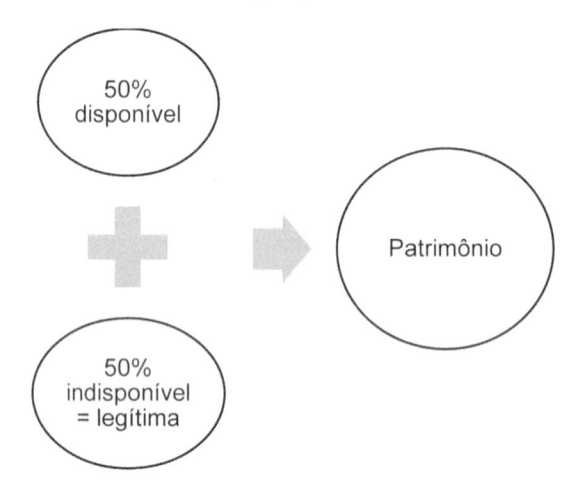

---

2. OLIVEIRA, Alexandre Miranda. TEIXEIRA, Ana Carolina Brochado. Qualificação e quantificação da legítima: critérios para partilha de bens. TEIXEIRA, Daniele Chaves (Coord.). *Arquitetura do planejamento sucessório*. Belo Horizonte: Fórum, 2021. t. II. Edição Kindle. p. 37.

3. TEIXEIRA, Daniele Chaves. Noções prévias do direito das sucessões: sociedade, funcionalização e planejamento sucessório. In: TEIXEIRA, Daniele Chaves (Coord.). *Arquitetura do planejamento sucessório*. 2. ed. Belo Horizonte: Fórum, 2019. t. I. p. 43.

4. HIRONAKA, Giselda Maria Fernandes Novaes; TARTUCE, Flávio. Planejamento sucessório: conceito, mecanismos e limitações. *Revista Brasileira de Direito Civil*, Belo Horizonte, v. 21, p. 87-109, jul./set. 2019. p. 90.

Ressalta-se que planejamento patrimonial sucessório não é apenas uma ferramenta para os grandes patrimônios, também é utilizada para o planejador que deseja garantir que seus bens sejam transmitidos em observância à sua vontade, evitando incertezas que muitas vezes geram desentendimentos no seio familiar.

A segunda regra do planejamento envolve a escolha e a utilização de diferentes instrumentos, como testamentos, doações, previdência privada, seguros de vida e acordos específicos que asseguram a proteção e a administração dos bens, tanto durante a vida do planejador quanto após seu falecimento.

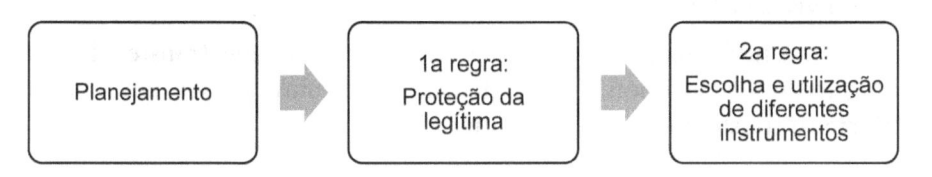

## 10.1 TESTAMENTOS

A inclusão de cláusulas sucessórias em testamentos é uma prática comum para garantir que os filhos, os cônjuges e os companheiros recebam os bens de acordo com o desejo do planejador.

O testamento, de acordo com o Código Civil, contempla disposições de natureza patrimonial, bem como cláusulas de caráter não patrimonial, conforme previsto no art. 1.857, § 2º.

No entanto, é importante lembrar que o ordenamento jurídico brasileiro estabelece regras rígidas de reserva da legítima aos herdeiros necessários, estabelecendo que parte do patrimônio deve ser destinada a esses herdeiros, independentemente da vontade expressa no contrato ou no testamento.

*Exemplo prático*:

Um casal em união estável, cada um com filhos de uniões anteriores, decide celebrar um pacto de convivência no qual estabelecem que, em caso de falecimento, uma porcentagem do patrimônio será destinada ao companheiro sobrevivente, enquanto a outra parte será reservada para os filhos de cada cônjuge.

## 10.2 DOAÇÕES

No Capítulo 7, vimos que os "contratos com vínculos predominantemente obrigacionais" são negócios jurídicos de natureza patrimonial que, embora possam ser aplicados em contextos familiares, não se destinam especificamente a regular as relações de natureza afetiva ou familiar. Esses contratos focam na criação de obrigações entre as partes, limitando-se aos direitos e deveres de ordem econômica.

A doação, embora possua um vínculo predominantemente obrigacional, será abordada no Capítulo 10 em razão de sua relevância no contexto do planejamento sucessório. Isso ocorre porque, além de criar obrigações entre as partes, a doação desempenha um papel estratégico na organização e transmissão do patrimônio, sendo utilizada frequentemente como uma ferramenta para antecipar a divisão de bens.

Neste sentido, na doação uma pessoa, por liberalidade, transfere bens ou vantagens do seu patrimônio para o patrimônio de outra pessoa, que os aceita, conforme disposto no art. 538 do Código Civil.

Os elementos da doação incluem a existência da intenção do doador; na prática de um ato de liberalidade; a diminuição do patrimônio do doador; e a aceitação por parte do donatário. É importante observar que o art. 539 prevê a possibilidade de aceitação tácita, o que significa que, em caso de silêncio do donatário, presume-se que este aceitou a doação.

Ressalta-se que a doação ocorrida na dissolução da sociedade conjugal tem uma questão excepcional quanto à liberalidade. O Superior Tribunal de Justiça firmou entendimento de que, na dissolução de sociedade conjugal, uma promessa de doação inserida em acordo de divórcio homologado por sentença é juridicamente exigível.

No julgamento do REsp 125.859,[5] foi deliberado que a promessa de doação possui caráter retributivo em relação ao que foi pactuado no divórcio, além de

---

5. STJ. EREsp 125.859, Relator Ministro Ruy Rosado de Aguiar. Julgado em 26.06.2002, DJ 24.03.2003.

ressaltar a importância da solenidade do ato realizado perante o juiz. Nesse contexto, a promessa de doação não é vista como um ato de mera liberalidade, mas como uma obrigação decorrente do ajuste celebrado entre as partes.

Assim, a aceitação pode ser expressa ou tácita. A aceitação expressa pode ocorrer de forma escrita, verbal ou até mesmo por gestos. Já a aceitação tácita resulta de um comportamento do donatário que seja incompatível com a recusa à liberalidade, como o silêncio do donatário ou o pagamento do ITBI. O art. 539 estabelece a regra de aceitação das doações puras.

No caso do nascituro, a aceitação da doação deve ser dada por seus representantes legais, conforme o art. 542. Quanto aos incapazes, o art. 543 dispõe que, se o donatário for absolutamente incapaz, a aceitação é dispensada, já que a doação traz benefício ao incapaz.

No caso de doação em contemplação de casamento futuro, conforme o art. 546, a aceitação é considerada tácita e não pode ser impugnada por falta de aceitação. No entanto, a doação ficará sem efeito caso o casamento não se realize.

Em doações de pais a filhos, será necessário seguir uma etapa específica: a colação na herança (art. 1.786), também conhecida como adiantamento da legítima. Caso o contrato de doação tenha por objeto a transferência de bens da parte disponível, deverá existir cláusula expressa neste sentido.

A colação (arts. 2.002 a 2.012 do Código Civil) garante a igualdade entre os herdeiros necessários no momento da partilha da herança, pois determina que os bens doados em vida pelo autor da herança a qualquer herdeiro necessário sejam trazidos ao inventário, integrando o monte partilhável, para igualar os quinhões hereditários.

A obrigatoriedade da colação decorre da proteção da legítima. Contudo, se o autor da herança manifestar de forma expressa no contrato de doação que determinado bem não será objeto de colação, desde que respeite os limites da parte disponível de seu patrimônio.

Somente acontecerá a dispensa da colação mediante manifestação expressa e formal do doador, estabelecendo que a doação incida sobre a parte disponível de seu patrimônio, conforme previsto do art. 2.005 do Código Civil.

Para o cálculo correto do valor dos bens a serem colacionados, surge uma relevante questão, decorrente da aparente divergência entre os art. 2.003 e 2.004 do Código Civil e o art. 639 do Código de Processo Civil, que preveem critérios distintos para a colação.

O Código Civil estabelece que o valor deve ser apurado com base no momento da liberalidade, o Código de Processo Civil prevê o retorno do bem ao espólio para fins de colação. A interpretação que melhor concilia essas disposições é aquela que assegura a igualdade das legítimas, preservando a coerência do ordenamento jurídico como um todo.

Assim, se o bem doado a título de adiantamento da legítima ainda integrar o patrimônio do donatário na data da abertura da sucessão, deverá ser colacionado pelo seu valor atualizado. Por outro lado, caso o bem não esteja mais com o donatário, sua colação ocorrerá de acordo com os seguintes critérios:[6] i) pelo valor atribuído na data da liberalidade, corrigido monetariamente, quando o bem tenha sido transmitido gratuitamente, consumido ou perecido, independentemente de culpa; ou ii) pelo valor da alienação, também corrigido, caso o bem tenha sido vendido de forma onerosa.

Este é o entendimento adotado no Enunciado 644 da VIII Jornada de Direito Civil:[7]

> Os arts. 2.003 e 2.004 do Código Civil e o art. 639 do CPC devem ser interpretados de modo a garantir a igualdade das legítimas e a coerência do ordenamento. O bem doado, em adiantamento de legítima, será colacionado de acordo com seu valor atual na data da abertura da sucessão, se ainda integrar o patrimônio do donatário. Se o donatário já não possuir o bem doado, este será colacionado pelo valor do tempo de sua alienação, atualizado monetariamente.

Ressalta-se que a inclusão de cláusulas específicas em contratos de doação é primordial para assegurar a natureza da doação e evitar futuros conflitos entre os herdeiros.

*Exemplo prático*:

Um pai decide doar um imóvel para seu filho, mantendo o usufruto do bem até sua morte. O contrato de doação é formalizado com cláusulas que garantem que o pai poderá residir no imóvel até seu falecimento, sem que o filho possa vendê-lo ou hipotecá-lo até o fim do usufruto.

---

6. Gustavo Tepedino esclarece que "Tal construção permite harmonizar a lei processual civil, que se refere ao valor do bem na abertura da sucessão – justamente por este ser o benefício atual recebido pelo herdeiro – com a lei civil, que, ao aludir à data da liberalidade, pretende alcançar a estimativa econômica que a liberalidade proporcionou ao patrimônio do herdeiro despojado do bem. Sendo certo que, na hipótese de alienação onerosa, tal estimativa econômica corresponde aos valores obtidos com a venda. Nesta direção, o critério do valor do bem na data de alienação revela o benefício econômico efetivamente obtido pelo donatário com o adiantamento de sua legítima, neutralizando eventuais oscilações de valor verificadas entre a data da liberalidade e o momento posterior de sua avaliação, quer por estimativa (data da alienação), quer por sua avaliação atual (abertura da sucessão)". In: TEPEDINO, Gustavo. A colação e o critério de apuração do valor das liberalidades recebidas pelos herdeiros necessários. *Revista Brasileira de Direito Civil*, Belo Horizonte, v. 21, p. 11-13, jul./set. 2019.
7. CONSELHO DA JUSTIÇA FEDERAL. VIII Jornada de Direito Civil. Enunciado 644. Disponível em: https://www.cjf.jus.br/enunciados/enunciado/1183. Acesso em: 14 out. 2024.

## 10.3 PARTILHA EM VIDA

Entendida como uma situação excepcional aos pactos sucessórios, a partilha em vida implica a doação de todo o patrimônio doador, desde que ele reserve recursos suficientes para sua própria subsistência, o que pode se viabiliza, por exemplo, pela reserva de usufruto.

Conforme Paulo Lôbo,[8] a partilha em vida pode ser implementada sob três modalidades: a testamentária, a doação e a partilha *inter vivos*.

A partilha está prevista no art. 2.018 do Código Civil: "é válida a partilha feita por ascendente, por ato entre vivos ou de última vontade, contanto que não prejudique a legítima dos herdeiros necessários".

Se não for realizada a reserva para subsistência, pode ser caracterizada a doação universal, prática proibida pelo ordenamento jurídico, de acordo com o art. 548 do Código Civil.

*Exemplo prático:*

Joaquim possui uma pequena empresa familiar e decide fazer uma partilha em vida dos bens. Ele opta por transferir as quotas da empresa para seus dois filhos, mas mantém o controle e a administração da empresa durante sua vida.

## 10.4 PROTEÇÃO PATRIMONIAL

Nos contratos familiares, sobretudo nas doações, é comum a inclusão das cláusulas de inalienabilidade, impenhorabilidade e incomunicabilidade como forma de proteger o patrimônio familiar de dívidas ou de futuros cônjuges dos filhos.

A cláusula de inalienabilidade impede a venda do bem pelo herdeiro, enquanto a impenhorabilidade protege o bem contra terceiros credores. Já a incomunicabilidade assegura que o bem não será incluído no patrimônio comum do cônjuge do herdeiro, em caso de casamento ou união estável.

| Inalienabilidade: impede a venda. | Impenhorabilidade: impede a penhora. | Incomunicabilidade: impede a comunicação do bem. |
|---|---|---|

---

8. LÔBO, Paulo Luiz Netto. *Direito civil*: sucessões. 5. ed. São Paulo: Saraiva, 2019. v. 6. p. 315.

Questão importante é considerar se essas medidas podem ser afastadas judicialmente. A Terceira Turma do Superior Tribunal de Justiça determinou o cancelamento das cláusulas de inalienabilidade e impenhorabilidade de um imóvel doado há cerca de 20 anos, considerando que, com o tempo, o bem passou a gerar mais ônus do que vantagens para os donatários. O STJ concluiu que a remoção do gravame atendia de forma mais adequada à vontade original dos doadores.

No caso, um casal de idosos ingressou com ação para a extinção das cláusulas restritivas que incidiam sobre um imóvel rural, recebido como doação dos pais de um deles.[9]

*Exemplo prático:*

Um pai doa a seus filhos um terreno rural, incluindo no contrato uma cláusula de incomunicabilidade, que garante que, mesmo que seus filhos se casem, o terreno não poderá ser incluído no patrimônio comum do casal.

## 10.5 PROTEÇÃO MENORES E INCAPAZES

Nos casos de planejamentos envolvendo crianças ou pessoas incapazes, as garantias são ainda mais importantes. Isso porque o ordenamento jurídico brasileiro estabelece que os interesses de menores e incapazes devem ser prioritariamente protegidos em qualquer situação. Portanto, contratos familiares

---

9. "Recurso Especial. Direito Civil. Estatuto da Pessoa Idosa. Doação. Imóvel Rural. Cláusulas de Inalienabilidade e Impenhorabilidade. Cancelamento. Possibilidade. Art. 1.848 do Código Civil. Interpretação Sistemática e Teleológica. Critérios Jurisprudenciais. Presença. Recurso especial interposto contra acórdão publicado na vigência do Código de Processo Civil de 2015 (Enunciados Administrativos 2 e 3). Cinge-se a controvérsia a definir se o cancelamento das cláusulas de inalienabilidade e impenhorabilidade melhor promoveria os direitos fundamentais dos recorrentes, pessoas idosas, e se existe ou não justa causa para o levantamento dos gravames no imóvel rural dos recorrentes. No caso, a alegação de afronta aos arts. 2º, 3º e 37 do Estatuto da Pessoa Idosa deve ser analisada em conjunto com a arguição de violação do art. 1.848 do CC/2002, por meio de interpretação sistemática e teleológica. A possibilidade de cancelamento das cláusulas de inalienabilidade e impenhorabilidade instituídas pelos doadores depende da observação de critérios jurisprudenciais: (i) inexistência de risco evidente de diminuição patrimonial dos proprietários ou de seus herdeiros (em especial, risco de prodigalidade ou de dilapidação do patrimônio); (ii) manutenção do patrimônio gravado que, por causa das circunstâncias, tenha se tornado origem de um ônus financeiro maior do que os benefícios trazidos; (iii) existência de real interesse das pessoas cuja própria cláusula visa proteger, trazendo-lhes melhor aproveitamento de seu patrimônio e, consequentemente, um mais alto nível de bem-estar, como é de se presumir que os instituidores das cláusulas teriam querido nessas circunstâncias; (iv) ocorrência de longa passagem de tempo; e, por fim, nos casos de doação, (v) se já sejam falecidos os doadores. Na hipótese, todos os critérios jurisprudenciais estão presentes. Recurso especial provido" (Superior Tribunal de Justiça. REsp 2.022.860, Relator Ministro Ricardo Villas Bôas Cueva, Terceira Turma. Julgado em 27.09.2022. DJe 30.09.2022).

que envolvam bens ou direitos de menores devem ser feitos com muita cautela e, conforme determinado em lei, com a autorização judicial.

Em casos de falecimento do planejador, ou em situações em que um dos genitores não está apto a cuidar de seus filhos, a tutela ou a curatela podem ser estabelecidas. Contratos ou acordos familiares podem prever quem assumirá essas funções e como os bens dos filhos serão administrados, sempre em conformidade com a lei.

No planejamento familiar, quando há menores envolvidos, os contratos devem prever como o patrimônio será administrado até que os filhos atinjam a maioridade. Essa é uma questão decisiva, pois evita que o patrimônio seja dilapidado ou mal administrado durante a infância ou adolescência dos filhos.

*Exemplo prático*:

Um casal celebra um contrato de convivência e, tendo um filho menor, decide estipular que, em caso de falecimento de ambos, os avós maternos assumirão a tutela do filho.

## 10.6 PREVIDÊNCIA PRIVADA

A previdência privada é uma ferramenta relevante no planejamento sucessório, pois os titulares asseguram uma renda futura aos beneficiários e, ao mesmo tempo, promovem uma organização financeira eficiente para proteger o patrimônio familiar.

A previdência complementar aberta disponibiliza planos para qualquer pessoa interessada. Entre esses planos estão o VGBL e o PGBL, ambos voltados para sobrevivência: o VGBL é caracterizado como seguro de pessoas, enquanto o PGBL pertence à previdência complementar aberta. Após um período de acumulação de recursos, chamado de período de diferimento, os planos proporcionam aos participantes uma renda mensal – que pode ser vitalícia ou por tempo determinado – ou um pagamento único.[10]

Diferente dos bens comuns do inventário, a previdência privada não necessariamente entra na partilha,[11] podendo ser destinada diretamente aos beneficiários indicados no contrato, de forma mais célere e menos burocrática.

---

10. NEVARES, Ana Luiza Maia. Os planos de previdência privada (VGBL e PGBL) na perspectiva familiar e sucessória: critérios para sua compatibilização com a herança e a meação. *Revista Brasileira de Direito Civil*, Belo Horizonte, v. 28, p. 257-274, abr./jun. 2021. p. 259.

11. No planejamento sucessório, para Ana Luiza Nevares, "os aportes realizados no VGBL ou no PGBL poderão ser destinados a um beneficiário que seja expressamente indicado pelo titular dos recursos, sendo pagos diretamente pela instituição financeira, fora do inventário. A questão ganha contornos

*Exemplo prático:*

João optou por um plano de previdência privada, indicando cada um dos filhos como beneficiário de uma parte dos recursos acumulados. Dessa forma, em caso de falecimento, os valores serão transferidos diretamente para os filhos, sem a necessidade de aguardar o processo de inventário.

## 10.7 SEGURO DE VIDA

O contrato de seguro é um acordo pelo qual o segurador se compromete, mediante o recebimento de um prêmio (retribuição pecuniária), a indenizar o segurado ou os seus beneficiários por um evento futuro e incerto.

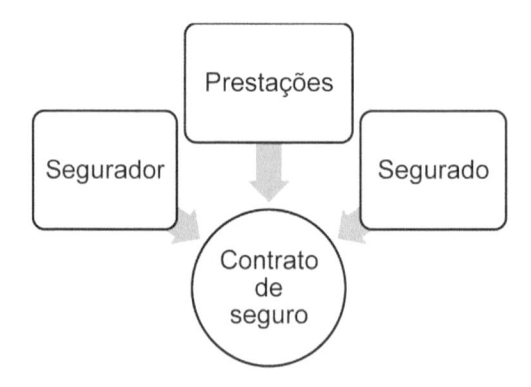

No caso do seguro de vida, o contrato é uma ferramenta essencial no planejamento sucessório, pois garante recursos financeiros imediatos aos beneficiários, em caso de falecimento do segurado, mediante um suporte financeiro em um momento delicado.

Enquadrado pelo Código Civil como uma espécie do seguro de pessoa, o seguro de vida, diferentemente de outros tipos de seguro, não possui caráter de recomposição, já que o bem segurado é a vida do segurado.[12] Nesse contexto, o capital estipulado serve para atenuar os encargos decorrentes do falecimento.

---

ainda mais instigantes na medida em que, sendo as aludidas verbas pagas independentemente do processo de inventário, argumenta-se que não devem sequer ser referidas na declaração de bens do inventário, por não integrarem a herança a ser partilhada". In: NEVARES, Ana Luiza Maia. Os planos de previdência privada (VGBL e PGBL) na perspectiva familiar e sucessória: critérios para sua compatibilização com a herança e a meação". *Revista Brasileira de Direito Civil*, Belo Horizonte, v. 28, p. 257-274, abr./jun. 2021. p. 263.

12. GAGGINI, Fernando Schwarz. *Manual dos contratos empresariais*. Indaiatuba: Foco, 2022. Edição do Kindle. p. 267.

A formatação do seguro constitui uma estipulação em favor de terceiro, caracterizada quando uma pessoa celebra um acordo com outra para proporcionar uma vantagem a um terceiro, conforme disposto no artigo 436 do Código Civil. O beneficiário deve possuir um interesse em relação ao bem segurado.

No caso do seguro de vida, não pode ser beneficiário quem está impedido de receber doações, como o cúmplice de cônjuge adúltero, ou quem causar a morte do segurado.

Diferentemente de outros bens patrimoniais, o seguro de vida não está sujeito a inventário, por se tratar de um contrato, na forma do art. 794 do Código Civil.[13] Assim, os valores pagos aos beneficiários são isentos de Imposto sobre Transmissão Causa Mortis e Doação (ITCMD),[14] o que facilita o acesso ao montante.

A conexão entre seguros de pessoas e o direito sucessório tem suscitado questionamentos há muito tempo. Argumenta-se que o prêmio pago ao beneficiário pela seguradora nunca pertenceu ao segurado contratante, justificando a previsão do art. 794 do Código Civil. Assim, o valor do seguro não se sujeita à colação, mesmo que o beneficiário seja descendente, cônjuge ou companheiro do segurado.[15]

*Exemplo prático:*

Maria contratou um seguro de vida com cobertura ampla, nomeando seus filhos como beneficiários. Assim, em caso de falecimento, os filhos terão acesso rápido ao valor do seguro, o que poderá ajudá-los a arcar com as despesas do dia a dia e evitar dificuldades financeiras até que o inventário seja concluído.

## 10.8 *HOLDING*

A holding familiar é uma ferramenta de planejamento patrimonial e sucessório que visa organizar e proteger o patrimônio de uma família. A estruturação se faz com a constituição de uma empresa para concentrar e administrar bens e participações societárias da família, de forma a garantir a gestão, a preservação do patrimônio ao longo do tempo e trazer benefícios tributários.

---

13. "Art. 794. No seguro de vida ou de acidentes pessoais para o caso de morte, o capital estipulado não está sujeito às dívidas do segurado, nem se considera herança para todos os efeitos de direito".
14. No REsp 1.961.488 – RS, a Terceira Turma do STJ entendeu que os valores de VGBL não fazem parte da herança e não estão sujeitos à incidência de ITCMD (STJ. REsp 1.961.488, Relatora Assusete Magalhães, Terceira Turma. Julgado 16.11.2021. DJe 17.11.2021).
15. Ana Luiza Nevares defende que, caso o herdeiro receba o seguro de vida, ele deve colacionar as prestações pagas pelo ascendente ou consorte para a contratação do seguro, uma vez que esses valores efetivamente saíram do patrimônio do falecido, diferentemente do capital segurado. In: NEVARES, Ana Luiza Maia. Os planos de previdência privada (VGBL e PGBL) na perspectiva familiar e sucessória: critérios para sua compatibilização com a herança e a meação". *Revista Brasileira de Direito Civil*, Belo Horizonte, v. 28, p. 257-274, abr./jun. 2021. p. 261.

No contexto do planejamento sucessório, a holding possibilita que os herdeiros recebam as quotas da empresa, em vez de realizarem uma partilha tradicional dos bens. Além disso, o patriarca ou a matriarca da família continuará a exercer o controle e a gestão dos bens, mesmo após a transferência das quotas aos herdeiros, a partir de regras estabelecidas no contrato social.

A constituição de uma holding familiar envolve diversas etapas. A primeira consiste na definição do objetivo da holding, que pode ser a organização da sucessão ou a gestão do patrimônio. A segunda etapa é a escolha do tipo societário, que pode ser uma sociedade limitada (Ltda.) ou uma sociedade anônima (S/A), dependendo da complexidade da estrutura e dos objetivos da família.

A terceira consiste na elaboração do contrato social ou estatuto, documento que estabelece as regras de funcionamento da holding, como a administração, os direitos e os deveres dos sócios e a distribuição de dividendos. O capital social deve ser definido e integralizado mediante a transferência de bens e participações societárias. Após a elaboração do contrato, a holding deve ser registrada na Junta Comercial e obter o Cadastro Nacional de Pessoa Jurídica junto à Receita Federal.

A quarta etapa é a estruturação do planejamento tributário. Por isso, é essencial contar com apoio jurídico interdisciplinar em direito societário, tributário e planejamento sucessório, para garantir que todos os procedimentos sejam cumpridos e que os objetivos da família sejam atingidos.

*Exemplo prático*:

Maria, uma empresária que acumulou ao longo dos anos imóveis e participações em empresas, decidiu criar uma holding familiar. Ela transferiu todos os seus imóveis e suas participações societárias para a holding, e dividiu as quotas da empresa entre os filhos.

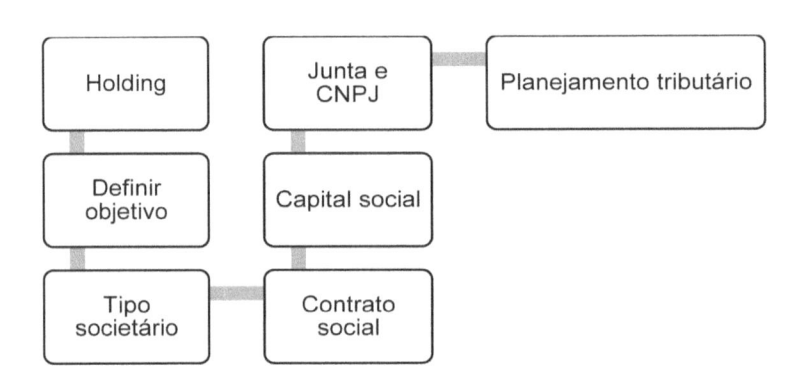

## 10.9  GESTÃO DA SUCESSÃO

A gestão da sucessão buscar promover a continuidade e a proteção dos interesses patrimoniais e familiares ao longo das gerações. Trata-se de planejar e organizar a transferência de bens, direitos e obrigações, com o objetivo de minimizar conflitos entre herdeiros.

O processo de gestão é relevante para famílias que possuem empresas, imóveis, investimentos e outros ativos de valor, definindo previamente quem será responsável pela administração e distribuição desses bens, alinhando expectativas e prevenindo disputas.

Um planejamento sucessório bem estruturado pode ser implementado com instrumentos variados, conforme abordado anteriormente, mas cada um deles exige uma gestão adequada para alcançar seu propósito. Tais ferramentas são adaptáveis às necessidades específicas de cada família, considerando fatores como o regime de bens adotado, o perfil dos herdeiros e as peculiaridades do patrimônio.

A gestão da sucessão também reduz o custo e o tempo envolvidos em processos de inventário, sejam eles judiciais ou extrajudiciais.

*Exemplo prático*:

Antônio, proprietário de vários imóveis, decide organizar sua sucessão para evitar conflitos entre seus filhos. Para isso, uma holding familiar é criada, transferindo para a empresa os ativos dos imóveis. Seus filhos tornam-se acionistas da holding, com cláusulas específicas para distribuição de lucros e administração. Além disso, Antônio firma um pacto de sócios, definindo critérios para entrada e saída de herdeiros, e elabora um testamento para organizar a divisão dos bens pessoais.

## 10.10 PACTO ANTENUPCIAL E PLANEJAMENTO

Como estudamos no Capítulo 5, o pacto é um negócio jurídico celebrado antes do casamento, no qual as partes podem definir direitos e deveres de natureza patrimonial e existencial, possuindo natureza formal e consensual.

A legislação brasileira atual estabelece total relação entre o regime de bens, o direito das sucessões e, consequentemente, o planejamento sucessório. Isso ocorre porque o cônjuge, considerado herdeiro necessário, concorre com outros herdeiros, como descendentes e ascendentes, na partilha de bens.

Além disso, a vocação sucessória do cônjuge, quando há concorrência com descendentes, é diretamente influenciada pelo regime de bens escolhido no casamento ou na união estável.

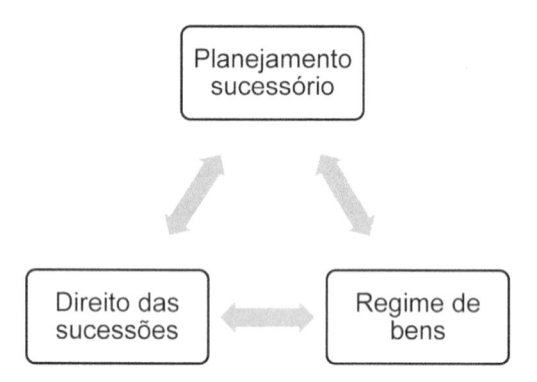

Dessa forma, o regime de bens desempenha um papel central no planejamento patrimonial, atuando como um ponto estratégico para organizar e antecipar os efeitos jurídicos da sucessão.

E é aí que entra o pacto antenupcial, que não precisa ser utilizado apenas para tratar do regime de bens do casal, existindo diversas possibilidades para verdadeiramente delimitar aspectos variados do patrimônio e da sua gestão, o que impactará no planejamento.

Para tal planejamento, poderão ser ajustadas cláusulas específicas. Essas cláusulas dividem-se em cinco núcleos: antes do casamento, após o casamento, existenciais, relativas aos filhos e em caso de divórcio.

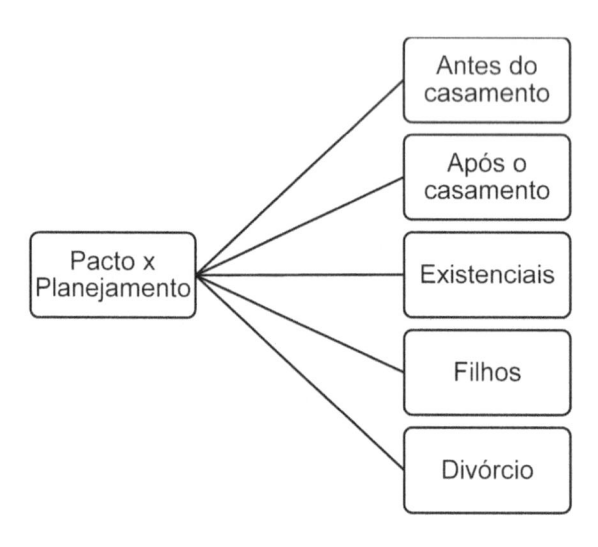

Antes do casamento, é possível estipular cláusulas que definam bens como particulares, assegurando que patrimônios anteriores à união não sejam comunicados, ou como acontecerão as transferências de bens para terceiros, relacionadas com a participação societária ou com os rendimentos de empresas existentes antes da união.

Após o casamento, é viável estabelecer cláusulas sobre compensações patrimoniais em situações específicas, titularidade de bens adquiridos durante a união – observando o regime de bens –, direitos sobre aquisições de bens, doações entre cônjuges e doações para os filhos. Além disso, é possível incluir cláusulas sobre a comunicabilidade ou não de previdências privadas.

As cláusulas existenciais tratarão de aspectos como confidencialidade, questões do dia a dia do casal, privacidade ou informações sensíveis da relação conjugal. Além disso, será possível estabelecer indenização em caso de descumprimento.

As cláusulas referentes aos filhos podem direcionar o custeio da educação escolar, podem estabelecer que a responsabilidade financeira seja atribuída de forma exclusiva a uma das partes ou compartilhada, considerando a realidade e as possibilidades do casal.

Já as disposições sobre o divórcio se voltarão à questão da partilha de bens, tratarão da destinação de bens específicos ou de alimentos, alinhadas às expectativas das partes.

## 10.11 PENSANDO NA REVISÃO DOS PLANEJAMENTOS

A prática contratual está em constante evolução, exigindo atualizações frequentes para acompanhar as mudanças legislativas, jurisprudenciais e sociais. De forma semelhante, o planejamento sucessório demanda revisões periódicas, com o objetivo de assegurar que tudo aquilo que foi projetado continue atendendo às necessidades e interesses da família ao longo do tempo.

Para que essas revisões alcancem os resultados esperados, alguns requisitos precisam ser considerados: o enquadramento legal, a adequação às mudanças na estrutura familiar e patrimonial, e a previsão de novos cenários.

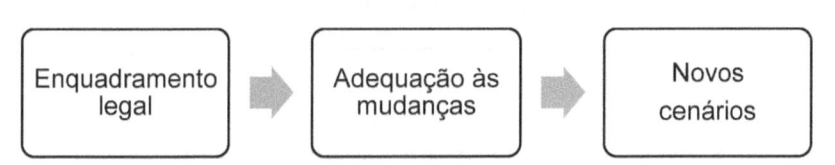

O primeiro requisito é o enquadramento legal, o que garantirá que o planejamento originário seja atualizado em conformidade com as mudanças legislativas e jurisprudenciais posteriores.

O segundo requisito é a adequação às mudanças na estrutura familiar e patrimonial. O nascimento de novos filhos, casamentos, divórcios ou falecimentos são fatores que podem exigir alterações significativas no planejamento sucessório.

Neste ponto, a aquisição ou alienação de bens também pode modificar o equilíbrio patrimonial inicialmente previsto, necessitando ajustes para assegurar que o planejamento continue alinhado aos objetivos e à vontade do planejador. A revisão deve contemplar tanto os bens identificados no patrimônio quanto eventuais novos bens adquiridos que precisem ser incluídos na estratégia.

O terceiro requisito é a previsão de novos cenários, aí incluídas a reavaliação da eficácia das cláusulas estratégicas, como incomunicabilidade e reversão, bem como os regimes de bens aplicados, para garantir que os objetivos sejam cumpridos diante de possíveis adversidades.

A análise periódica permite ainda que o planejamento acompanhe as expectativas e os objetivos dos herdeiros e do próprio planejador, com isso a transmissão patrimonial ocorrerá de forma harmônica, protegendo os interesses de todos os envolvidos e evitando litígios futuros.

Como ensina, Daniele Teixeira,[16] planejamento deve ser compreendido como um instrumento que permite a adoção de ferramentas voltadas para a transferência "eficaz e eficiente do patrimônio de uma pessoa após a sua morte".

Uma das dificuldades do planejamento sucessório é que ele é feito no presente, mas só se concretiza completamente após o falecimento do titular. Isso o torna vulnerável a possíveis mudanças na legislação ao longo do tempo.

---

16. TEIXEIRA, Daniele Chaves. Noções prévias do direito das sucessões: sociedade, funcionalização e planejamento sucessório. In: TEIXEIRA, Daniele Chaves (Coord.). *Arquitetura do planejamento sucessório*. 2. ed. Belo Horizonte: Fórum, 2019. t. I. p. 63.

Para ilustrar o efeito superveniente da alteração legislativa para o planejamento sucessório, cita-se "a alteração do instituto da colação com o significativo impacto do Código de Processo Civil brasileiro de 2015".[17]

Assim, eventos como mudanças na legislação, no estado civil, no nascimento de novos herdeiros ou até mesmo na situação financeira dos envolvidos podem demandar a revisão dos instrumentos de planejamento, como testamentos, previdência privada e seguro de vida.

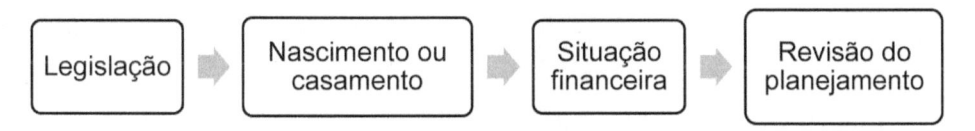

*Exemplo prático:*

Carlos fez um planejamento em que destinava parte de seus bens para sua então esposa e seus dois filhos. Após o divórcio e o nascimento de um terceiro filho em um novo relacionamento, Carlos percebeu que seria necessário revisar o testamento e os beneficiários de sua previdência privada e seguro de vida.

---

17. TEIXEIRA, Daniele Chaves. Noções prévias do direito das sucessões: sociedade, funcionalização e planejamento sucessório. In: TEIXEIRA, Daniele Chaves (Coord.). *Arquitetura do planejamento sucessório.* 2. ed. Belo Horizonte: Fórum, 2019. t. I. p. 41.

# RESUMO DA PARTE II

*Na advocacia, a criatividade é a ponte que transforma desafios em oportunidades.*

Na segunda parte deste Manual, abordamos o uso dos contratos no âmbito do Direito de Família, propondo uma sistematização abrangente dos diferentes tipos de contratos aplicáveis às relações familiares.

Iniciamos com os contratos celebrados antes da formação da família, como o contrato de namoro, o pacto antenupcial e o contrato de convivência, destacando a importância desses instrumentos na formalização de relações afetivas e patrimoniais de forma preventiva e organizada.

Em seguida, examinamos os contratos que consolidam o núcleo familiar, abordando acordos que estabelecem regras de convivência, contribuição para projetos em comum, apoio à educação, manutenção de planos de saúde e assuntos ligados ao funcionamento harmônico da vida familiar.

Exploramos também os contratos utilizados na dissolução do vínculo afetivo, nos quais tratamos de acordos sobre guarda, alimentos e parentalidade. As partes, nestes instrumentos, manterão uma relação equilibrada e organizada, mesmo após o término da relação conjugal, promovendo a tutela dos filhos e minimizando conflitos.

Os acordos que envolvem guarda, alimentos e a proteção dos filhos são essenciais para garantir que, mesmo em situações de conflito familiar, os interesses das crianças e dos adolescentes sejam protegidos.

Em adição, destacamos alguns contratos especiais que atendem a novas formas de organização familiar, como a coparentalidade e a maternidade substitutiva, que exigem cuidados e abordagens jurídicas diferenciadas, refletindo a pluralidade das relações familiares contemporâneas.

Em sequência, abordamos os contratos de caráter predominantemente obrigacional que, embora não sejam específicos para o Direito de Família, podem ter aplicação nas relações familiares, como a compra e venda, permuta, comodato, fiança e transação. Tais contratos proporcionam aos familiares uma estrutura jurídica para formalizar acordos que envolvem bens, interesses e obrigações financeiras, promovendo estabilidade, proteção patrimonial e observância da solidariedade nas relações entre ascendentes e descendentes ou entre outros membros da família.

Destacamos também a importância da criatividade na advocacia ao explorar contratos atípicos e combinados, como parcerias para o cuidado de parentes, contratos voltados para bens digitais e negócios jurídicos processuais em relações familiares.

Na advocacia, a criatividade é a ponte que transforma desafios em oportunidades, permitindo a criação de soluções inovadoras como contratos atípicos e combinados, alinhados às demandas cada vez mais complexas e dinâmicas.

Concluímos com uma análise dos instrumentos de planejamento sucessório, que incluem testamentos, doações, partilhas em vida, e medidas de proteção patrimonial, como a *holding* e o seguro de vida, promovendo uma sucessão organizada e protegida.

# PARTE III
# MELHORES PRÁTICAS

"Reconfigure sua vida para que as ações mais importantes sejam também as mais fáceis de fazer" (James Clear[1]).

---

1. CLEAR, James. *Hábitos atômicos*: um método fácil e comprovado de criar bons hábitos e se livrar dos maus. Rio de Janeiro: Alta Books, 2019. p. 167.

# 11
# ESTRUTURA DOS CONTRATOS

No ordenamento jurídico brasileiro, a liberdade de forma nos contratos é uma premissa essencial, exceto nos casos em que a própria lei exige o cumprimento de formalidades específicas para a sua validade. Assim, negócios mais simples e cotidianos são realizados de maneira verbal, *WhatsApp*, plataformas digitais, sites, aplicativos ou redes sociais.

Entretanto, para contratos mais complexos é comum que as partes optem por um documento escrito que formalize o acordo. O contrato pode estar em formato impresso, com assinatura de próprio punho, ou em formato digital, assinado eletronicamente. Independentemente do meio utilizado, o essencial é que o conteúdo esteja redigido, caracterizando-o como um contrato escrito.[2]

Uma estratégia interessante para estabelecer a estrutura do contrato, a partir da sua redação, é seguir os setes passos a seguir: i) identificar o que se pretende; ii) escrever o que deseja estruturar como objeto do acordo; iii) delimitar as partes do contrato; iv) preparar uma lista de tudo o que precisa ser regulado; v) transformar a lista em cláusulas com títulos específicos; vi) escrever com clareza; vii) revisar.

A prática da advocacia, pautada no método dos nichos do Direito Contratual e do Direito de Família, como vimos nos capítulos anteriores, frequentemente envolve a redação e revisão de contratos que lidam com aspectos patrimoniais e existenciais.

Por isso mesmo, a redação contratual garante que os contratos cumpram sua função de regular interesses, penalizar o inadimplemento e atender aos resultados pretendidos pelas partes. Assim, abordaremos temas cruciais que influenciam a qualidade e a eficácia dos contratos, com foco em três aspectos principais: erros comuns, omissão de cláusulas, uso da linguagem e interpretação.

Além disso, neste capítulo, serão apresentados alguns problemas e soluções que ilustram a importância de um contrato bem elaborado, as consequências de omissões e a necessidade de clareza em cada cláusula.

---

2. GAGGINI, Fernando Schwarz. *Manual dos contratos empresariais*. Indaiatuba: Foco, 2022. Edição do Kindle. p. 91.

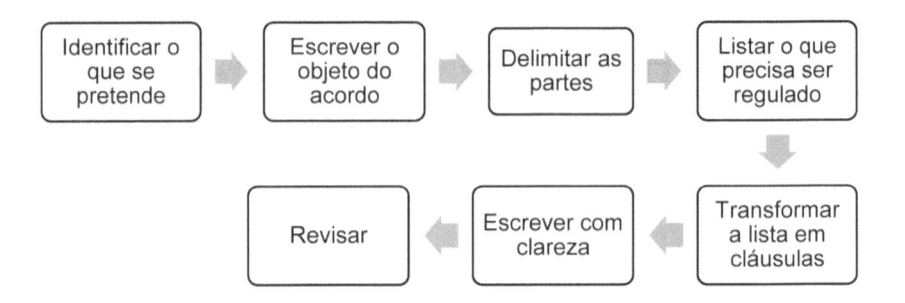

## 11.1 ERROS COMUNS E OMISSÃO DE CLÁUSULAS

Torna-se indispensável identificar os erros frequentes na elaboração de contratos, que comprometem a validade do documento e geram ambiguidade. A análise de erros típicos auxilia na compreensão de quais falhas devem ser evitadas, desde a inclusão de cláusulas inadequadas até a falta de detalhamento dos direitos e dos deveres das partes.

Cláusulas prolixas ou ambíguas dificultam a interpretação, gerando conflitos entre as partes e resultando em despesas, conflitos e incertezas para os envolvidos.[3]

O Código Civil determina expressamente a regra de interpretação para os contratos de adesão no art. 423, no que tange à presença de ambiguidade para os contratos de adesão: "Quando houver no contrato de adesão cláusulas ambíguas ou contraditórias, dever-se-á adotar a interpretação mais favorável ao aderente".

Assim esclarece Sérgio Cavalieri,[4] no contexto das relações de consumo, sobre as cláusulas ambíguas: "não somente as cláusulas ambíguas dos contratos de adesão se interpretam em favor do aderente, contra o estipulador, mas o contrato de consumo como um todo".

Também é decisivo perceber antecipadamente, na redação do contrato, a omissão de cláusulas essenciais, cuja ausência pode deixar o contrato incompleto e vulnerável a litígios.

Muitas vezes, a falta de previsão sobre temas como penalidades, prazos ou mecanismos de resolução de conflitos torna o negócio vulnerável e prejudica as partes.

---

3. GAGGINI, Fernando Schwarz. *Manual dos contratos empresariais*. Indaiatuba: Foco, 2022. Edição do Kindle. p. 92.
4. CAVALIERI FILHO, Sérgio. *Programa de Direito do Consumidor*. 2. ed. São Paulo: Atlas, 2010. p. 143.

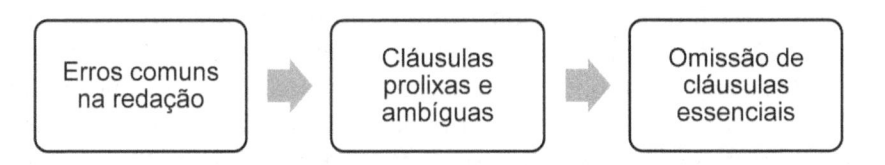

*Caso 1: Pacto antenupcial com regime de separação de bens*

Uma empresária e seu futuro marido, também empresário, celebram um pacto antenupcial para adotar o regime de separação total de bens. Ambos desejam manter seus patrimônios individualizados devido à complexidade de seus negócios e ao fato de que ambos têm filhos de relacionamentos anteriores.

**Problema:**
Após o casamento, o casal adquire uma propriedade rural em conjunto, mas não especifica no contrato como será administrada essa propriedade em caso de divórcio. No momento do divórcio, surgem disputas sobre a divisão do bem, pois não havia clareza sobre o percentual de propriedade de cada um.

**Solução:**
No pacto antenupcial, é essencial prever como serão tratados os bens adquiridos em conjunto, mesmo em regimes de separação total de bens. A omissão sobre esse ponto pode gerar conflitos que poderiam ser evitados com uma cláusula clara de administração e divisão desses bens.

No julgamento do REsp 1.922.347,[5] a Quarta Turma do STJ decidiu que, no regime de separação obrigatória de bens, previsto no art. 1.641 do Código Civil, os cônjuges podem firmar um pacto antenupcial de separação total de bens, afastando assim a aplicação da Súmula 377 do STF.

O caso envolveu um casal que, ao formalizar um pacto antenupcial em 2014, declarou viver em união estável desde 2007. O homem, com 77 anos, e a mulher, com 37, estavam sujeitos ao regime de separação obrigatória, mas decidiram, de forma voluntária, adotar um pacto ainda mais restritivo, estabelecendo a separação total de bens.

---

5. "(...) Na hipótese, o de cujus e sua companheira celebraram escritura pública de união estável quando o primeiro contava com 77 anos de idade – com observância, portanto, do regime de separação obrigatória de bens –, oportunidade em que as partes, de livre e espontânea vontade, realizaram pacto antenupcial estipulando termos ainda mais protetivos ao enlace, demonstrando o claro intento de não terem seus bens comunicados, com o afastamento da incidência da Súmula 377 do STF. Portanto, não há falar em meação de bens nem em sucessão da companheira (CC, art. 1.829, I)" (Superior Tribunal de Justiça. REsp 1.922.347, Relator Ministro Luis Felipe Salomão, Quarta Turma. Julgado em 07.12.2021. DJe 1º.02.2022).

O processo iniciou-se com um pedido de inventário pela viúva, cujo direito à meação foi contestado por uma herdeira do falecido. Em primeira instância, o juízo acatou a impugnação, excluindo a viúva da meação e da partilha, e retirando-a da inventariança. No entanto, o Tribunal estadual manteve a viúva na função de inventariante, embora reconhecesse o caráter restritivo do pacto antenupcial.

*Caso 2: Acordo de parentalidade*

Um casal, com dois filhos menores, decide formalizar um acordo de parentalidade.

| Problema: | | Solução: |
|---|---|---|
| O contrato não especifica como serão tomadas as decisões relacionadas à educação e saúde das crianças. Quando surge a necessidade de decidir sobre a escola dos filhos, o casal entra em desacordo e o contrato não oferece diretrizes sobre a solução desses impasses. |  | Contratos devem prever a forma de resolução de conflitos relacionados à educação, saúde e outros aspectos relevantes da vida dos filhos. Uma cláusula que estipule que as decisões importantes serão tomadas conjuntamente, ou que estabeleça um critério de desempate, pode reduzir o desgaste na família. |

As decisões relacionadas à educação e saúde das crianças precisam ser tratadas com transparência nos acordos de parentalidade. Assuntos importantes, como a escolha da escola, tratamentos médicos e atividades extracurriculares, são fontes potenciais de desacordo e, sem diretrizes explícitas, podem gerar impasses que prejudicam os filhos.

Lembrando que questões de escolha da escola não devem ser levadas ao Poder Judiciário. Tal decisão compete aos pais. Andrea Pachá[6] assim se manifestou sobre um caso envolvendo esse assunto: "o Judiciário não pode, sob pena de interferir na esfera da intimidade e da privacidade, definir qual escola é melhor para uma criança que possui pai e mãe capazes".

Para evitar conflitos futuros, recomenda-se a inclusão de uma cláusula que estabeleça critérios para a tomada de decisões importantes. Esse dispositivo pode indicar que as decisões serão tomadas conjuntamente, promovendo o diálogo entre os pais, ou que será seguido um critério de desempate em caso de divergências, seja por meio de conciliação, mediação ou até pela designação de um dos pais para decisões específicas.

---

6. Juízo da 1ª Vara de Família da Comarca de Petrópolis. Processo 0069632-36.2010.8.19.0042. Juíza Andréa Maciel Pachá. Julgado em 11.02.2011. Disponível em: https://www.conjur.com.br/2011-mar-09/nao-cabe-justica-decidir-qual-melhor-escola-crianca. Acesso em: 15 nov. 2024.

*Caso 3: Sub-rogação de bens particulares e divórcio*

Um casal, casado sob o regime de comunhão parcial de bens, decide adquirir um apartamento utilizando os recursos provenientes da venda de um carro que o marido possuía antes do casamento.

> Problema:
> O casal não especifica o que acontecerá com os bens particulares, durante o casamento, quando ocorrer a aquisição de novos bens.

> Solução:
> registrar, no momento da aquisição de novos bens, uma cláusula de sub-rogação específica na escritura.

É possível proteger bens adquiridos com recursos que um cônjuge já tinha antes do casamento. Para isso, basta deixar clara a sub-rogação de bens particulares,[7] quando efetivada a aquisição de um novo bem, durante o vínculo conjugal.

Por exemplo, durante a compra de um imóvel, é essencial constar na escritura que o recurso é decorrente de um bem particular (sub-rogação). Isso garante que o bem não será partilhado totalmente em caso de divórcio.

A sub-rogação indica a troca de uma pessoa ou de um bem por outro dentro de uma mesma relação jurídica, conforme art. 346 e art. 349 do Código Civil. Nas relações familiares, a sub-rogação está prevista no art. 1.659, incisos I e II.

| Sub-rogação com pessoa | Sub-rogação com bem |
| --- | --- |

Ocorre que, na ausência de uma escritura ou contrato que indique expressamente a sub-rogação, a comprovação de que o novo bem foi adquirido com

---

7. "1. Face à nova redação do § 6º do Artigo 226 da Constituição Federal, suprimiu-se o requisito de prévia separação judicial por mais de um ano ou de comprovada separação de fato por mais de dois anos para a decretação do divórcio. 2. Não participam da comunhão parcial os bens sub-rogados aos bens particulares (artigo 1.659, incisos I e II, do CCB) e nem aqueles cuja aquisição tiver por título uma causa anterior ao casamento (artigo 1.661 do mesmo diploma legal). Sub-rogação demonstrada, justificando a exclusão de um dos bens da partilha. 3. Os proventos do trabalho pessoal de cada cônjuge não se comunicam ao outro, eis que excluídos da comunhão, por força do artigo 1.659, inciso VI, do Código Civil. 4. Incabível a partilha de imóveis que se encontram em nome de terceiro, eis que doados pelo cônjuge virago. Para que se permita a sobrepartilha de tais bens, necessária se faz a anulação do negócio jurídico pelo juízo competente. 5. Recurso da Autora parcialmente provido. 6. Recurso do Requerido não provido" (TJ/DF. Processo 20070110061814APC. Relator Cruz Macedo, Quarta Turma Cível, julgamento 27.02.2013, DJe 12.03.2013).

recursos particulares deverá ser feita judicialmente. Nesse caso, o ônus da prova recai sobre o cônjuge que alega a sub-rogação, o qual precisará demonstrar que os recursos utilizados para a compra do bem têm origem exclusiva em um patrimônio particular, preexistente ao casamento.

A prova pode envolver a apresentação de documentos como recibos, extratos bancários, registros de venda do bem original e outros elementos que comprovem o vínculo direto entre o bem alienado e o bem adquirido. No entanto, sem a formalização da sub-rogação em um documento dotado de fé pública, podem surgir questionamentos, dificultando a exclusão do bem da partilha.

Para evitar dilações probatórias, a formalização da sub-rogação no ato da aquisição, por meio de uma declaração registrada em cartório, é uma excelente solução a ser apresentada aos clientes.

*Caso 4: Contrato de namoro*

Um jovem casal formaliza um contrato de namoro para indicar que, embora convivam há três anos e compartilhem o mesmo endereço, não há intenção na constituição de uma família. No entanto, o contrato é genérico e não especifica a ausência de intenção de formar uma família e a separação de patrimônios.

| Problema: | | Solução: |
|---|---|---|
| Após o término do namoro, o namorado reivindica parte do patrimônio da namorada. Para isso, argumenta que o relacionamento caracteriza união estável. |  | Detalhar a ausência de intenção de formar uma entidade familiar, registrar o entendimento de ambas as partes sobre a separação dos patrimônios e a inexistência de direitos patrimoniais sobre os bens adquiridos por cada um durante o relacionamento. |

No caso apresentado, o maior problema foi o contrato carecer de detalhes sobre o tratamento patrimonial, fazendo com que o parceiro alegasse que o pacto não era suficiente para afastar o reconhecimento de união estável.[8]

Além disso, o contrato precisa ser atualizado conforme o relacionamento evolua, principalmente se ocorrerem mudanças significativas, como adquirir

---

8. "Ação de reconhecimento e dissolução de união estável cumulada com partilha de bens. Sentença que julgou improcedente a ação. Inconformismo da parte autora. Não preenchidos os elementos essenciais caracterizadores da união estável previstos na lei. Contrato de namoro firmado pelas partes. Caracterizado simples namoro, sem intenção de formação de núcleo familiar. Sentença mantida. Recurso desprovido" (TJ-SP. AC. 1000884-65.2016.8.26.0288. Relator: Rogério Murillo Pereira Cimino, Nona Câmara de Direito Privado. Julgamento 25.06.2020, Publicado em 25.06.2020).

bens em conjunto. Dessa forma, o contrato de namoro pode ser usado de forma a retratar realmente o que pretendem os namorados.

Na prática jurídica, como visto nos casos apresentados, muitos dos problemas que surgem em contratos familiares podem ser atribuídos a erros simples, mas que têm grandes consequências. Alguns dos erros mais comuns na redação de contratos no Direito de Família incluem: a falta de cláusulas sobre divisão de bens, convivência de filhos ou administração patrimonial. Um contrato que não especifica como serão partilhados os bens adquiridos em conjunto, por exemplo, abre espaço para interpretações divergentes e disputas.

Um erro comum é não prever o que acontecerá em eventos futuros que, embora não sejam imediatos, são previsíveis. Isso inclui a não previsão de como o contrato passará por revisões, aditivos ou novos contratos.

## 11.2 USO DE LINGUAGEM

A linguagem jurídica, embora deva manter a formalidade, deve ser acessível e evitar termos excessivamente técnicos que possam gerar confusão entre as partes, devendo ser precisa e objetiva.

| Linguagem precisa | Linguagem objetiva |

*Exemplo prático:*

Um casal decide formalizar um acordo de parentalidade para definir a convivência com os filhos. No entanto, o documento é redigido com termos técnicos, como a expressão "exercício contínuo de obrigações parentais nos moldes de corresponsabilidade."

No exemplo, a redação é vaga, técnica demais, gera confusão e interpretações divergentes entre as partes, que acabam entrando em conflito sobre o significado exato da cláusula.

*Como reformular a cláusula:*

"Os pais se comprometem a participar ativamente das decisões XXX e a compartilhar as responsabilidades relacionadas aos seguintes aspectos: XXX."

O uso adequado da linguagem permitirá que todos os envolvidos compreendam seus direitos e deveres, reduzindo interpretações ambíguas e desgastes futuros.

*Exemplo prático*:

Um casal decide elaborar um contrato de convivência para regulamentar a divisão de despesas durante o relacionamento. No entanto, o documento utiliza termos ambíguos, como "as despesas serão divididas".

No exemplo, faltou especificar como essa proporcionalidade será determinada ou documentada. Essa redação leva a conflitos posteriores, já que cada parte interpreta a cláusula de forma diferente, gerando atritos sobre quais despesas deveriam ser compartilhadas e em que proporção.

*Como reformular a cláusula*:

"As despesas mensais de moradia e alimentação serão divididas na proporção de XX% para [nome do parceiro] e XX% para [nome do parceiro], considerando a renda mensal declarada por ambos.

Termos indeterminados e que padecem, no presente, de especificidade, como "bens adquiridos em conjunto" ou "o pai terá direito de convivência ampla", também deixam margem para diferentes interpretações.

*Exemplo prático*:

Um casal, ao elaborar um acordo de dissolução de união estável, inclui a cláusula "os bens adquiridos em conjunto serão divididos de forma justa entre as partes."

A falta de especificação sobre o que constitui "bens adquiridos em conjunto" e o que significa "divisão justa" pode resultar em discordância durante a partilha. Um dos parceiros, por exemplo, pode argumentar que todos os bens adquiridos durante a convivência deveriam ser divididos, enquanto o outro pode defender que apenas aqueles comprados com recursos compartilhados se enquadram na cláusula.

*Como reformular a cláusula*:

"Os bens adquiridos durante a união estável, registrados em nome de XXX ou adquiridos com recursos financeiros de XXX, serão divididos XXX. Ficam excluídos da partilha os bens XXX."

## 11.3 INTERPRETAÇÃO DO CONTRATO

A regra geral de interpretação dos negócios jurídicos está expressa no art. 112 do Código Civil, que enfatiza a importância da manifestação de vontade como elemento central, independentemente da forma pela qual ela foi exteriorizada.

A ênfase na manifestação de vontade reflete a premissa de que, embora as palavras sejam a principal ferramenta do jurista, eventuais imprecisões em seu uso não devem causar prejuízos além dos limites estabelecidos pelo princípio da boa-fé.[9]

*Exemplo prático*:

Em um contrato de convivência intergeracional, um senhor de 70 anos concorda no compartilhamento do uso de sua casa com uma sobrinha, enquanto esta se compromete a "auxiliá-lo nas despesas" do lar.

No situação exemplificada, a parte "auxiliar nas despesas" não está precisa. Assim, a interpretação deve priorizar a manifestação de vontade das partes no momento da celebração do contrato, buscando compreender o que foi efetivamente acordado.

O princípio da boa-fé funciona como um norte para evitar que a imprecisão da cláusula prejudique qualquer uma das partes, objetivando que o contrato seja interpretado de forma a respeitar a intenção original, em vez de se ater exclusivamente à literalidade do texto, nos termos do art. 112 do Código Civil.

Flávio Tartuce[10] assim interpreta o disposto no art. 112:

> Pelo primeiro comando legal – art. 112 do CC –, nas declarações de vontade se atenderá mais à intenção das partes do que ao sentido literal da linguagem. Desse modo, o aplicador do direito deve sempre buscar o que as partes queriam de fato, quando celebraram o negócio, até desprezando, em certos casos, o teor do instrumento negocial. Esse art. 112 do CC relativiza a força obrigatória das convenções, o pacta sunt servanda. Traz ainda, em seu conteúdo, a teoria subjetiva de interpretação dos contratos e negócios jurídicos, em que há a busca da real intenção das partes no negócio celebrado.

Em alinhamento com a boa-fé objetiva, é relevante destacar a regra de interpretação estrita aplicável aos negócios jurídicos benéficos e à renúncia, prevista no art. 114 do Código Civil. No entanto, como elucidam Pablo Stolze e Rodolfo

---

9. GAGLIANO, Pablo Stolze. PAMPLONA FILHO, Rodolfo. *Novo curso de Direito Civil*: parte geral. v. 1. São Paulo: Saraiva, 2017. p. 396.
10. TARTUCE, Flávio. *Manual de direito civil*: volume único. 7 ed. Rio de Janeiro: Forense, 2017. p. 162.

Pamplona,[11] "essa própria noção interpretativa não é uma dimensão aritmética, rígida, mas sim submetida a cada caso concreto".

Interessante aspecto, que auxiliará na interpretação dos negócios contemplado no Anteprojeto de Reforma do Código Civil, é a possibilidade de inclusão dos glossários nos contratos.

Assim dispõe o art. 421-D, inciso IV, do Anteprojeto:

Art. 421-D. Salvo nos contratos de adesão ou por cláusulas predispostas em formulários, as partes podem, para a garantia da paridade contratual, sem prejuízo dos princípios e das normas de ordem pública, prever, fixar e dispor a respeito de:

(...)

IV – glossário com o significado de termos e de expressões utilizados pelas partes na redação do contrato;

O glossário, além de promover a paridade contratual, garante maior clareza quanto ao entendimento da redação contratual. Essa ferramenta pode ser muito útil em contratos de longa duração ou nos contratos mistos e coligados, evitando conflitos interpretativos e promovendo a boa-fé objetiva na relação contratual.

*Exemplo prático*:

Em um contrato firmado por um casal que decide celebrar um contrato de união estável e, simultaneamente, firmar um contrato de doação de bem imóvel, a inclusão de um glossário poderia definir expressões como "patrimônio comum" e "doação condicional".

Por exemplo, "patrimônio comum" poderia ser definido como os bens adquiridos pelo casal após o início da convivência, enquanto a "doação condicional" poderia ser especificada como a doação de um imóvel cuja transferência definitiva de propriedade dependa de uma condição futura.

Entendemos também que a criatividade do jurista é fundamental na construção do contrato e no auxílio à interpretação do negócio em um cenário jurídico que, cada vez mais, demanda soluções inovadoras e acessíveis.

O uso de vídeos, fotos, links, compartilhamentos de pastas virtuais e acessos diversos a mídias por QR Code é um exemplo de como instrumentos diferenciados podem ser incorporados aos contratos para ilustrar condições específicas, como o estado de conservação de um bem imóvel em contratos

---

11. GAGLIANO, Pablo Stolze. PAMPLONA FILHO, Rodolfo. *Novo curso de Direito Civil*: parte geral. São Paulo: Saraiva, 2017b. v. 1. p. 396.

de compra e venda ou doação, ou para detalhar etapas de um planejamento patrimonial sucessório, assegurando que não restem dúvidas sobre o cumprimento das prestações.

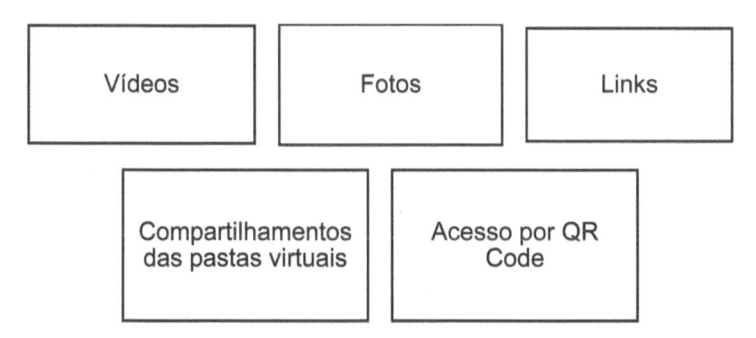

A inclusão de conteúdos digitais pode facilitar a consulta de informações complementares, como calendários de convivência, manuais de empresa familiar e relatórios de uma gestão de bens, com um simples acesso ao QR Code. Tudo isso tornará o contrato mais interativo com acesso rápido e direto a informações relevantes.

Por fim, ao estruturar um contrato, o jurista deve equilibrar a criatividade com a objetividade, integrando as inovações ao documento.

Para saber mais sobre a Prática Contratual, acesse o QR Code:

# 12
# ESTRATÉGIAS E SOLUÇÕES EXTRAJUDICIAIS

As soluções extrajudiciais têm se destacado no Direito de Família por oferecerem maior celeridade e redução do desgaste emocional, quando comparadas aos processos judiciais prolongados.

Os instrumentos de negociação, mediação, conciliação e arbitragem são métodos que permitem que os envolvidos encontrem soluções consensuais, preservando as relações familiares e minimizando os conflitos.

A prática de resolução de conflitos, para Ricardo Goretti,[1] é o processo de compreender, conduzir e solucionar conflitos, utilizando o método ou técnica mais adequada às especificidades de cada caso.

Assim, neste capítulo, exploraremos as principais estratégias para solucionar conflitos fora do Poder Judiciário, como se comportar em uma mediação nas ações de família e exemplos de acordos bem-sucedidos.

## 12.1 COMO RESOLVER DISPUTAS FORA DO PODER JUDICIÁRIO

Resolver conflitos no âmbito familiar utilizando soluções extrajudiciais é uma alternativa que evita a judicialização de questões complexas e emocionais, como convivência, guarda de filhos, divisão de bens e alimentos. As soluções extrajudiciais são alcançadas por negociação direta, conciliação, mediação e arbitragem.

As relações continuadas, conforme elucida Ricardo Goretti,[2] possuem duas características principais: um histórico de ligação anterior ao surgimento do conflito e a intenção de manter esse vínculo após a resolução do problema.

O pacto de convivência, como uma típica relação continuada, tem obrigações diversas que se prolongam durante um período de tempo. Além de solucionar o

---

1. GORETTI, Ricardo. *Gestão adequada de conflitos*: do diagnóstico à escolha do método para cada caso concreto. Salvador: JusPodivm, 2019. p. 23.
2. GORETTI, Ricardo. *Gestão adequada de conflitos*: do diagnóstico à escolha do método para cada caso concreto. Salvador: JusPodivm, 2019. p. 100.

conflito atual, é essencial que as partes criem condições para sustentar a convivência, prevenindo novos desentendimentos no futuro.

Tais métodos de gestão dos conflitos são preferidos, pois preservam a autonomia das partes e oferecem um ambiente de diálogo mais construtivo, menos formal e com foco em resultados práticos.

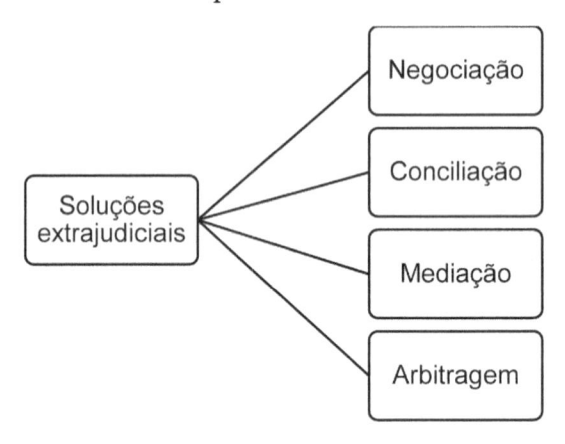

Na *negociação direta*, as partes, com ou sem a presença de advogados, tentam resolver o conflito de forma consensual, discutindo os pontos de discordância e buscando soluções mutuamente benéficas.

Esse método pode ser utilizado em questões patrimoniais e de convivência de filhos, ainda que vários interesses estejam em jogo. Explica Ricardo Goretti[3] que, "quanto mais aprofundada for a exploração dos interesses envolvidos no contexto do conflito objeto da negociação, melhores tendem a ser os resultados da prática negociadora".

*Exemplo prático*:
Um casal em processo de divórcio discute diretamente como será a convivência dos filhos e a partilha dos bens adquiridos durante o casamento. Com a assistência de seus advogados, eles conseguem chegar a um acordo sem precisar recorrer ao Judiciário.

---

3. O autor considera que "Práticas autocompositivas, como a negociação, prestigiam os interesses em jogo no processo de gestão do conflito, que devem ser conciliados pelos sujeitos da relação conflituosa. O enfoque nos interesses contribui para a identificação e resolução de questões subjacentes ao conflito, que muitas vezes não são exploradas nas abordagens baseadas nos direitos e nos poderes das partes envolvidas". GORETTI, Ricardo. *Negociação estratégica*: ferramentas para a gestão negociada de conflitos. Salvador: JusPodivm, 2024. p. 44.

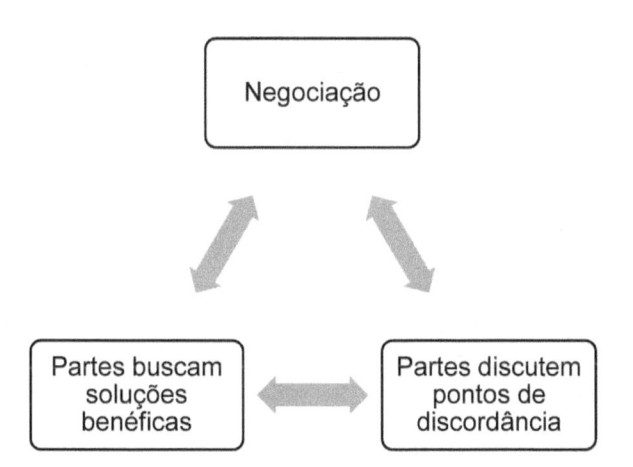

A *conciliação* é um método facilitado por um terceiro, o conciliador, que atua como um intermediador neutro para ajudar as partes a encontrarem um meio-termo.

É mais comum em casos em que a disputa ainda não está tão acirrada e as partes têm disposição para o diálogo. No Direito de Família, a conciliação pode ser usada para resolver guarda compartilhada, divisão de bens, alimentos, descumprimentos de acordos, entre outros assuntos.

*Exemplo prático:*
Um casal que se divorcia sem grandes disputas sobre o patrimônio, mas que precisa de ajuda para definir como dividir o imóvel onde residem, opta pela conciliação.

Neste exemplo, a partir da conciliação, as partes acordam que a casa seja vendida e o valor partilhado entre as partes, proposta que ambas aceitam.

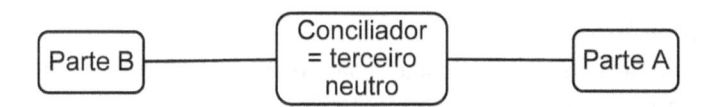

A *mediação* é um método de resolução de conflitos em que um mediador ajuda as partes a identificarem os pontos de conflito e a encontrar soluções que atendam a ambos os interesses.

Diferentemente da conciliação, o mediador não propõe soluções, mas oportuniza a comunicação entre as partes para que elas mesmas cheguem a um acordo. No Direito de Família, a mediação é uma excelente opção para questões que envolvem convivência de filhos e divisão patrimonial, uma vez que o diálogo será estimulado de forma a buscar ajustar os interesses de ambas as partes.

| Conciliador | Mediador |
|---|---|
| • Propõe soluções. | • Oportuniza o diálogo. |

Ressalta-se que o Código de Processo Civil, no art. 3º, § 3º, estabelece que "a conciliação, a mediação e outros métodos de solução consensual de conflitos deverão ser estimulados", o que pode ocorrer inclusive no curso do processo judicial.

*Exemplo prático:*

Em um processo de divórcio, um casal apresenta divergências sobre a educação dos filhos. O mediador oportuniza a comunicação entre os pais para eles apresentarem suas preocupações e a chegarem a um consenso sobre a escolha da escola e a forma de compartilhamento das decisões educacionais.

A *arbitragem* é um mecanismo em que um terceiro, o árbitro, atua como uma parte imparcial para decidir o conflito. A decisão arbitral possui força de sentença judicial, conforme previsto no art. 31 da Lei 9.307/1996.

De acordo com o art. 1º da referida lei, as pessoas capazes de contratar podem recorrer à arbitragem para resolver litígios envolvendo direitos patrimoniais disponíveis.

Assim, embora a arbitragem seja mais comum em disputas empresariais, ela também pode ser aplicada a questões patrimoniais no Direito de Família, como na divisão de bens em um divórcio ou na resolução de conflitos relacionados a bens objeto de herança.

*Exemplo prático:*

Um casal decide recorrer à arbitragem para resolver a partilha de uma empresa que possuem em conjunto. O árbitro decide que a empresa deve ser vendida, e o valor dividido igualmente entre os ex-cônjuges, com base na contribuição financeira de ambos durante o casamento.

Os mecanismos de solução alternativa não têm a finalidade de substituir a jurisdição, mas de oferecer uma opção adicional às partes. A depender do tipo e da natureza do caso, optar pela mediação nas demandas de família favorece ao incentivo da gestão de conflitos, por meio de uma abordagem mais humanizada, revelando os aspectos emocionais e relacionais do litígio.

## 12.2 COMO SE PORTAR NA MEDIAÇÃO NAS AÇÕES DE FAMÍLIA

O comportamento durante uma mediação é fator decisivo para o sucesso do processo. A mediação em ações de família envolve, muitas vezes, emoções intensas. O papel do mediador é criar um ambiente seguro para o diálogo, mas o comportamento das partes e dos seus advogados pode determinar o sucesso ou o fracasso do processo.

A mediação exige que as partes estejam dispostas a colaborar e encontrar soluções em conjunto. Isso significa que é necessário abdicar de uma postura defensiva ou de confronto, focando em resolver o problema.

*Exemplo prático:*
Durante uma mediação para definir a convivência dos filhos após o divórcio, um dos pais insiste em obter a guarda unilateral. Com a postura combativa, não é possível resolver o conflito consensualmente.

Ouvir a outra parte com respeito impulsiona o funcionamento da mediação. Muitas vezes, a solução para o conflito está em entender as motivações e preocupações do outro lado, e não apenas em impor suas próprias vontades. Na mediação, por exemplo, guarda e alimentos exigem uma escuta ativa e uma compreensão das necessidades dos filhos e não os conflitos de conjugalidade.

*Exemplo prático:*
Durante a mediação, uma mãe expressa preocupações sobre a segurança dos filhos na casa do ex-marido. Em vez de desqualificar os argumentos, o pai reconhece as preocupações e propõe medidas de segurança que tranquilizam a mãe.

Durante a mediação, é importante que as partes evitem focar apenas nos problemas passados e tentem concentrar-se nas soluções futuras. O objetivo da mediação é encontrar uma saída para a questão em disputa, e não atribuir culpas.

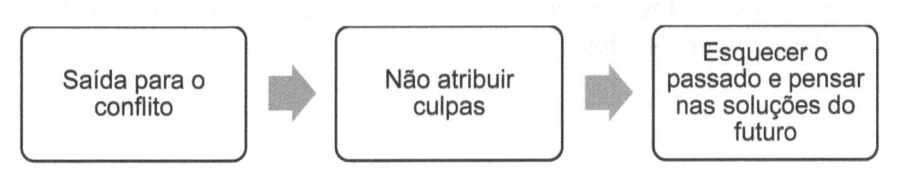

Saída para o conflito → Não atribuir culpas → Esquecer o passado e pensar nas soluções do futuro

## 12.3 CONFIDENCIALIDADE

A confidencialidade é uma parte essencial da mediação. As partes devem sentir-se à vontade para discutir suas demandas mais íntimas, sabendo que o que for dito não será divulgado fora daquele ambiente. Manter essa confidencialidade é uma demonstração de respeito pelo processo e pela outra parte.

*Exemplo prático*:
Em uma mediação sobre conflitos patrimoniais, um dos cônjuges revela informações financeiras que não foram divulgadas anteriormente.

## 12.4 EXEMPLOS DE ACORDOS DE SUCESSO

Os exemplos de acordos bem-sucedidos mostram como a mediação e outras ferramentas extrajudiciais auxiliam na gestão adequada dos conflitos familiares. Abaixo estão alguns exemplos que ilustram a diversidade de conflitos que são resolvidos fora do Poder Judiciário.

Os problemas relacionados à guarda são intensos. As partes, por desconhecerem a regra que estabelece a guarda compartilhada como padrão no ordenamento jurídico brasileiro, buscam a guarda unilateral, movidas por sentimentos de posse ou disputas pessoais, sem compreender os impactos dessa escolha no desenvolvimento do filho.

| Caso: | | Mediação: |
|---|---|---|
| Em um processo de divórcio, o pai queria a guarda unilateral, enquanto a mãe preferia a guarda compartilhada. |  | Após a mediação, ambos reconheceram que a guarda compartilhada seria o melhor para as crianças. |

Quando o conflito está na questão patrimonial que envolve uma empresa familiar, as emoções se misturam às decisões financeiras e administrativas, complicando ainda mais a solução da disputa. Nesse cenário, a negociação, por meio da intermediação dos advogados das partes, surge como uma alternativa eficaz para separar as questões emocionais das econômicas, promovendo um diálogo racional entre os envolvidos.

| Caso: | | Negociação: |
|---|---|---|
| Um irmão decide continuar com a administração do negócio familiar, mas os demais sócios não concordam com a decisão. |  | Após várias tentativas, as partes chegam a um acordo em que um terceiro continuaria como administrador da empresa. |

Assuntos envolvendo o valor devido para os alimentos também geram divergências, pois tocam diretamente na capacidade de quem paga e nas necessidades dos filhos beneficiados.

| Caso: | | Conciliação: |
|---|---|---|
| Num conflito de alimentos, o pai alegava que o valor pedido pela mãe era excessivo, enquanto a mãe argumentava que o montante era necessário para cobrir as despesas educacionais dos filhos. |  | Durante a conciliação, realizada numa audiência, o pai ofereceu pagar diretamente as mensalidades da escola e outras despesas educacionais, além de um valor fixo mensal para cobrir as demais despesas. |

Nos casos envolvendo débito alimentar, a questão conflituosa do casal pode ser confundida com o objeto da ação. Os conflitos aumentam justamente a partir dessa confusão, pois ocorre uma transformação no foco da ação judicial, que passa a recair sobre a conjugalidade, e não exclusivamente sobre os alimentos devidos.

Esse fenômeno, que pode ser descrito como uma "coisificação" do alimentando, revela a existência de aspectos subjacentes à disputa judicial. Essas questões frequentemente transcendem as dificuldades financeiras alegadas pelo alimentante, abrangendo demandas de natureza psicológica e social que extrapolam o aspecto técnico-processual e, por conseguinte, ultrapassam os limites da competência decisória do magistrado.[4]

Se o conflito reside na partilha entre os pais combinada com a doação de bens ao filho, é essencial que o acordo contemple tanto os direitos e interesses dos cônjuges quanto a proteção jurídica do bem doado.

---

4. PEREIRA, Dirce do Nascimento. PIRES DO NASCIMENTO, Janaina Aparecida. Mediação na execução de alimentos: desafios e perspectivas para o exercício do direito material e existencial do alimentando. *Revista de Formas Consensuais de Solução de Conflitos*. v. 8, n. 1, p. 21-42, jan./jul. 2022.

> **Caso:**
> Casal decidiu doar um imóvel ao filho antes de falecer, mas com a condição de que o bem fosse protegido contra futuras dívidas ou partilhas.

> **Mediação:**
> A mediação ajudou a estabelecer um acordo claro, incluindo cláusulas de inalienabilidade e incomunicabilidade, protegendo o patrimônio em caso de casamento ou processos judiciais.

Os exemplos apresentados mostram a eficácia da mediação e das soluções extrajudiciais para resolver disputas familiares de maneira rápida e menos desgastante.

A resolução consensual preserva as relações familiares e oferece soluções que atendem aos interesses das partes. A mediação e a negociação direta têm um papel importante na busca por soluções que respeitem a vontade das partes e promovam a pacificação dos conflitos familiares.

# 13
# TENDÊNCIAS NOS CONTRATOS DE FAMÍLIA

As relações contratuais no âmbito familiar, historicamente moldadas por princípios como autonomia privada e boa-fé, enfrentam um momento de transformação impulsionado por inovações tecnológicas e mudanças legislativas.

O Capítulo 13 explora as principais tendências que impactam os contratos de família, abordando como a tecnologia, a inteligência artificial e as preocupações crescentes com a proteção de dados pessoais estão redefinindo a forma como as relações familiares são reguladas.

A automação de contratos é uma das ferramentas mais promissoras nesse cenário, possibilitando maior eficiência e precisão na elaboração dos acordos. Com modelos pré-programados e personalizados, esse instrumento elimina redundâncias e minimiza erros, garantindo celeridade na confecção dos pactos.

A Inteligência Artificial oferece recursos valiosos para prever cenários, analisar riscos, editar e revisar os textos e, até mesmo, sugerir cláusulas adaptadas às necessidades específicas de cada relação. Contudo, essa inovação traz consigo desafios éticos e jurídicos que exigem atenção e cuidado.

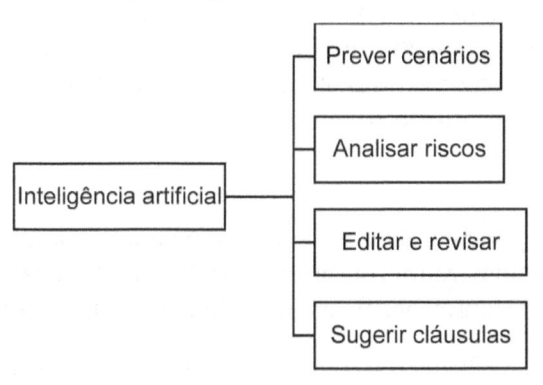

É importante destacar que, embora a inteligência artificial seja uma ferramenta inovadora, o verdadeiro diferencial está na habilidade, especialização e técnica do usuário. A tecnologia, por si só, é um suporte essencial, mas sua efetividade depende diretamente da competência e do conhecimento de quem a opera, tornando o fator humano indispensável para o sucesso na sua aplicação.

Discutiremos ainda, neste Capítulo 13, a crescente necessidade de proteção de dados e privacidade no âmbito dos contratos familiares. Com a vigência da Lei Geral de Proteção de Dados, o armazenamento, o compartilhamento e o uso de informações sensíveis ocupam um papel central na construção de contratos familiares que respeitem a privacidade e os direitos das partes.

As novas tendências visam, assim, remodelar e otimizar o uso dos contratos para as famílias.

## 13.1 CONTRATOS E AUTOMAÇÃO

A automação jurídica é uma tendência crescente em todas as áreas do direito, e o Direito de Família não é exceção. A automação de contratos envolve o uso de tecnologias que facilitam a criação, revisão e execução de contratos, reduzindo significativamente o tempo e os custos envolvidos nos processos.

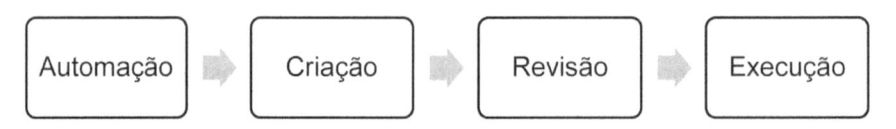

Os profissionais do direito podem contar com a automação nas etapas de formalização dos acordos, quando as partes preferem evitar o desgaste e o tempo de espera de processos convencionais.

Plataformas digitais de automação jurídica funcionam como guias para a criação de contratos personalizados de forma rápida, oferecendo modelos para contratos de convivência, pactos antenupciais, acordos de guarda e alimentos, ou ajustando as cláusulas de acordo com as informações fornecidas pelos usuários.

*Exemplo prático:*

Um casal que deseja formalizar um contrato de namoro pode utilizar uma plataforma on-line de automação de contratos. A plataforma, utilizada pelos advogados das partes, usa a assinatura digital e envia diretamente o documento aos clientes.

Automação de contratos pode ser feita por plataformas pagas ou gratuitas.[1] Além de contar com a rapidez no processo, recursos visuais também são interessantes para facilitar a leitura e a compreensão do conteúdo.

---

1. Um exemplo de plataforma gratuita é o *Google Sheets*.

A assinatura eletrônica é uma forma de verificação de identidade no ambiente digital, que pode incluir métodos como biometria, reconhecimento facial ou outras tecnologias, mas não deve ser confundida com a assinatura digital, que requer um certificado digital emitido por uma autoridade certificadora, o que garantirá a autenticidade, integridade e irretratabilidade do documento assinado.

Enquanto a *assinatura eletrônica* é utilizada por sua praticidade e nos atos ordinários do dia a dia, como contratos simples ou aceites on-line, a *assinatura digital* é essencial para documentos que demandam maior grau de publicidade e exigência legal, como petições, atos notariais e tantos outros documentos públicos.

A diferença está na configuração de validação, pois enquanto a assinatura eletrônica oferece adaptabilidade, a assinatura digital, por contar com a certificação de uma autoridade competente, possui presunção de autenticidade, de maneira especial em processos judiciais e acordos complexos.

| Assinatura eletrônica | Assinatura digital |
|---|---|
| • Validação de identidade no ambiente digital. | • Assinatura digital emitida por uma autoridade certificadora. |

De todo modo, independentemente da forma e dos recursos utilizados, a automação acelera o processo de criação e revisão de contratos, permitindo que os acordos sejam firmados em prazos mais curtos. As ferramentas automatizadas ajudam a evitar erros na redação de contratos, aumentando a precisão e a conformidade com a legislação vigente.

## 13.2 PROPOSTAS POR APLICATIVOS

O Anteprojeto de Reforma do Código Civil destaca a possibilidade de apresentação de propostas a partir de aplicativos digitais interativos ou autoexecutáveis. Tal inovação reflete a necessidade de adaptar as práticas contratuais à realidade atual, em que a comunicação digital é predominante e acessível.

Assim dispõe o art. 435-A do Anteprojeto:

Art. 435-A. A proposta pode ser oferecida para aceitação por aplicativos digitais interativos ou autoexecutáveis no ambiente da internet e sua existência, validade e eficácia dependem dos seguintes requisitos:

I – que seja completa e clara;

II – plena clareza das informações prestadas ao oblato quanto ao manejo da sequência de assentimentos da cadeia de blocos posta para a aceitação da proposta;

III – forma clara e de fácil acesso, para que seja procedida a verificação da interrupção do processo de aceitação da proposta;

IV – plena clareza acerca do mecanismo que autentica a veracidade dos dados externalizados como elementos integrantes da futura contratação;

V – plena clareza das condições de sua celebração e dos seus riscos, no momento da manifestação inicial do aderente;

§ 1º A proposta e a aceitação realizadas pela forma prevista no caput deste artigo vinculam a parte que, em nome próprio ou representada por outrem, realizou ou autorizou a sequência de assentimentos da cadeia proposta para a realização dessa específica contratação.

§ 2º Os contratos autoexecutáveis dependem de prévia e plena clareza das condições de sua celebração e dos seus riscos, no momento da manifestação inicial do aderente.

§ 3º Para a plena clareza das informações de que trata o § 2º deste artigo, a proposta deverá conter informações que permitam ao oblato verificar a autenticidade de dados externos ser expressada por escrito, ainda que em meio virtual.

Aplicativos digitais interativos ou autoexecutáveis são ferramentas que permitem a criação, gestão e execução de propostas, aceitações e contratos por meio de plataformas digitais que facilitam a interação entre as partes. Neste caso, os aplicativos são projetados para oferecer funcionalidades que permitem a negociação de cláusulas, a aprovação de termos e até a execução automática dos termos acordados, quando determinadas condições são atendidas.

Os *aplicativos digitais interativos* são projetados para proporcionar uma comunicação dinâmica entre os usuários. Por exemplo, permitem a apresentação de modelos de propostas que são adaptadas em tempo real pelas partes, com campos específicos para o preenchimento de informações diretamente na plataforma.

Por sua vez, os *aplicativos autoexecutáveis* possuem mecanismos que monitoram automaticamente o cumprimento das condições pactuadas, dispensando intervenção manual. Um exemplo seria uma proposta feita por meio de um aplicativo autoexecutável, em que o contrato se considera firmado assim que o oblato manifesta o aceite na plataforma.

O uso de aplicativos digitais é igualmente relevante para contratos de família, pois facilitam a comunicação entre as partes e a elaboração de termos ajustados às necessidades específicas de cada relação. Como exemplo, citamos o aplicativo "Os Nossos[2]" que tem por objetivo facilitar a comunicação entre os pais, após o divórcio.

*Exemplo prático*:

Por meio de um aplicativo interativo, um ex-casal pode propor e negociar alterações no regime de convivência com os filhos.

---

2. Disponível em: https://osnossos.com.br. Acesso em: 30 dez. 2024.

## 13.3 CONTRATOS INTELIGENTES (*SMART CONTRACTS*)

O *smart contract* é um negócio jurídico caracterizado por sua segurança, obrigatoriedade e resistência a alterações, sendo previamente acordado, seja de forma escrita ou verbal, e posteriormente traduzido em uma linguagem computacional específica (algoritmos).

Conforme mencionado no tópico anterior, o art. 435-A do Anteprojeto trouxe uma inovação ao regulamentar o uso de aplicativos autoexecutáveis, incluindo contratos inteligentes, que permitem a execução automática de cláusulas quando as condições previamente acordadas são atendidas.

São cinco os elementos essenciais do *smart contract*: i) formato digital: estruturado apenas em meio digital; ii) armazenamento descentralizado: registrado em uma base de dados descentralizada (*blockchain*) para possibilitar integridade e segurança; iii) execução autônoma e automática: operacionalizado de forma independente, abrangendo todas as fases contratuais, desde a formação até a extinção; iv) previsão detalhada de cláusulas: inclui direitos, deveres, condições, prazos, encargos e responsabilidades entre as partes: v) eliminação de intermediários: funciona com o auxílio de *softwares* e *hardwares*, dispensando a necessidade de intervenção de terceiros, promovendo eficiência e redução de custos.

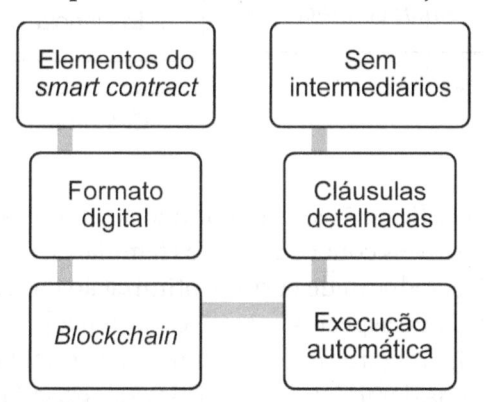

*Blockchain* é uma tecnologia que se opera como um centro de registros digitais, em que os dados são armazenados de forma segura, transparente e sistematizada em blocos interligados. Cada bloco possui dados e está integrado ao bloco anterior, formando uma verdadeira corrente, daí o nome *blockchain* (*block* = bloco; *chain* – corrente).

A descentralização do *blockchain* garante que os registros sejam distribuídos em vários computadores ao redor do mundo, sem depender de uma única pessoa ou entidade para controlar os dados. Isso dificulta e torna quase impossível a fraude.

Para Leandro Gobbo,[3] o aspecto essencial que caracteriza um *smart contract* não reside apenas na forma específica de sua redação, em linguagem formal, ou no fato de sua execução ocorrer em ambientes eletrônicos, descentralizados ou interconectados. O elemento mais relevante de sua definição é a execução automática dos termos previamente estabelecidos, destacando-se a automação como sua principal característica.

O objetivo principal do *smart contract* é, portanto, reduzir os custos de transação e evitar possíveis despesas judiciais, ao mesmo tempo em que promove maior eficiência e celeridade na gestão contratual. Para isso, devem ser aplicados princípios compatíveis com a natureza da relação contratual estabelecida.[4]

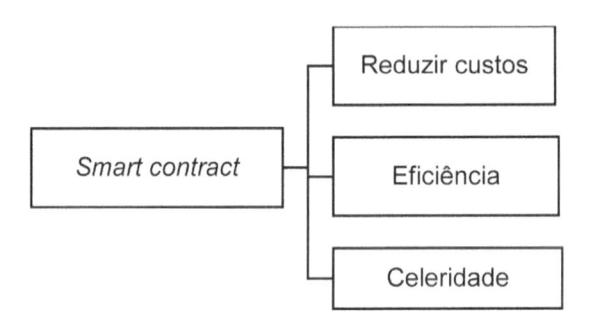

Segundo Dimitre Braga,[5] os smart contracts, ou contratos inteligentes, são perfeitamente compatíveis com os contratos familiares, proporcionando segurança nas transações, redução de custos e otimização das relações contratuais. Contudo, é essencial que aspectos como "rescisão [sic] contratual e direito de arrependimento" sejam rigorosamente definidos, especialmente no contexto do Direito de Família, considerando a característica autoexecutável desses contratos.

3. GOBBO, Leandro. A natureza jurídica dos smart contracts. *Prima@Facie*, João Pessoa, v. 22, n. 49, jan./abr. 2023, p. 152-185. Disponível em: https://periodicos.ufpb.br/ojs2/index.php/primafacie/article/view/64859/37401. Acesso em: 26 nov. 2024.

4. DIVINO, Sthéfano Bruno Santos. Smart contracts: conceitos, limitações, aplicabilidade e desafios. *RJLB*, a. 4, n. 6, 2018, p. 2272-2808. Disponível em: https://www.cidp.pt/revistas/rjlb/2018/6/2018_06_2771_2808.pdf. Acesso em: 26 nov. 2024.

5. CARVALHO, Dimitre Braga Soares de. *Minha família, minhas regras*: da família contratual aos smartcontracts de Direito de Família. Disponível em: https://ibdfam.org.br/artigos/1809/Minha+-fam%C3%ADlia%2C+minhas+regras%3A+da+fam%C3%ADlia+contratual+aos+smartcontract-s+de+Direito+de+Fam%C3%ADlia. Acesso em: 27 nov. 2024.

*Exemplo prático:*

Um casal estabelece um acordo para definir uma compensação econômica devido a uma alteração substancial na rotina familiar. Um dos cônjuges aceita uma oportunidade profissional que exige mudança para outro estado, enquanto o outro precisará renunciar a sua carreira e a perspectivas pessoais para acompanhar o parceiro. Utilizando um *smart contract*, as partes registram os termos do acordo, estabelecendo prazos e multas.

No exemplo, o contrato é configurado para incluir condições específicas, como o valor da compensação, o prazo de pagamento e critérios de reajuste vinculados a eventos predeterminados, como a assinatura do novo contrato de trabalho ou a data efetiva da mudança.

Além disso, a execução do contrato ocorre automaticamente, assegurando que as obrigações sejam cumpridas conforme pactuado, sem necessidade de intervenção judicial ou renegociação. Esse modelo promove eficiência e transparência, adaptando-se perfeitamente às necessidades da relação familiar no contexto do planejamento patrimonial.

## 13.4 IMPACTO DA INTELIGÊNCIA ARTIFICIAL

A inteligência artificial (IA) já está revolucionando diversas áreas do direito e começa a ter um impacto considerável no Direito de Família. O uso de algoritmos e sistemas de IA na criação, gestão e revisão de contratos familiares oferece novas possibilidades para agilizar processos, procedimentos e tantas questões operacionais do dia a dia profissional. A IA analisa dados, sugere cláusulas apropriadas e aponta resultados.

A IA é utilizada para gerar contratos com base em padrões e informações fornecidas pelas partes. Também realiza a revisão automática de contratos, identificando cláusulas potencialmente inadequadas e sugerindo alternativas com base em modelos pré-definidos.

Em contratos de família, a IA analisa a complexidade de cada caso, como a guarda de filhos ou a partilha de bens, bem como pode propor soluções personalizadas.

*Exemplo prático:*

Uma ferramenta de IA pode ser utilizada para revisar um contrato de convivência, identificando inconsistências ou lacunas nas cláusulas relacionadas à divisão de bens.

A IA pode é capaz de indicar o desfecho de disputas contratuais no Direito de Família com base em decisões anteriores. Essa ferramenta auxilia as partes e os seus advogados a tomarem decisões mais embasadas sobre os termos contratuais e sobre a possibilidade de litígios futuros.

*Exemplo prático*:

Ao redigir um acordo de guarda compartilhada, a IA sugere como as cláusulas sobre convivência são ajustadas para garantir maior equidade, considerando precedentes judiciais em casos semelhantes.

Embora a IA ofereça muitas vantagens, ainda existem limitações. As decisões no Direito de Família muitas vezes envolvem pontos complexos que são difíceis para a IA processar adequadamente.

São exemplos de IA úteis para criação, gestão e revisão de contratos familiares: ChatGPT (da OpenAI), Gemini (do Google) e Copilot (da Microsoft), sendo essas opções utilizadas para produção de textos. Outra IA é a Claude que auxilia a criação de relatórios, dentre tantas outras existentes no mercado.

Os avanços nos chatbots[6] de IA generativa têm transformado a forma como interagimos com a tecnologia, oferecendo ferramentas que podem gerar textos, buscar informações e até mesmo criar e analisar imagens. Essas plataformas também apresentam suporte para diversos idiomas e com versões gratuitas.

Apesar das semelhanças, os chatbots de IA possuem características distintas que os tornam mais ou menos adequados para diferentes fins. Algumas plataformas são criadas para lidar com grandes volumes de dados e documentos, enquanto outras se destacam em análises mais específicas. Há ainda aquelas que oferecem respostas mais precisas e outras que funcionam como assistentes virtuais, conectadas a bases específicas de conhecimento.

No contexto dos contratos familiares, o impacto dessas tecnologias auxilia no dia a dia dos profissionais do direito. A escolha da ferramenta adequada dependerá das necessidades particulares, como a redação de cláusulas, análise de dados jurídicos ou simplificação de processos de comunicação entre partes.

Neste sentido, a inteligência artificial ajuda a reduzir o tempo e o esforço envolvidos, mas não substitui o uso de termos mais técnicos, a sensibilidade e o julgamento humano.

---

6. Um chatbot é uma ferramenta de *software* projetada para simular conversas humanas, permitindo aos usuários interagirem com dispositivos digitais por meio de texto ou voz.

## 13.5 PROTEÇÃO DE DADOS E PRIVACIDADE NOS CONTRATOS DE FAMÍLIA

A privacidade e a proteção de dados são aspectos essenciais nas relações afetivas, em que as informações pessoais e sensíveis estão constantemente envolvidas.

Como explicado por Yuval Harari,[7] num mundo em que humanos regulam humanos, a privacidade precisa ser a norma. "Mas, num mundo em que computadores monitoram humanos, pode ser possível, pela primeira vez na história, eliminar a privacidade por completo".

Com a Lei Geral de Proteção de Dados (LGPD), Lei 13.709/2018, coleta, armazenamento e uso de informações pessoais devem ser conduzidos em conformidade com a legislação, evitando violações de privacidade e garantindo a tutela dos dados das partes envolvidas.

A LGPD aplica-se a qualquer tratamento de dados pessoais, e isso inclui contratos no Direito de Família. Informações como dados pessoais, detalhes de convivência de filhos, dados sensíveis de saúde, acordos diversos e outras questões precisam ser protegidos de acessos não autorizados.

*Smartphones*, aplicativos, plataformas e softwares acessíveis têm potencializado comportamentos controladores em relações conjugais. Neste contexto, Yuval Noah Harari[8] observa que pessoas ciumentas, por exemplo, sempre almejaram "saber onde o outro estava a cada momento e exigiam explicações para qualquer pequeno desvio de rotina. Hoje, armados de um *smartphone* e de um *software* barato, podem instaurar ditaduras conjugais com facilidade".

*Exemplo prático:*

Em um acordo de divórcio, as informações financeiras das partes, como fontes de renda e gastos, são necessárias para definir o valor justo. Esses dados devem ser armazenados de forma segura e só serão utilizados para a finalidade específica de calcular a obrigação alimentar, não podendo ser compartilhados com terceiros sem consentimento.

Os contratos que lidam com os dados precisam incluir cláusulas específicas sobre o tratamento de dados, assegurando que todas as informações pessoais

---

7. HARARI, Yuval Noah. Trad. VARGAS, Berilo. BOTTMANN, Denise. *Nexus*: Uma breve história das redes de informação, da Idade da Pedra à inteligência artificial. São Paulo: Companhia das Letras, 2024. Edição Kindle. p. 346.
8. HARARI, Yuval Noah. Trad. VARGAS, Berilo. BOTTMANN, Denise. *Nexus*: Uma breve história das redes de informação, da Idade da Pedra à inteligência artificial. São Paulo: Companhia das Letras, 2024. Edição Kindle. p. 356.

fornecidas pelas partes sejam tratadas em conformidade com a LGPD, como é o caso do contrato de prestação de serviços advocatícios.

A inclusão de uma cláusula de proteção de dados garante que as partes estejam cientes de como suas informações serão coletadas, armazenadas e protegidas, e define as responsabilidades em caso de vazamento ou uso indevido de dados.

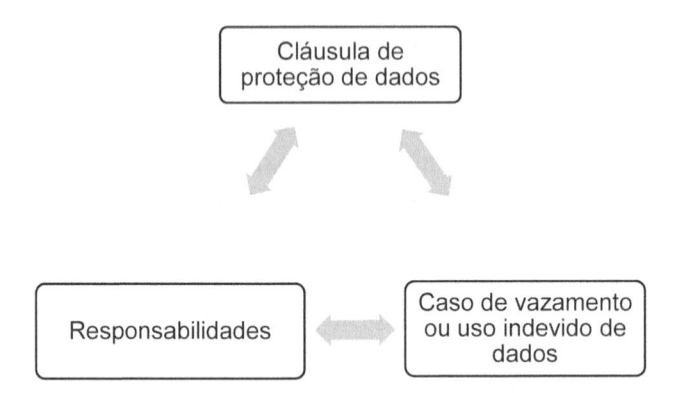

*Exemplo de Redação de Cláusula*:

"As partes concordam que todos os dados pessoais coletados para a celebração do presente contrato serão tratados de acordo com a Lei Geral de Proteção de Dados (Lei 13.709/2018), sendo utilizados exclusivamente para os fins estabelecidos neste acordo".

A violação da privacidade em contratos de família tem consequências com repercussão patrimonial, incluindo indenização por perdas e danos. Segundo o art. 42 da LGPD, será necessária a demonstração concreta do dano causado em decorrência do tratamento inadequado de dados.[9]

## 13.6 ATAS NOTARIAIS

Lavradas por tabeliães, as atas levarão ao registro público dados, informações e eventos que podem ser utilizados como prova ou para a formalização de acordos.

---

9. TJ/DF. Processo 07397589020218070016, Relator: Aiston Henrique de Sousa, Primeira Turma Recursal, Julgamento 24.06.2022, DJe 14.07.2022.

A ata notarial, para Paulo Roberto,[10] é um instrumento jurídico que abrange a constatação de fatos de diversas naturezas, incluindo o reconhecimento de firma, a autenticação de cópias e a própria lavratura da ata notarial, conforme previsto nos art. 6º, inciso III, e art. 7º, incisos III, IV e V, da legislação pertinente.

Para Fernanda Tartuce,[11] por meio da ata notarial, o notário certificará "acontecimentos com imparcialidade e autenticidade, pré-constituindo prova sobre páginas eletrônicas, sites ou outros documentos eletrônicos (como e-mails ou mensagens de celular), fixando um fato".

Neste contexto, o art. 384 do Código de Processo Civil estabelece que "a existência e o modo de existir de algum fato podem ser atestados ou documentados, a requerimento do interessado, mediante ata lavrada por tabelião".

Vale destacar que a ata notarial tem atribuição de prova pré-constituída perante o Poder Judiciário, sendo dotada de fé pública e fazendo prova plena, conforme o art. 215 do Código Civil. Além disso, conforme o art. 784, inciso II, do Código de Processo Civil, a ata configura título executivo extrajudicial, dispensando a necessidade de assinatura do ato por duas testemunhas.

O tabelião,[12] na qualidade de terceiro imparcial, assegura que os termos declarados reflitam com exatidão aquilo que se pretende registrar. No Direito de Família, as atas notariais são amplamente utilizadas como instrumentos para documentar fatos relevantes, garantir autenticidade, segurança jurídica e publicidade.

De acordo com Fernanda Tartuce,[13] o registro público, fortalecido pela fé pública que o constitui, apresenta-se como uma forma robusta de comprovação. A presunção de veracidade *juris tantum* atribui o ônus da prova àquele que busca demonstrar a existência de erro no documento público. Tal inversão do ônus probatório, por si só, desencoraja demandas infundadas, desestimulando tentativas oportunistas de questionar documentos sem fundamento legítimo.

---

10. FERREIRA, Paulo Roberto Gaiger. RODRIGUES, Felipe Leonardo. *Ata notarial*: doutrina, prática e meio de prova. Salvador: JusPodivm, 2023. p. 21.

11. TARTUCE, Fernanda. Prova nos processos de família e no projeto do CPC: ônus da prova, provas ilícitas e ata notarial. *Anais do IX Congresso Brasileiro de Direito de Família*. Disponível em: https://ibdfam.org.br/assets/upload/anais/309.pdf. Acesso em: 06 dez. 2024. p. 355.

12. "O tabelião é um delegado do Estado, operando em caráter privado, a serviço dos particulares. O tabelião é o Estado a serviço dos particulares". In: FERREIRA, Paulo Roberto Gaiger. RODRIGUES, Felipe Leonardo. *Ata notarial*: doutrina, prática e meio de prova. Salvador: JusPodivm, 2023. p. 32.

13. TARTUCE, Fernanda. *Processo Civil no Direito de Família*: teoria e prática. 3. ed. São Paulo: Método, 2018. p. 134.

A jurisprudência reconhece a prova notarial como meio válido para comprovar fatos. No AREsp 2.408.609/PR,[14] a Quarta Turma do STJ entendeu que o fato de "alguns trechos das conversas não terem sido registrados em ata notarial não impede que se possa atribuir valor às demais provas elencadas".

---

14. "1. A jurisprudência do STJ é firme sobre a aplicação dos princípios da segurança jurídica e da boa-fé objetiva, bem como da vedação ao comportamento contraditório (venire contra factum proprium), a impedir que a parte, após praticar ato em determinado sentido, venha a adotar comportamento posterior contraditório. Precedentes. 2. A prova notarial é válida e reconhecida pela legislação e jurisprudência como forma de se comprovar determinados fatos, principalmente no campo digital (art. 384 do CPC). 3. O simples fato de alguns trechos das conversas não terem sido registrados em ata notarial não impede que se possa atribuir valor às demais provas elencadas, principalmente quando a parte contrária não impugna o conteúdo da conversa, mas tão somente a validade da prova. 4. Agravo interno a que se nega provimento" (STJ. AgInt no AREsp 2.408.609/PR, Relatora Ministra Maria Isabel Gallotti, Quarta Turma. Julgado em 09.09.2024 DJe 12.09.2024).

# 14
# MODELOS DE CONTRATOS

Os contratos no Direito de Família têm como principal objetivo formalizar e organizar as relações patrimoniais e pessoais entre cônjuges, companheiros e familiares. A formalização de tais acordos não é uma simples tendência decorrente da contratualização do Direito de Família, mas uma realidade.

Este capítulo é dedicado à apresentação de modelos de contratos e cláusulas mais comuns, oferecendo ferramentas práticas para a formalização de relações familiares, além de atender às exigências de planejamento sucessório.

Os modelos apresentados são sucintos e estruturados para fornecer uma base inicial de elaboração contratual. No entanto, cada relação familiar e cada situação patrimonial possuem particularidades únicas que não podem ser atendidas por uma solução padronizada. Por essa razão, esses modelos devem ser ajustados às necessidades específicas de cada caso, sendo utilizados como um ponto de partida, considerando as circunstâncias individuais e os objetivos das partes envolvidas.

| Modelos | Pontos de partida | Precisam de ajustes |
|---|---|---|

A estrutura apresentada inclui desde pactos antenupciais até contratos de convivência, voltados para a regulação das uniões estáveis. Serão exploradas cláusulas essenciais, como a separação total de bens, a comunhão universal e as exceções patrimoniais, abordando suas aplicações e implicações.

Além disso, serão tratados modelos de contratos específicos e suas cláusulas, como a revisão de acordos, convivência, guarda compartilhada e reajuste de alimentos. Também será dado destaque aos contratos de doação e suas cláusulas de proteção, como a inalienabilidade e o usufruto, que são frequentemente utilizados em planejamentos sucessórios.

Serão apresentados contratos atípicos, como os contratos de namoro e parcerias para cuidado de parentes, que refletem a evolução das demandas no Direito de Família.

## 14.1 ESTRUTURA FUNDAMENTAL DOS CONTRATOS

Todo contrato, independentemente de sua finalidade ou complexidade, é estruturado em quatro núcleos básicos: o título, a identificação das partes e dos terceiros, os considerandos e a estruturação das cláusulas.

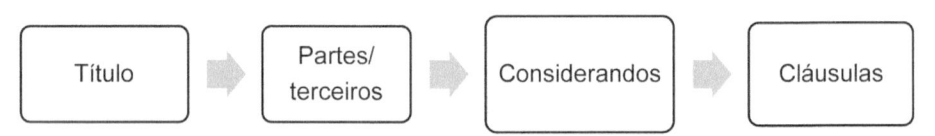

O *título do contrato* identifica o tipo de negócio jurídico pactuado. O título deve ser objetivo e refletir a essência do instrumento, como "Contrato de convivência", "Pacto antenupcial" ou "Transação de divórcio consensual".

A *identificação das partes* é o núcleo seguinte e deve ser feita de forma precisa e completa. Nesse momento, os contratantes são descritos com informações que permitam individualizá-los, como nome completo, nacionalidade, estado civil, profissão, números dos documentos de identificação, endereço e e-mail. Sendo pessoa jurídica, será necessária a qualificação completa da sociedade empresarial e do seu representante legal.

Após a qualificação, com base na descrição do contrato apresentada no título, as partes podem ser designadas por uma nomenclatura resumida que facilite sua referência nas cláusulas subsequentes. Por exemplo, em um contrato de convivência, pode-se especificar, após a identificação de um indivíduo, a expressão "neste ato denominado Companheiro".

Além disso, pode ser que no negócio seja necessária a *participação de terceiros* intervenientes, que embora não sejam partes do contrato, manifestarão sua ciência ou consentimento em relação aos seus termos, como ocorre na venda entre ascendente e descendente, regulamentada pelo art. 496 do Código Civil, e na cessão de posição contratual.

Os *considerandos* são aspectos que tratam dos pressupostos, das intenções e das circunstâncias que aproximaram as partes, criando um pano de fundo para as cláusulas que serão dispostas posteriormente. Embora não sejam obrigatórios, os considerandos auxiliam na interpretação do contrato, esclarecendo as expectativas e o propósito do negócio.

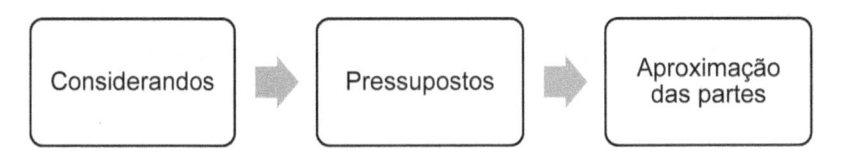

O núcleo de *estruturação das cláusulas* forma a essência do contrato, em que são detalhados objeto, pagamento, prestações diversas, direitos, deveres, condições, prazos, penalidades, extinção e disposições gerais. A sequência lógica, que pode incluir *cláusulas introdutórias, principais, acessórias e disposições gerais*, é um ponto de estruturação que não pode ser esquecido para garantir organização e funcionalidade do acordo.

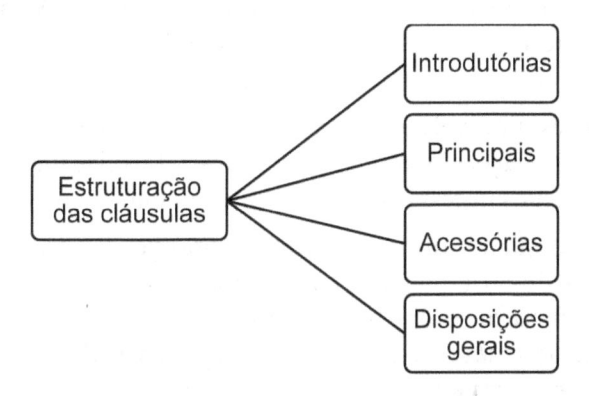

### 14.1.1 Cláusulas introdutórias

As *cláusulas introdutórias* estabelecem os aspectos gerais do contrato, como a definição do objeto e as condições aplicáveis ao acordo.

O objeto do contrato é a primeira cláusula e deve ser muito bem delimitada. Citamos como exemplos a identificação do bem imóvel, no contrato de compra e venda de imóvel, e a delimitação do escopo do serviço, no contrato de prestação de serviços.

Sobre a prestação de serviços, o art. 601 do Código Civil dispõe que quando o objeto do contrato for genérico, presume-se que o prestador "se obrigou a todo e qualquer serviço compatível com as suas forças e condições". Isso gera uma insegurança para as partes, o que dificulta a própria interpretação do acordo. Portanto, o mais conveniente é especificar totalmente o escopo do negócio.

*Exemplo prático:*

No contrato de namoro, as partes indicam que o objetivo do negócio é formalizar a relação afetiva e o que não se enquadra neste vínculo.

Essa cláusula precisa ser a primeira do contrato de namoro, pois delimita o objeto do acordo e estabelece as bases sobre as quais todas as demais disposições serão construídas.

*Exemplo prático*:

No contrato de união estável, os companheiros declaram que convivem de forma contínua, pública e duradoura, com o objetivo de constituir família, reconhecendo a união estável como entidade familiar.

Ao iniciar o contrato com essa declaração, as partes deixam claro o reconhecimento da relação como entidade familiar, alinhando o acordo às exigências legais e prevenindo dúvidas sobre a natureza da convivência. A cláusula também sinaliza a adequação com o art. 1.723 do Código Civil, que define os elementos essenciais para a configuração da união estável.

As condições aplicáveis ao contrato determinam os parâmetros que regem a execução das obrigações assumidas pelas partes. Tais cláusulas estabelecem os termos e os requisitos necessários para o cumprimento do negócio.

Por exemplo, quando um contrato de compra e venda é celebrado sob condição suspensiva, o direito almejado pelo comprador somente será adquirido após a verificação da condição estipulada, como é o caso do pagamento do sinal. Já no contrato de prestação de serviços, as condições podem incluir o fornecimento de informações essenciais pelo contratante para que o prestador de serviços possa iniciar a execução.

*Exemplo prático*:

Em um acordo de dissolução de união estável, as partes estabeleceram uma condição suspensiva que vincula a partilha de um imóvel à conclusão de sua venda. Ficou definido que, após a venda, o valor será dividido proporcionalmente entre as partes, de acordo com o percentual previamente ajustado no contrato.

Além disso, as condições[1] podem ser resolutivas ou suspensivas, dependendo de sua finalidade, conforme dispõe o art. 121 do Código Civil.

---

1. Pablo Stolze e Rodolfo Pamplona definem a condição como "um elemento acidental, consistente em um evento futuro e incerto, por meio do qual subordinam-se ou resolvem-se os efeitos jurídicos de um determinado negócio". In: GAGLIANO, Pablo Stolze. PAMPLONA FILHO, Rodolfo. *Novo curso de Direito Civil*: parte geral. São Paulo: Saraiva, 2017. v. 1. p. 482.

Como esclarecem Pablo Stolze e Rodolfo Pamplona,[2] a cláusula suspensiva subordina "não apenas a sua eficácia jurídica (exigibilidade), mas, principalmente, os direitos e obrigações decorrentes do negócio". Por outro lado, se for resolutiva a condição, "enquanto esta não se realizar, vigorará o negócio jurídico, podendo exercer-se desde a conclusão deste o direito por ele estabelecido. Verificada a condição, para todos os efeitos extingue-se o direito a que ela se opõe".

Uma condição suspensiva impede a execução do contrato até que determinado evento ocorra, enquanto uma condição resolutiva extingue o contrato automaticamente ao se verificar um fato previamente estipulado. Essas especificidades devem ser descritas com atenção.

| Condição suspensiva | Condição resolutiva |
| --- | --- |
| • Subordinada a efeitos de um determinado ato. | • Extingue o direito a que ela se opõe. |

## 14.1.2 Cláusulas principais

As *cláusulas principais* definem os direitos e os deveres específicos de cada parte. Nesse sentido, detalham-se os deveres de execução, as retribuições envolvidas, as condições de pagamento, o prazo de vigência e outros aspectos fundamentais que configuram a essência do contrato.

Por exemplo, em um contrato de locação residencial, as cláusulas principais estabelecem que o locador deve garantir o uso pacífico do imóvel, enquanto o locatário assume a obrigação de conservar o bem e respeitar as regras de convivência estipuladas.

Em um acordo de partilha de bens, na dissolução da união estável, as cláusulas principais podem definir os bens a serem divididos, as responsabilidades financeiras de cada parte e os prazos para a execução das obrigações pactuadas.

Dessa maneira, os requisitos para a construção das cláusulas principais são: i) objetividade; ii) compatibilidade com o ordenamento jurídico; e iii) personalização.

---

2. GAGLIANO, Pablo Stolze. PAMPLONA FILHO, Rodolfo. *Novo curso de Direito Civil*: parte geral. São Paulo: Saraiva, 2017. v. 1. p. 485-486.

Cada obrigação deve ser descrita de forma concisa, e as cláusulas devem ser alinhadas aos princípios contratuais e às exigências legais. Além disso, a personalização permite que as disposições reflitam as particularidades de cada relação contratual, atendendo às necessidades específicas das partes envolvidas.

*Exemplo prático*:

No contrato de prestação de serviços advocatícios, o advogado assume o dever de elaborar uma ação de divórcio e o cliente se compromete a fornecer os documentos necessários e efetuar o pagamento dos honorários.

### 14.1.3 Cláusulas acessórias

Já as *cláusulas acessórias* complementam o contrato com disposições que asseguram a funcionalidade e a previsibilidade do acordo em situações específicas. Exemplos incluem cláusulas de penalidade, confidencialidade, garantia, revisões e extinções contratuais.

As cláusulas acessórias são chamadas também de pactos adjetos e têm relação com o princípio da gravitação jurídica, pelo qual o acessório acompanha o principal.

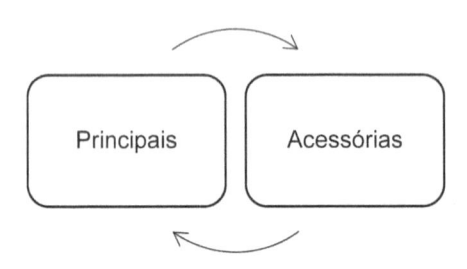

No contexto de uma obrigação principal, temos uma obrigação de dar, fazer ou não. Para reduzir o risco do inadimplemento total ou parcial da obrigação, as partes poderão estipular cláusulas acessórias, como uma cláusula penal ou uma garantia.

Esclarecem Cristiano Chaves e Nelson Rosenvald[3] que a cláusula penal é um "pacto acessório de prefixação de perdas e danos para o caso de descumprimento culposo, parcial ou integral, da obrigação principal".

*Exemplo prático*:

Na doação, o doador estipula a hipótese de revogação do contrato para o caso de ingratidão ou inexecução de encargos.

### 14.1.4 Disposições gerais

A cláusula de *disposições gerais* abrange aspectos que não se enquadram diretamente nas demais cláusulas, mas que podem incluir orientações adicionais sobre comunicação entre as partes e eventuais ajustes que alterem ou não a essência do acordo, o que resultará em novo contrato ou em aditivo.

A novação é um mecanismo de extinção da obrigação frequentemente abordado nas disposições gerais. Consiste na alteração do sujeito, do objeto ou de ambos simultaneamente, resultando na substituição da obrigação original por uma nova.

Cristiano Chaves e Nelson Rosenvald[4] ensinam que "a novação envolve a ideia de substituição de uma obrigação, pela intenção das partes de novar, manifestada mediante acordo, cessando o vínculo anterior".

A remissão é outro meio de extinção da obrigação tratado nas disposições gerais. Consiste no perdão da dívida concedido pelo credor, mediante à aceitação do devedor, nos termos do art. 385 do Código Civil.

Por isso, nas disposições gerais, é interessante esclarecer qual será a intenção das partes para o caso de substituição da obrigação pactuada ou do perdão concedido. Em outras palavras, os contratantes precisam delimitar se qualquer tipo de mudança ou exoneração do débito ensejará ou não uma novação ou uma remissão.

---

3. CHAVES DE FARIAS, Cristiano. ROSENVALD, Nelson. *Curso de direito civil*: direito das obrigações. Salvador: JusPodivm, 2008. p. 626.
4. CHAVES DE FARIAS, Cristiano. ROSENVALD, Nelson. *Curso de direito civil*: direito das obrigações. Salvador: JusPodivm, 2008. p. 512.

*Exemplo prático:*

Em um contrato de parceria para cuidar de parentes, as partes estipulam, na cláusula de disposições gerais, que quaisquer alterações nas responsabilidades deverão ser formalizadas por meio de um aditivo contratual e não caracterizarão novação.

## 14.2 PACTOS ANTENUPCIAIS

O pacto antenupcial é um dos negócios mais relevantes no Direito de Família, sendo indispensável para casais que optam por um regime de bens diferente da comunhão parcial. Esse instrumento jurídico deve ser formalizado por meio de escritura pública e devidamente registrado em cartório antes da celebração do casamento.

A estruturação das cláusulas no pacto antenupcial deve começar com as *cláusulas introdutórias*, que estabelecem os aspectos preliminares do acordo, podem incluir declarações de intenções e especificações sobre o propósito do pacto. Além disso, será detalhada a declaração do regime de bens escolhido, como separação total, comunhão universal, participação final nos aquestos ou regime misto.

As *cláusulas principais* tratam diretamente das regras patrimoniais que regerão a relação durante o casamento, prevendo, por exemplo, a administração de bens exclusivos e comuns, a destinação de rendimentos individuais e a divisão das despesas. Além disso, podem tratar de questões específicas relacionadas a aspectos existenciais ou a doações entre os cônjuges. No caso de regimes como o de separação de bens, essas cláusulas podem prever disposições detalhadas sobre a administração e a divisão de bens adquiridos em conjunto.

As *cláusulas acessórias* podem abordar questões como a previsão de alterações no regime de bens ao longo do casamento, e medidas para solucionar conflitos, como mediação ou arbitragem. Também podem incluir eventuais compensações financeiras em caso de divórcio, preservando o equilíbrio entre as partes.

As *cláusulas gerais*, por sua vez, têm a finalidade de regulamentar aspectos que não se enquadram diretamente nas cláusulas principais ou acessórias, mas que são importantes para garantir a funcionalidade do pacto. Podem, por exemplo, abordar o registro civil do casamento e a obrigatoriedade de registro no Cartório de Registro de Imóveis.

*Escritura de Pacto Antenupcial*

*1. Partes*

*[Nome Completo do Cônjuge 1], [nacionalidade], [estado civil], [profissão], portador do RG n. [número] e CPF n. [número], residente em [endereço completo], [e-mail] e [Nome Completo do Cônjuge 2], [nacionalidade], [estado civil], [profissão], portador do RG n. [número] e CPF n. [número], residente em [endereço completo] e [e-mail], declaram, por livre e espontânea vontade, a intenção de contrair matrimônio e firmam este pacto antenupcial, estabelecendo as normas que regerão o regime de bens e outros aspectos da vida conjugal, conforme cláusulas a seguir.*

*2. Declaração*

*Este pacto antenupcial tem por finalidade regular os direitos e deveres patrimoniais e extrapatrimoniais durante o casamento, sendo fruto do consenso dos nubentes e firmado em conformidade com as normas legais vigentes, sem qualquer coação ou vício de vontade.*

*3. Regime de Bens*

*Fica estabelecido o regime de separação total de bens, de modo que cada cônjuge manterá a propriedade, administração e disposição dos bens adquiridos antes e durante o casamento, sem que haja comunicação de qualquer patrimônio.*

*4. Administração dos Bens*

*Cada cônjuge será responsável pela administração dos seus próprios bens, podendo alienar, hipotecar ou dispor dos mesmos livremente, sem necessidade de consentimento do outro, exceto no que diz respeito ao imóvel de residência familiar, cuja alienação dependerá da anuência de ambos os cônjuges.*

*5. Cláusula de Compensação Financeira*

*Caso um dos cônjuges renuncie, total ou parcialmente, de sua carreira profissional em prol da família ou do desenvolvimento profissional do outro, ficará garantido o direito a uma compensação financeira, estipulada de comum acordo entre as partes, de forma a assegurar um equilíbrio patrimonial. A compensação será calculada com base nos rendimentos do cônjuge beneficiado durante o período de renúncia.*

*6. Cláusulas Extrapatrimoniais*

*Ambos os cônjuges se comprometem a dividir de forma equitativa as tarefas domésticas e a colaborar mutuamente na criação e educação dos filhos que venham a ter, respeitando as decisões conjuntas acerca da educação, saúde e subsistência deles.*

*7. Solução de Conflitos*

*Em caso de divergências relacionadas à interpretação ou execução deste pacto, as partes comprometem-se a buscar uma solução por meio de mediação extrajudicial. Caso a mediação não resulte em acordo, será possível recorrer à arbitragem, antes de levar o caso ao Poder Judiciário.*

*8. Disposições Gerais*

*O presente pacto somente terá validade após o registro do casamento civil, nos termos da legislação em vigor. Qualquer alteração deste pacto deverá ser realizada por escrito e devidamente registrada. O pacto será registrado no Cartório de Registro de Imóveis competente, produzindo efeitos perante terceiros.*

*O presente contrato é celebrado em [número] vias de igual teor e forma, assinadas pelos conviventes e por duas testemunhas, a fim de que produza seus jurídicos e legais efeitos.*

*[Local], [data].*

*[Assinatura do Nubente 1]*

*[Assinatura do Nubente 2]*

*[Assinatura do Oficial de Cartório]*

*[Testemunha 1]*

*[Testemunha 2]*

Abaixo estão algumas cláusulas comuns em pactos antenupciais e exemplos práticos de sua utilização.

## 14.2.1 Cláusula de separação total de bens

Essa cláusula estabelece que cada cônjuge será o único proprietário dos bens que adquirir durante o casamento, sem qualquer comunhão de bens.

*Exemplo de redação:*

"Fica estabelecido o regime de separação total de bens, pelo qual cada cônjuge será proprietário exclusivo dos bens que adquirir antes e durante o casamento, bem como dos rendimentos desses bens. Nenhuma dívida contraída por um dos cônjuges, durante o casamento, será de responsabilidade do outro."

## 14.2.2 Cláusula de comunhão universal de bens

Nesta cláusula, os bens adquiridos antes e durante o casamento, bem como dívidas e obrigações, serão considerados comuns ao casal.

*Exemplo de redação:*

"As partes optam pelo regime de comunhão universal de bens, pelo qual todos os bens presentes e futuros, móveis e imóveis, bem como direitos, rendas e dívidas adquiridas antes e durante o casamento, serão considerados de propriedade comum e serão administrados por ambos os cônjuges."

### 14.2.3 Cláusula de exceção de bens

As partes podem optar por incluir uma cláusula que exclui determinados bens da comunhão, mesmo no regime de comunhão universal.

*Exemplo de redação:*

"Os bens herdados pelo cônjuge [nome], consistentes em [descrição do bem], ficam excluídos da comunhão universal de bens e permanecerão de sua propriedade exclusiva, mesmo que sejam alienados ou reformados durante o casamento."

## 14.3 CONTRATO DE CONVIVÊNCIA

Os contratos de união estável têm como objetivo formalizar a convivência entre companheiros, estabelecendo regras patrimoniais e existenciais. Embora a união estável possa ser reconhecida informalmente, um contrato escrito oferece maior proteção para ambas as partes.

No contrato de convivência, as *cláusulas introdutórias* geralmente abordam aspectos preliminares, como as declarações de intenções do reconhecimento mútuo da convivência e o objetivo de formar uma união estável, eliminando dúvidas quanto à sua existência e finalidade e a identificação do regime de bens escolhido pelo casal.

As *cláusulas principais* são aquelas que regulam direitos e deveres essenciais das partes e estabelecerão regras para a administração de bens adquiridos durante a união, divisão de despesas, uso de imóveis comuns ou exclusivos e compensações financeiras em casos específicos. Também podem incluir disposições sobre confidencialidade, privacidade e até mesmo compromissos relacionados ao bem-estar emocional dos companheiros.

As *cláusulas acessórias* são voltadas para a solução de possíveis conflitos e a regulação do término da convivência, indicando cláusulas penais para descumprimento de obrigações específicas, critérios detalhados para a partilha de bens e eventual pensão compensatória, bem como os mecanismos alternativos para resolução de disputas.

As *cláusulas gerais* tratam de aspectos de caráter complementar. Podem incluir disposições sobre a possibilidade de revisões periódicas ou alterações mediante acordo mútuo.

*Contrato de Convivência*

*1. Partes*

*Convivente 1: [Nome completo], [nacionalidade], [estado civil], [profissão], portador do RG n. [número] e CPF n. [número], residente em [endereço completo] e [e-mail].*

*Convivente 2: [Nome completo], [nacionalidade], [estado civil], [profissão], portador do RG n. [número] e CPF n. [número], residente em [endereço completo] [e-mail].*

*Os conviventes acima identificados declaram, por livre e espontânea vontade, firmar o presente contrato de união estável, nos termos do artigo 1.723 e seguintes do Código Civil, observadas as seguintes cláusulas e condições:*

*2. Declaração de União Estável*

*Os conviventes declaram que convivem de forma contínua, pública e duradoura, com o objetivo de constituir família, reconhecendo a união estável como entidade familiar.*

*3. Regime de Bens*

*Fica acordado que o regime de bens que regerá a presente união será o [especificar o regime de bens escolhido], conforme disposto na legislação aplicável. Caso desejem alterar o regime de bens futuramente, os conviventes deverão proceder a mudança, mediante escritura pública.*

*4. Bens Adquiridos Durante a União*

*Os bens adquiridos durante a vigência da união estável deverão ser administrados, [conforme o regime de bens escolhido pelas partes]. Caso sejam adquiridos bens em copropriedade, ambos os conviventes deverão assinar conjuntamente documentos de alienação ou disposição dos referidos bens.*

*5. Responsabilidades*

*Os conviventes comprometem-se a contribuir para o sustento da entidade familiar de forma proporcional às suas capacidades financeiras, sendo que [declarar a proporcionalidade].*

*6. Compensação Financeira*

*Caso um dos conviventes abra mão, total ou parcialmente, de sua carreira profissional para dedicar-se ao cuidado do lar ou ao suporte da carreira do outro convivente, este terá direito a uma compensação financeira em caso de dissolução da união estável, que será estipulada de acordo com a proporção dos rendimentos do convivente beneficiado durante o período de renúncia.*

*7. Solução de Conflitos*

*Em caso de discordância sobre quaisquer questões decorrentes deste contrato, os conviventes comprometem-se a tentar resolver a controvérsia de forma amigável, por meio de mediação. Caso a mediação não tenha êxito, as partes poderão recorrer ao Poder Judiciário.*

*8. Dissolução da União Estável*

*Em caso de dissolução da união estável, o patrimônio adquirido durante a convivência será partilhado da seguinte forma: [depende do regime de bens escolhido].*

*9. Disposições Gerais*

*Os conviventes concordam com a possibilidade de revisões periódicas deste acordo, mediante mútuo consenso e formalizadas por aditivo contratual.*

*O presente contrato é celebrado em [número] vias de igual teor e forma, assinadas pelos conviventes e por duas testemunhas, a fim de que produza seus jurídicos e legais efeitos.*

*10. Foro*

*Fica eleito o foro da Comarca de [local], para dirimir quaisquer controvérsias oriundas do presente contrato, com renúncia de qualquer outro, por mais privilegiado que seja.*

*[Local], [data].*

*[Assinatura do Convivente 1]*

*[Assinatura do Convivente 2]*

*[Testemunha 1]*

*[Testemunha 2]*

## 14.3.1 Cláusula de regime de bens na união estável

As partes podem optar por adotar um regime de bens específico, como comunhão parcial, separação total ou participação final nos aquestos.

*Exemplo de redação*:

"As partes, ao formalizar a união estável, optam pelo regime de comunhão parcial de bens, pelo qual os bens adquiridos a título oneroso durante a convivência serão partilhados em caso de dissolução da união, com exceção dos bens adquiridos por doação ou herança, que permanecerão de propriedade exclusiva do beneficiário."

### 14.3.2 Cláusula de partilha de bens na união estável

As partes podem prever no contrato como será feita a partilha dos bens adquiridos durante a união, caso ela venha a ser dissolvida.

*Exemplo de redação*:

"Em caso de dissolução da união estável, os bens adquiridos em nome de ambos os companheiros serão partilhados igualmente entre as partes. Bens adquiridos individualmente por qualquer uma das partes serão excluídos da partilha, desde que comprovado o uso de recursos próprios".

## 14.4 CLÁUSULAS ESTRATÉGICAS EM ACORDOS

Nos acordos de divórcio e dissolução de união estável, a inclusão de cláusulas estratégicas possibilita a adaptação das disposições às necessidades específicas de cada caso, antecipando e mitigando os efeitos de eventos futuros.

Assim, cláusulas como as de revisão do acordo, convivência, guarda compartilhada e reajuste dos alimentos têm papel central nesses ajustes e exigem atenção especial para que os interesses das partes envolvidas sejam resguardados de forma equilibrada.

### 14.4.1 Cláusula de revisão do acordo

É importante prever a possibilidade de revisar os termos do acordo de alimentos, especialmente se as condições financeiras ou a situação dos filhos mudarem significativamente. Situações como a mudança na renda de um dos cônjuges ou o aparecimento de despesas podem justificar a revisão do valor dos alimentos ou de outras condições previamente estabelecidas. Toda essa flexibilidade contratual evita a judicialização para qualquer mudança que venha ocorrer e incentiva a adoção de soluções consensuais entre as partes.

Em relação às mudanças na convivência e guarda, o acordo precisa contemplar as possibilidades de ajustes, caso ocorram alterações na dinâmica familiar. Por exemplo, uma cláusula de revisão pode prever que, se um dos genitores mudar de cidade, estado ou país,[5] os termos da convivência e da guarda possam ser renegociados para atender ao melhor interesse da criança.

Cabe ressaltar que o contrato precisa definir critérios quanto ao tipo de mudança que poderá justificar a revisão, ao procedimento para dar início às negociações e ao prazo para a implementação das alterações.

Portanto, são requisitos que precisam ser observados nas cláusulas de revisão: i) Identificação objetiva das circunstâncias que ensejam a revisão: especificar quais mudanças são consideradas relevantes para justificar uma revisão. Exemplos incluem alterações significativas na renda das partes, mudança de residência ou o aparecimento de necessidades especiais relacionadas aos filhos; ii) Definição do procedimento de revisão: prever um mecanismo para iniciar a renegociação, como a notificação prévia e escrita à outra parte (WhatsApp, e-mail etc.); iii) Estipulação de prazos para implementação: período razoável para que as alterações negociadas sejam aplicadas, evitando atrasos ou prejuízos decorrentes de indefinições prolongadas.

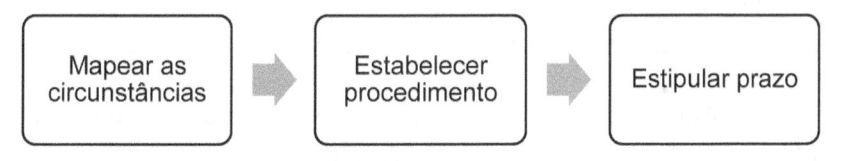

Mapear as circunstâncias → Estabelecer procedimento → Estipular prazo

---

5. "(...) 9. Na hipótese em exame, a alteração do lar de referência da criança, do Brasil para a Holanda, conquanto gere dificuldades e modificações em aspectos substanciais da relação familiar, atende aos seus melhores interesses, na medida em que permitirá a potencial experimentação, desenvolvimento, vivência e crescimento aptos a incrementar a vida da criança sob as perspectivas pessoal, social, cultural, valorativa, educacional e de qualidade de vida em um país que, atualmente, ocupa o décimo lugar no ranking de Índice de Desenvolvimento Humano da ONU. 10. Hipótese em que, ademais, houve o desenvolvimento de um cuidadoso plano de convivência na sentença, em que existe a previsão de retorno da criança ao Brasil em todos os períodos de férias até completar dezoito anos (com custos integralmente suportados pela mãe), utilização ampla e irrestrita de videochamadas ou outros meios tecnológicos de conversação e a convivência diária quando o pai estiver na Holanda. 11. Recurso especial parcialmente conhecido e, nessa extensão, parcialmente provido, a fim de restabelecer a sentença quanto à admissibilidade da modificação do lar de referência da criança para a Holanda e quanto ao regime de convivência e de visitação do genitor que fora por ela estabelecida, invertendo-se a sucumbência" (REsp 2.038.760/RJ, Relatora Ministra Nancy Andrighi, Terceira Turma. Julgado em 06.12.2022. DJe 09.12.2022).

*Exemplo de redação*:

"As partes concordam que o presente acordo poderá ser revisado a qualquer tempo, caso ocorra mudança substancial nas condições financeiras dos pais ou nas necessidades dos filhos. As alterações deverão ser formalizadas por escrito e homologadas judicialmente".

### 14.4.2 Cláusula de convivência

Os acordos de convivência e guarda são elaborados com o objetivo de definir os direitos e deveres dos pais em relação aos filhos, após a dissolução de um casamento ou união estável.

Os calendários de convivência devem ser personalizados, levando em consideração as rotinas, necessidades e idades das crianças, bem como a disponibilidade e as condições dos pais. O planejamento personalizado refletirá as realidades específicas de cada família, promovendo a estabilidade emocional da criança.

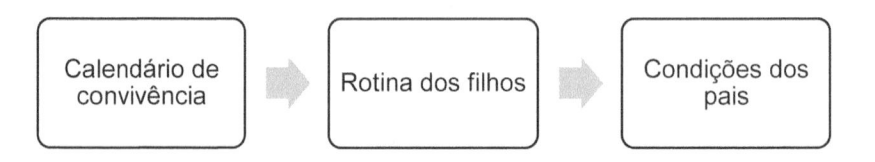

É essencial que o calendário contemple os dias regulares de convivência, não podendo esquecer também datas especiais, como aniversários, férias escolares, feriados e eventos importantes.

Um ponto muitas vezes esquecido é a possibilidade de ajustes nos acordos devido a situações adversas. Por isso, os calendários devem prever eventuais mudanças ou imprevistos, desde que haja concordância entre ambos os pais e que os interesses dos filhos sejam priorizados.

### 14.4.3 Cláusula de guarda compartilhada

A guarda compartilhada estabelece que ambos os pais têm a responsabilidade conjunta dos filhos, sendo o regime obrigatório no direito brasileiro, conforme previsto no art. 1.584, § 2º, do Código Civil.[6]

---

6. Art. 1.584, § 2º Quando não houver acordo entre a mãe e o pai quanto à guarda do filho, encontrando-se ambos os genitores aptos a exercer o poder familiar, será aplicada a guarda compartilhada, salvo se um dos genitores declarar ao magistrado que não deseja a guarda da criança ou do adolescente ou quando houver elementos que evidenciem a probabilidade de risco de violência doméstica ou familiar.

Quando se comprova que a guarda unilateral é a opção mais adequada para atender às necessidades da criança, o ordenamento jurídico permite que ela seja atribuída a um dos genitores. Essa decisão, no entanto, deve estar fundamentada em um conjunto de provas, incluindo avaliações psicossociais e pareceres do Ministério Público.

Apesar disso, a atribuição da guarda unilateral não retira o poder familiar do outro genitor, que permanece responsável por cumprir suas obrigações de sustento, educação e cuidado com o bem-estar do filho.[7]

Assim sendo, o poder familiar é exercido por ambos os genitores, em igualdade de condições, buscando-se a plena participação na vida do filho e evitando o distanciamento causado pela guarda unilateral, em prol do maior interesse da criança e do adolescente, bem como em observância aos princípios constitucionais que permeiam as relações familiares, como o princípio da solidariedade familiar e da igualdade entre os cônjuges e conviventes.[8]

Para Maria Berenice Dias,[9] compartilhar a guarda vai além de uma simples divisão de responsabilidades, representando a garantia de que ambos os pais estarão igualmente comprometidos com os deveres e direitos inerentes ao poder familiar. Mais do que uma obrigatoriedade, a guarda compartilhada reflete uma postura e uma mentalidade que reconhecem a importância igualitária de pai e mãe na vida dos filhos, independentemente da idade destes.

Como mencionado, embora a guarda compartilhada seja a regra e um ideal a ser perseguido no melhor interesse dos filhos, a sua aplicação pode ser nociva em casos de completa animosidade e falta de diálogo entre os genitores.

---

7. "(...) 6. A concessão da guarda unilateral a um dos genitores não retira o poder familiar do outro, que deve permanecer atento aos direitos/prerrogativas de proteção, sustento, assistência, promoção da educação e construção do arcabouço emocional e moral do filho. 7. Para a incidência das sanções por litigância de má-fé, é necessária a prova incontesta de que a parte praticou quaisquer das condutas descritas no artigo 80 do Código de Processo Civil, bem como elementos atinentes à existência de ato doloso e de prejuízo. Presente a percepção de que a hipótese reflete apenas o exercício dialético do direito de ação/defesa mediante o confronto de teses e argumentos, evidencia-se a não ocorrência dos referidos pressupostos, o que conduz ao não cabimento da pleiteada condenação por litigância de má-fé. 8. Apelação parcialmente conhecida e, na extensão, não provida" (TJ/DF. Acórdão 1432427, Relator Desembargadora Simone Lucindo, Primeira Turma Cível, Data de julgamento 22.06.2022. DJE 05.07.2022).

8. SOUZA, Deisiane Araujo de. DUQUE, Bruna Lyra. A eficácia da guarda compartilhada na diminuição dos casos de alienação parental. *Revista Academia Brasileira de Direito Civil*, v. 2, n. 1, p. 50-63, 2018. p. 51.

9. DIAS, Maria Berenice. *Manual de direito das famílias*. 11. ed. São Paulo: RT, 2016. p. 517.

Neste sentido, no AREsp 1.820.674/RJ,[10] o Superior Tribunal de Justiça entendeu que seria melhor adotar a guarda unilateral e a atribuiu à genitora, em razão da incapacidade de comunicação saudável entre os pais.

O STJ destacou que alterar essa decisão demandaria análise de fatos e provas, vedada pela Súmula 7 da Corte. No entanto, em razão do caráter *rebus sic stantibus* (estando assim as coisas) das decisões sobre guarda, é possível revisá-las futuramente mediante ação própria, caso haja alteração no comportamento das partes envolvidas.

*Exemplo de redação:*

"As partes concordam que a guarda dos filhos será compartilhada, sendo que ambos os pais terão a responsabilidade conjunta sobre as decisões importantes relativas à educação, saúde, lazer das crianças [descrever todas]".

### 14.4.4 Cláusula de reajuste dos alimentos

A fixação do valor dos alimentos, além de seguir critérios legais, frequentemente envolve a análise do padrão de vida das partes.

Segundo Gustavo Tepedino e Ana Carolina Teixeira,[11] os alimentos definitivos não constituem coisa julgada material, mas apenas formal, devido à natureza flexível da obrigação alimentar, que está diretamente relacionada às condições financeiras das partes envolvidas.

---

10. "Segundo o entendimento jurisprudencial desta Corte, "não é possível a alegação de fato novo exclusivamente em sede de recurso especial por carecer o tema do requisito indispensável de prequestionamento e importar, em última análise, em supressão de instância" (AgRg no AREsp 595.361/SP, Rel. Ministro Ricardo Villas Bôas Cueva, Terceira Turma, julgado em 18.06.2015, DJe de 06.08.2015). Conforme entendimento desta Corte, embora a guarda compartilhada seja a regra e um ideal a ser buscado em prol do bem-estar dos filhos, existem casos nos quais, em razão da elevada animosidade e beligerância entre os genitores, sua adoção não é recomendada por não representar o melhor interesse da criança. Precedentes. Na hipótese, o acórdão recorrido reconheceu expressamente a capacidade da genitora para exercer a guarda unilateral da criança, com preponderância sobre o genitor, e afastou a possibilidade de adoção da guarda compartilhada em razão da litigiosidade vivida entre os pais e da inexistência de diálogo salutar na tomada de decisões a favor da criança. Para se alterar tal conclusão, seria necessário o revolvimento de matéria fático-probatória, procedimento vedado pela Súmula 7/STJ. Em virtude do caráter "rebus sic stantibus" da decisão relativa à guarda de filhos, nada impede que o regime de guarda venha a ser futuramente modificado caso comprovada, em ação própria a este fim, eventual alteração do comportamento das partes. Agravo interno a que se nega provimento" (Superior Tribunal de Justiça. AgInt nos EDcl no AREsp 1.820.674/RJ, Relator Ministro Raul Araújo, Quarta Turma. Julgado em 20.05.2024. DJe 04.06.2024).
11. TEPEDINO, Gustavo; TEIXEIRA, Ana Carolina Brochado. *Fundamentos do direito civil*: direito de família. Rio de Janeiro: Forense. 2022. v. 6. Edição do Kindle. p. 684.

Quando ocorrer um fato novo que impacte a situação econômica das partes, é possível tanto a alteração do valor dos alimentos quanto a extinção da própria obrigação. Para isso, torna-se necessário demonstrar a existência de um novo[12] fato que afete as condições financeiras de quem presta ou recebe os alimentos.

Ressalta-se que, em um acordo, o reajuste deve ser previamente indicado pelas partes. Essa previsão tem natureza de cláusula de escala móvel (art. 316 do Código Civil).

*Exemplo de redação:*
"O pai compromete-se a pagar mensalmente a quantia de [valor] a título de alimentos, destinada ao sustento dos filhos, até que eles atinjam a maioridade ou completem o ensino superior. Esse valor será reajustado anualmente, de acordo com o índice [XXX]".

## 14.5 CONTRATO DE DOAÇÃO

O contrato de doação tem como objetivo formalizar a transferência gratuita de bens ou vantagens de uma pessoa (doador) para outra (donatário). Esse tipo de contrato estabelece as condições da transferência do bem ao donatário, podendo incluir cláusulas específicas, tais como, encargos, reversão ou restrições quanto ao uso do bem doado.

As doações também são fundamentais para garantir que o patrimônio familiar seja transmitido aos herdeiros da forma desejada no planejamento sucessório, evitando disputas judiciais entre familiares após o falecimento do planejador.

A inclusão de cláusulas de proteção patrimonial também é comum, para evitar que bens doados sejam incluídos no regime de bens de casamento ou sejam penhorados por credores.

As *cláusulas introdutórias* têm como função estabelecer o contexto do acordo, mencionando o motivo ou a intenção da doação.

---

12. "1. A jurisprudência é clara no sentido de que na Ação Revisional a redução dos alimentos depende da prova da modificação das condições econômicas das partes. 2. Ademais, segundo o § 1º do art. 1.694 do atual Código Civil, os alimentos devem ser fixados atendendo-se às necessidades do alimentando e às possibilidades da pessoa obrigada a prestá-los. 3. Tendo em vista que restou demonstrada a alteração da capacidade contributiva do alimentante, impõe-se a revisão dos alimentos a fim de adequá-los à nova realidade, de acordo com o binômio necessidade/possibilidade que pauta a fixação da verba alimentícia. 4. Recurso desprovido". (TJ/ES. Apelação 0000983-51.2013.8.08.0064. Relator Desembargador Telemaco Antunes de Abreu Filho, Terceira Câmara Cível, Julgamento 29.03.2016).

As *cláusulas principais* devem detalhar o objeto da doação, especificando com detalhes o bem ou a vantagem transferida. Também é importante prever a possibilidade de encargos, que são as condutas que o donatário deverá cumprir, caso a doação não seja pura, isto é, livre de ônus para o donatário.

As *cláusulas acessórias* podem incluir disposições relacionadas à proteção do bem doado. Por exemplo, a cláusula de incomunicabilidade, a cláusula de impenhorabilidade ou cláusula de reversão.

Neste contrato, existem ainda as *cláusulas de preservação do planejamento sucessório* são essenciais em doações realizadas com o objetivo de identificar a antecipação da legítima. Nesse caso, pode ser incluída a dispensa ou exigência de colação, nos termos do art. 2.005 do Código Civil.

As *cláusulas gerais* podem incluir disposições sobre a formalização e o registro da doação, especialmente no caso de bens imóveis, que devem ser registrados no Cartório de Registro de Imóveis para produzir efeitos contra terceiros.

*Contrato de Doação*

*1. Partes*

*Doador: [Nome completo do doador], [nacionalidade], [estado civil], [profissão], portador do RG n. [número] e CPF n. [número], residente em [endereço completo] e [e-mail].*

*Donatário: [Nome completo do donatário], [nacionalidade], [estado civil], [profissão], portador do RG n. [número] e CPF n. [número], residente em [endereço completo] e [e-mail].*

*As partes acima identificadas têm, entre si, justo e acertado o presente contrato de doação, que se regerá pelas seguintes cláusulas e condições.*

*2. Objeto da Doação*

*O presente contrato tem por objeto a doação de [especificar o bem doado, como por exemplo: "um imóvel localizado na [endereço completo], registrado sob matrícula n. [número] no Cartório de Registro de Imóveis da Comarca de [local]"], pertencente ao Doador, livre e desembaraçado de quaisquer ônus, dívidas ou restrições.*

*3. Espécie da Doação*

*A doação será pura e simples, sem qualquer encargo, e será transferida imediatamente ao Donatário, a partir da assinatura deste contrato. [Caso haja encargos ou condições, especificar aqui, como por exemplo: "A doação está condicionada ao compromisso do DONATÁRIO praticar o ato [XXX]".*

### 4. Direito de Usufruto

O Doador reserva para si o direito de usufruto vitalício sobre o bem objeto desta doação, garantindo a posse e uso exclusivo do imóvel enquanto viver. O Donatário compromete-se a respeitar o usufruto do Doador até sua extinção.

### 5. Transferência do Bem

A entrega do bem será realizada na data de assinatura do presente contrato, momento em que o Donatário se tornará o legítimo proprietário do bem, conforme as disposições aqui estabelecidas.

[No caso de bem imóvel, o Donatário providenciará o registro da transferência no Cartório de Registro de Imóveis XXX].

### 6. Encargos

Fica estipulado que, enquanto o Doador mantiver o usufruto sobre o bem doado, este será responsável por todas as despesas relacionadas à manutenção e conservação do bem, tais como impostos, taxas e contribuições. Após a extinção do usufruto, tais encargos passarão a ser de responsabilidade do Donatário.

### 7. Reversão

Em caso de falecimento do donatário, o bem doado reverterá automaticamente ao patrimônio do doador.

### 8. Revogação da Doação

O presente contrato poderá ser revogado por ingratidão do Donatário ou inexecução de encargos, caso tenham sido estabelecidos. [Se aplicável: "A doação também poderá ser revogada caso o Donatário deixe de cumprir o encargo de destinar o imóvel exclusivamente à residência familiar."]

### 9. Disposições Finais

A formalização e o registro da doação devem ser registrados no Cartório de Registro de Imóveis para produzir efeitos contra terceiros.

O presente contrato é celebrado em [número] vias de igual teor e forma, assinadas pelas partes e por duas testemunhas, a fim de que produza seus jurídicos e legais efeitos.

### 10. Foro

Para dirimir quaisquer controvérsias oriundas deste contrato, as partes elegem o foro da Comarca de [local], com renúncia de qualquer outro, por mais privilegiado que seja.

[Local], [data].

*Assinaturas:*

*[Assinatura do Doador]*

*[Assinatura do Donatário]*

*[Assinatura da Testemunha 1]*

*[Assinatura da Testemunha 2]*

## 14.5.1 Cláusula de doação com usufruto

O usufruto é o direito de uma pessoa utilizar e tirar proveito de um bem que pertence a outra, garantindo ao usufrutuário o uso e os frutos gerados por esse bem. O usufruto pode ser vitalício ou ter um prazo determinado.

Na doação com usufruto, o doador transfere a propriedade de um bem para um herdeiro, enquanto mantém o direito de usufruir desse bem durante a sua vida. Assim, o doador continua a utilizar e se beneficiar do bem doado – como morar em um imóvel ou receber a renda gerada por ele – até o seu falecimento, momento em que o herdeiro se tornará o pleno proprietário.

*Exemplo de redação:*

"O doador transfere ao donatário a propriedade do imóvel localizado em [endereço], mantendo para si o usufruto vitalício, o que lhe garante o direito de residir no imóvel e utilizar seus rendimentos até o falecimento. Após a morte do doador, o donatário assumirá a plena propriedade do bem".

## 14.5.2 Cláusulas de inalienabilidade e impenhorabilidade

A inalienabilidade é uma restrição que impede o beneficiário de vender, transferir ou alienar o bem doado, fazendo com que o patrimônio permaneça sob o controle da família e não possa ser negociado ou dilapidado. Já a impenhorabilidade é uma proteção jurídica que impede que o bem seja penhorado por credores do beneficiário, protegendo-o de eventuais execuções por dívidas.

Com relação à impenhorabilidade, embora o objetivo seja proteger o patrimônio contra dívidas do beneficiário, essa proteção não é absoluta. Dívidas alimentares podem relativizar a impenhorabilidade, uma vez que o direito de sustento dos filhos menores tem prioridade sobre a proteção patrimonial.

As cláusulas de inalienabilidade e impenhorabilidade são incluídas em contratos de doação para proteger os bens doados contra alienação ou penhora, assegurando que o patrimônio familiar permaneça íntegro e protegido, evitando que ele seja comprometido por decisões individuais ou problemas financeiros do beneficiário.

A prática de fraudes e simulações constituem limites para a viabilidade das cláusulas de inalienabilidade e impenhorabilidade. Essas cláusulas não podem ser usadas como meio para fraudar credores ou para simular uma situação que não reflete a realidade, com o objetivo de ocultar patrimônio.

Assim, a proteção patrimonial que essas cláusulas oferecem não pode servir de escudo para práticas fraudulentas ou simulações, uma vez que o direito dos credores de ver suas dívidas pagas também tem proteção legal.

*Exemplo de redação*:

"Os bens doados pelo doador ao donatário são declarados inalienáveis e impenhoráveis, não podendo ser vendidos, doados, penhorados ou oferecidos como garantia em qualquer transação, até o falecimento do doador ou até que se cumpram as condições estabelecidas no presente contrato."

### 14.5.3 Cláusula de proteção em planejamento sucessório

Essa cláusula visa proteger o patrimônio familiar de futuras partilhas ou disputas entre herdeiros, assim, os bens doados serão preservados.

*Exemplo de redação*:

"Os bens doados, consistentes em [descrição dos bens], ficam excluídos de qualquer comunhão de bens em caso de casamento ou união estável do donatário, sendo de sua propriedade exclusiva e permanecendo inalienáveis até o falecimento do doador ou até que se cumpram as condições previstas neste contrato."

### 14.6 CONTRATO DE NAMORO

Os contratos de namoro têm como objetivo formalizar o relacionamento afetivo entre os parceiros, deixando clara as regras da relação, o objetivo da união firmada e os seus efeitos.

Embora o namoro não exija formalização para ser reconhecido socialmente, um contrato escrito evita as interpretações equivocadas que possam levar à confusão com outras uniões.

As *cláusulas introdutórias* geralmente incluem a declaração expressa da intenção dos namorados. Nesse ponto, as partes afirmam que o vínculo entre eles se trata exclusivamente de um namoro e que não pretendem constituir família ou gerar efeitos jurídicos típicos de união estável.

As *cláusulas principais* abordam os aspectos centrais da relação, como a renúncia a direitos patrimoniais ou alimentares entre as partes, a incomunicabilidade de bens adquiridos individualmente durante o relacionamento e a exclusão de efeitos jurídicos típicos de relações familiares.

As *cláusulas acessórias* podem incluir disposições de proteção patrimonial e resolução de conflitos. Além disso, podem estabelecer os efeitos do término do contrato e a revisão dos termos caso o vínculo evolua para outro tipo de relação jurídica.

As *cláusulas gerais* podem incluir eventuais ajustes que alterem ou não a relação afetiva.

*Contrato de Namoro*

*1. Partes*

*[Nome do(a) Namorado(a) 1], nacionalidade, estado civil, profissão, inscrito(a) no CPF sob o n. [número do CPF] e RG n. [número do RG], residente à [endereço completo] e [e-mail].*

*[Nome do(a) Namorado(a) 2], nacionalidade, estado civil, profissão, inscrito(a) no CPF sob o n. [número do CPF] e RG n. [número do RG], residente à [endereço completo] e [e-mail].*

*As partes acima identificadas têm, entre si, justo e acertado o presente contrato de namoro, que se regerá pelas seguintes cláusulas e condições.*

*2. Objeto do Contrato*

*Este contrato é estabelecido para formalizar a relação afetiva de namoro entre as partes, não gerando quaisquer direitos patrimoniais entre os namorados.*

*3. Relacionamento*

*As partes afirmam que mantêm um relacionamento de namoro, sem a intenção de constituir família ou qualquer vínculo.*

*4. Autonomia e Independência*

*Cada parte possui vida financeira, patrimonial e familiar independente, sem pretensão de união de bens, direitos ou responsabilidades patrimoniais.*

*5. Vigência e Extinção*

*Este contrato permanecerá em vigor enquanto o relacionamento amoroso entre as partes existir, podendo ser extinto a qualquer momento, mediante consenso ou decisão unilateral de uma das partes.*

*6. Disposições Finais*

*Eventuais ajustes, independentemente de alterarem ou não a relação afetiva, devem ser formalizados por aditivos contratuais.*

*O presente contrato é celebrado em duas vias de igual teor e forma, assinadas pelas partes e por duas testemunhas, para que produza seus devidos efeitos legais.*

*7. Foro*

*Para resolver qualquer controvérsia oriunda deste contrato, as partes elegem o foro da Comarca de [local], renunciando a qualquer outro, por mais privilegiado que seja.*

*[Local], [data].*

*Assinaturas:*

*[Assinatura do Namorado(A) 1]*

*[Assinatura do Namorado(A) 2]*

*[Assinatura da Testemunha 1]*

*[Assinatura da Testemunha 2]*

## 14.7 CONTRATO DE PARCERIA PARA CUIDAR DE PARENTES

O contrato de parceria para cuidar de parentes tem como objetivo formalizar a colaboração entre familiares ou terceiros na assistência a determinada pessoa, estabelecendo de forma clara as responsabilidades e condições necessárias para assegurar a proteção do parente envolvido. Ao especificar os deveres de cada parceiro cuidador e prever acordos quanto a despesas e decisões importantes, esse tipo de contrato evita potenciais conflitos entre as partes.

A parceria oferece uma proteção jurídica importante, proporcionando segurança tanto para os parceiros cuidadores quanto para o parente assistido, em situações que exigem assistência de longo prazo ou apoio financeiro compartilhado.

As *cláusulas introdutórias* indicarão as razões da parceria. Nessa etapa, são mencionadas as informações do parente que será assistido e alinhamento das expectativas dos parceiros.

As *cláusulas principais* detalham os direitos e os deveres de cada parte envolvida no cuidado do parente. Entre os pontos que podem ser abordados estão a divisão das responsabilidades, como quem será o responsável por cuidados médicos, tarefas domésticas ou apoio emocional; a contribuição financeira de cada parte para cobrir despesas como medicamentos, transporte e alimentação; e os critérios para tomada de decisões importantes.

As *cláusulas acessórias* incluem um cronograma de reavaliação periódica das condições do cuidado, ajustando os termos conforme necessário, cláusulas de confidencialidade, cláusulas de resolução de conflitos, e, se aplicável, cláusulas que regulem a substituição ou adição de cuidadores.

As *cláusulas gerais* podem abordar que o contrato será revisado periodicamente ou sempre que acontecerem mudanças significativas ou necessidades do parente assistido.

*Contrato de Parceria para Cuidar de Parentes*

*1. Partes*

*Parceiro(A) 1: [Nome completo do(a) cuidador(a) 1], [nacionalidade], [estado civil], [profissão], portador(a) do RG n. [número] e CPF n. [número], residente em [endereço completo] e [e-mail].*

*Parceiro(A) 2: [Nome completo do(a) cuidador(a) 2], [nacionalidade], [estado civil], [profissão], portador(a) do RG n. [número] e CPF n. [número], residente em [endereço completo] e [e-mail].*

*As partes acima identificadas têm entre si justo e acertado o presente contrato de parceria para cuidado de parentes, que se regerá pelas cláusulas e condições seguintes.*

*2. Objeto da Parceria*

*O presente contrato tem por objeto a parceria para o cuidado e assistência a [nome completo do(a) parente], nascido(a) em [data de nascimento], residente em [endereço do(a) parente], assegurando os cuidados e a saúde do(a) parente durante o período necessário.*

*3. Responsabilidades das Partes*

*Cada cuidador compromete-se a compartilhar as responsabilidades de cuidado, incluindo acompanhamento médico, administração de medicamentos e outras tarefas diárias essenciais, conforme acordo entre as partes.*

*4. Divisão de Despesas*

*As despesas relacionadas ao cuidado do(a) parente serão compartilhadas entre as partes na proporção de [especificar a divisão percentual ou valor]. O valor será atualizado conforme necessário, mediante acordo entre as partes.*

*5. Decisões Importantes*

*Decisões de grande impacto sobre a saúde do(a) parente serão tomadas em comum acordo entre os parceiros, priorizando o melhor interesse do(a) mesmo(a).*

6. Revisão

*Qualquer revisão das responsabilidades, despesas ou condições estabelecidas neste contrato deverá ser formalizada por escrito e assinada por ambas as partes, utilizando aditivos. As alterações terão efeito a partir da data da assinatura da revisão.*

7. Vigência e Extinção

*Este contrato vigorará a partir da data de assinatura e permanecerá em efeito enquanto for necessário o cuidado do(a) parente. Pode ser extinto por consenso entre as partes ou se as condições do cuidado se alterarem.*

8. Disposições Finais

*As partes concordam que o presente contrato poderá ser revisado periodicamente, a cada [especificar período], ou sempre que ocorrerem mudanças significativas ou necessidades do parente assistido.*

*O presente contrato é celebrado em duas vias de igual teor e forma, assinadas pelas partes e por duas testemunhas, para que produza seus efeitos legais.*

9. Foro

*Para dirimir quaisquer dúvidas ou controvérsias decorrentes deste contrato, as partes elegem o foro da Comarca de [local], renunciando a qualquer outro, por mais privilegiado que seja.*

*[Local], [data].*

*Assinaturas:*

*[Assinatura do Parceiro(a) 1]*

*[Assinatura do Parceiro(a) 2]*

*[Assinatura da Testemunha 1]*

*[Assinatura da Testemunha 2]*

# RESUMO DA PARTE III

*A criação de contratos que atendam aos interesses das partes requer uma combinação de habilidades técnicas e sensibilidade para lidar com os aspectos humanos envolvidos nessas relações.*

Os modelos de contratos e acordos abordados neste capítulo representam as principais ferramentas jurídicas disponíveis para a formalização de relações patrimoniais e familiares.

A formalização de contratos, sejam eles pactos antenupciais, contratos de convivência, acordos de guarda ou doações com planejamento sucessório, proporciona previsibilidade e proteção ao patrimônio, assegurando que as partes tenham seus direitos resguardados.

Cada contrato deve ser redigido com base nas necessidades particulares da família, respeitando os princípios da autonomia privada e da boa-fé, sem se esquecer das limitações legais, como os direitos dos herdeiros necessários.

Além disso, a inclusão de cláusulas específicas para tratar de questões como convivência, alimentos e proteção patrimonial em doações é essencial para garantir que o contrato atenda às expectativas das partes e evite interpretações equivocadas.

A advocacia no Direito de Família exige um conhecimento profundo da legislação aplicável e da realidade prática das famílias. A criação de contratos que atendam aos interesses das partes requer uma combinação de habilidades técnicas e sensibilidade para lidar com os aspectos humanos envolvidos nessas relações.

Dessa forma, a elaboração de contratos bem estruturados é um dos pilares para a advocacia estratégica em contratos e família.

Para saber mais sobre a Prática Contratual, acesse o QR Code:

# PARTE IV
# MÉTODO PARA ADVOGAR COM CONTRATOS E FAMÍLIA

"A inversão pode ajudar a perceber insights óbvios que você deixou passar porque estava olhando o problema de um único ponto de vista".

(Greg Mckeown[1])

---

1. MCKEOWN, Greg. Trad. Beatriz *Medina*. *Sem esforço*: torne mais fácil o que é mais importante. Rio de Janeiro: Sextante, 2022. Edição do Kindle. p. 39.

# 15
# COMEÇAR COM
# OS NICHOS DE CONEXÃO

Para avaliar a técnica na área escolhida, é essencial refletir sobre algumas questões fundamentais. A capacidade de planejar bem a ação é uma medida de competência. Quanto melhor o plano, mais fácil será superar a procrastinação, resolver o problema mais difícil e seguir em frente.

Um ponto importante é considerar a disposição para investir em capacitação, como a realização de um curso on-line ou até mesmo uma especialização na área escolhida. Além disso, o profissional da advocacia precisa se dedicar à análise do mercado local e identificar como a área de atuação pretendida está posicionada na cidade onde se planeja atuar. Apesar de parecer trivial, testar a atuação localmente dá mais segurança antes de considerar a expansão para outros mercados.

A escolha da área deve estar alinhada à afinidade, ao gosto pelo estudo e à busca constante por conhecimento sobre o tema. Não é recomendável optar por uma área apenas por ser financeiramente atrativa ou por estar em alta no momento. A dedicação e o interesse genuíno são fatores determinantes para construir uma carreira sólida.

Como propõe Simon Sinek[2] "tudo começa de dentro para fora". Tudo começa no porquê. Assim, a escolha da área de atuação e dos nichos deve estar profundamente alinhada ao propósito, às convicções e aos valores que orientam a prática profissional.

Assim, aqui estão três passos para a implementação do método Nichos de Conexão: i) Planejamento Estratégico: desenvolver um plano bem estruturado para a atuação na área escolhida; ii) Investir na própria formação: escolher cursos especializados; iii) Afinidade e dedicação: priorizar uma área (com os nichos e subnichos) que desperte afinidade e interesse genuíno, o que incentivará a busca

---

2. "O QUÊ: toda companhia e toda organização no planeta sabe O QUE faz. Não importa se é grande ou pequena nem o campo de atividade. Todo mundo é facilmente capaz de descrever os produtos ou serviços que sua companhia vende ou a função do cargo que desempenha dentro daquele sistema. O QUÊ é fácil de identificar". In: SINEK, Simon. Trad. Paulo Geiger. *Comece pelo porquê*: Como grandes líderes inspiram pessoas e equipes a agir. Rio de Janeiro: Sextante. 2018. Edição do Kindle. p. 54.

contínua por conhecimento e especialização em cada nicho para gerar a conexão e a oferta dos produtos jurídicos.

Para saber mais sobre o método Nichos de Conexão, acesse o QR Code:

## 15.1 ESCOLHENDO OS NICHOS CERTOS

Cada meta requer uma lista. Primeiro, o ideal é iniciar com uma lista principal, com todas as tarefas a serem executadas para a definição dos nichos. Essa é a hora de incluir qualquer ideia, objetivo, tarefa ou responsabilidade.[3]

A definição de metas, para Steven Lawrence,[4] desempenha um papel essencial ao fornecer direcionamento e foco, permitindo que se trabalhe em objetivos de longo prazo. Nesse processo, também se desenvolve a habilidade de superar desafios imediatos, enfrentados ao longo do caminho.

A relação entre a definição de metas e a escolha dos nichos certos direciona a atuação profissional, traçando objetivos de longo alcance enquanto desenvolve habilidades para superar desafios imediatos.

---

3. BRIAN, Tracy. *Comece pelo mais difícil*: 21 ótimas maneiras de superar a preguiça e se tornar altamente eficiente e produtivo. Rio de Janeiro: Sextante, 2017. Edição do Kindle. p. 21.

4. LAWRENCE, Steven. *Poder da execução de metas*: o guia definitivo para criar metas e objetivos eficientes que dão resultado. Amazon Serviços, 2019. Edição do Kindle. p. 25.

O processo descrito neste Capítulo busca auxiliar o profissional a estruturar uma oferta de produtos que integre ideias, objetivos e ações relacionadas à definição dos nichos. Nesse contexto, o planejamento detalhado, combinado com o cumprimento de metas práticas, torna-se uma ferramenta indispensável para o sucesso na escolha dos nichos.

A ideia central do método Nichos de Conexão está na combinação de dois nichos: um voltado para a escala, com a oferta de produtos que possuem honorários mais acessíveis, e outro focado em produtos jurídicos mais complexos, que oferecem maior rentabilidade.

Um *nicho que permite escalar* é aquele que oferece produtos jurídicos replicáveis em diversas demandas extrajudiciais ou judiciais. Dessa forma, é possível iniciar com um produto padronizado, ofertando-o a um público amplo, devido à facilidade de confecção. Um exemplo seria a elaboração de contratos de compra e venda de imóvel previamente estruturados, gerando ganhos em escala.

Por sua vez, um *nicho que inclua produtos jurídicos mais específicos e complexos* demandará uma atuação técnica diferenciada e personalizada. Essa especificidade levará a cobrança de honorários mais elevados, valorizando o serviço prestado. Ressaltamos que começar com demandas menores não significa limitar o crescimento profissional, mas sim construir uma base sólida e uma esteira de produtos.

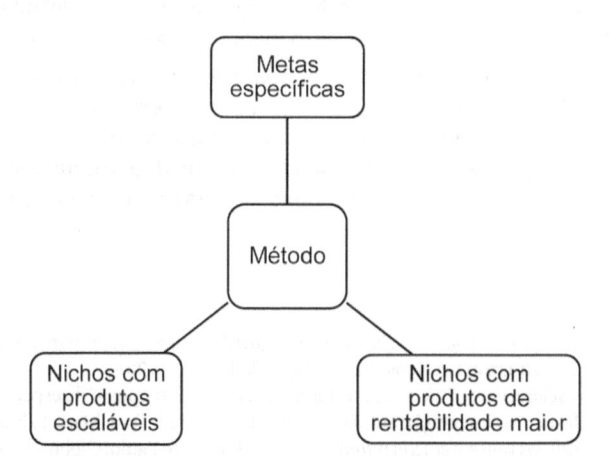

O método Nichos de Conexão propõe a escolha de nichos com produtos específicos a serem ofertados. Apesar de os nichos estarem interligados, cada um pode ser trabalhado de forma independente, permitindo flexibilidade na atuação.

Conforme Steven Lawrence,[5] a definição de objetivos amplos e vagos, sem uma ação concreta para alcançá-los, é pouco diligente. Para que sejam atingíveis, as metas precisam ser específicas, mensuráveis e realistas, facilitando tanto o planejamento quanto a execução das ações necessárias para concretizá-las.

Tal tese do autor se alinha ao método Nichos de Conexão, que propõe a escolha de nichos bem definidos, com produtos jurídicos específicos a serem ofertados. Apesar de os nichos estarem conectados por afinidades temáticas, cada um pode ser trabalhado em caráter independente, oferecendo ao profissional flexibilidade para adaptar sua atuação às demandas de mercado, sem perder o foco nos objetivos estratégicos previamente estabelecidos.

Com o uso da conexão, a força principal não reside em uma especialização restrita, mas na habilidade de promover uma integração dos produtos, mediante uma visão mais abrangente, conectando áreas e nichos para oferecer soluções completas e estratégicas aos cliente.[6]

Quanto mais claras são as intenções, ou seja, a escolha dos nichos com os produtos para cada um deles, mais as escolhas influenciam as ações e maior a capacidade de avaliar se uma atividade está de acordo com o caminho profissional identificado.[7]

Para facilitar a escolha dos nichos, a proposta do autor Greg Mckeown[8] é interessante, pois está baseada no critério de conhecimento exclusivo:

> Ser bom no que ninguém mais faz é melhor do que ser ótimo no que todo mundo faz. E ser especialista no que ninguém mais faz é exponencialmente mais valioso.
>
> Para colher os resultados residuais do conhecimento, o primeiro passo é alavancar o que os outros sabem. Mas o objetivo final é identificar conhecimentos que sejam só seus e avançar a partir deles. Existe algo que pareça difícil para os outros, mas que seja fácil para você? Algo que se baseia no que você já sabe, facilitando seu aprendizado e aumentando sua competência continuamente? Essa é uma oportunidade para você criar conhecimento exclusivo.

---

5. LAWRENCE, Steven. *Poder da execução de metas*: o guia definitivo para criar metas e objetivos eficientes que dão resultado. Amazon Serviços, 2019. Edição do Kindle. p. 25.
6. David Epstein esclarece que "nossa maior força é exatamente o oposto da especialização estrita. É a capacidade de fazer uma integração ampla". In: EPSTEIN, David. Trad. Marcelo Barbão e Fal Azevedo. *Por que os generalistas vencem em um mundo de especialistas*. São Paulo: Globo, 2020. Edição do Kindle. p. 37.
7. "Quanto mais claras são suas intenções, mais elas influenciam suas ações e maior sua capacidade de avaliar se uma atividade está de acordo com o caminho que você deseja seguir". In: BRIAN, Tracy. *Comece pelo mais difícil*: 21 ótimas maneiras de superar a preguiça e se tornar altamente eficiente e produtivo. Rio de Janeiro: Sextante, 2017. Edição do Kindle. p. 30.
8. MCKEOWN, Greg. Trad. Beatriz Medina. *Sem esforço*: torne mais fácil o que é mais importante. Rio de Janeiro: Sextante, 2022. Edição do Kindle. p. 178.

A ideia proposta no método é selecionar dois nichos dentro da mesma área de atuação, aproveitando os conhecimentos adquiridos e otimizando os procedimentos aplicáveis a ambos, o que possibilitará o desenvolvimento de produtos jurídicos alinhados a esses nichos, ampliando o alcance dos serviços oferecidos.

Tudo isso desafia o *status quo* comum na advocacia e oferece alternativas individuais mais simples, como propõe Simon Sinek.[9] A escolha de dois nichos interligados otimiza o uso de recursos e a criação de soluções jurídicas práticas e capazes de atender demandas específicas dos clientes.

Ao desafiar padrões tradicionais e buscar alternativas que valorizem a individualidade das situações, reforça o diferencial competitivo do advogado, que passa a ser visto como um solucionador de problemas, alinhado às necessidades e expectativas dos clientes.

Ressalta-se que estabelecer um prazo para alcançar metas dos produtos jurídicos escolhidos, com as suas respectivas ofertas, para cada nicho criará um horizonte temporal claro para o trabalho e permitirá uma gestão efetiva processo. Dividir um grande objetivo em partes menores, cada uma com seu próprio prazo, facilita a organização, promove a responsabilidade e gera um senso de urgência. Além disso, alcançar essas metas intermediárias traz uma sensação de progresso e realização, reforçando o comprometimento com o objetivo maior.[10]

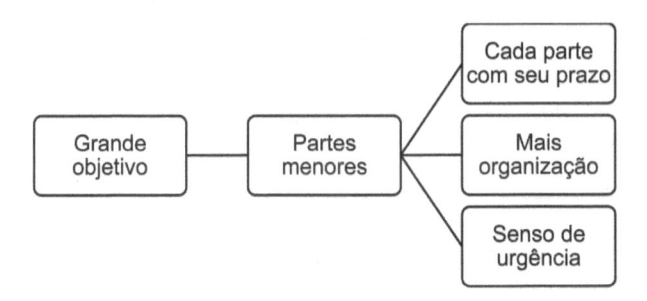

## 15.2 COMO ESCOLHER OS PRODUTOS JURÍDICOS

O primeiro passo é escolher a área de atuação, seguido da escolha de dois nichos dentro dessa área. Em seguida, defina um produto para cada nicho e avalie

9. SINEK, Simon. Trad. Paulo Geiger. *Comece pelo porquê*: Como grandes líderes inspiram pessoas e equipes a agir. Rio de Janeiro: Sextante. 2018. Edição do Kindle. p. 62.

10. LAWRENCE, Steven. *Poder da execução de metas*: o guia definitivo para criar metas e objetivos eficientes que dão resultado. Amazon Serviços, 2019. Edição do Kindle. p. 42.

a viabilidade de cada produto no mercado. É essencial estudar profundamente a técnica jurídica de cada produto para garantir o domínio necessário.

Vale lembrar que a técnica, aprimorada pela preparação constante, é o que conduzirá o profissional ao nível de excelência almejado. "O conhecimento pode abrir a porta para uma oportunidade, mas o conhecimento exclusivo produz oportunidades perpétuas".[11]

Tudo começa pela clareza de propósito. Como bem destaca Simon Sinek,[12] "se pessoas não compram o que você faz, mas por que o faz, e você mesmo não sabe qual é o seu propósito, como qualquer outra pessoa vai saber?" Essa clareza é essencial para orientar a escolha da área de atuação, a definição dos nichos e a elaboração dos produtos jurídicos. Quando o propósito está bem delineado, ele se torna o eixo central que conecta cada decisão e direciona a prática profissional com coerência e significado.

Depois disso, crie um procedimento de atendimento voltado para a venda[13] de cada produto. Identifique e encontre o público-alvo adequado e faça a divulgação tanto no on-line quanto no off-line.

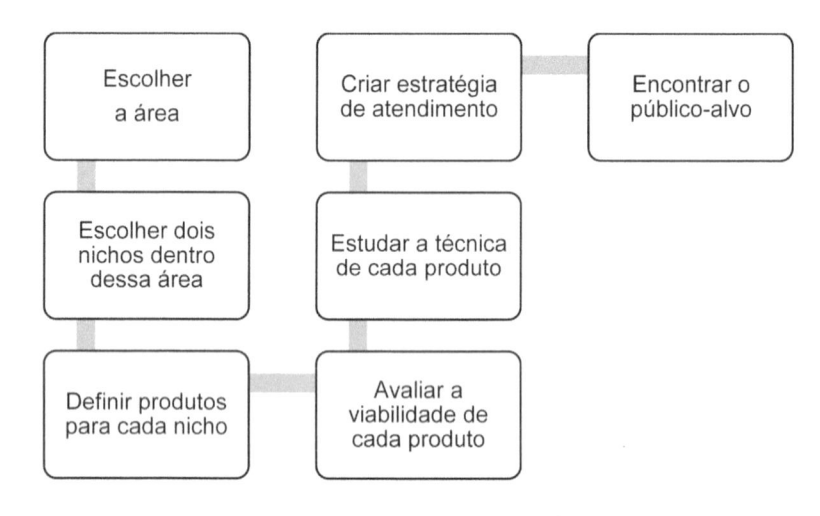

---

11. MCKEOWN, Greg. Trad. Beatriz Medina. *Sem esforço*: torne mais fácil o que é mais importante. Rio de Janeiro: Sextante, 2022. Edição do Kindle. p. 179.

12. SINEK, Simon. Trad. Paulo Geiger. *Comece pelo porquê*: Como grandes líderes inspiram pessoas e equipes a agir. Rio de Janeiro: Sextante. 2018. Edição do Kindle. p. 84.

13. "Para um vendedor, por exemplo, marcar reuniões importantes é uma área de resultado-chave, pois se trata de uma atividade fundamental para todo o processo de vendas. Fechar a venda é outra área de resultados-chave. Quando concluída, a venda aciona as atividades de muitas outras pessoas, aquelas que produzem e entregam o produto ou realizam o serviço". In: BRIAN, Tracy. *Comece pelo mais difícil*: 21 ótimas maneiras de superar a preguiça e se tornar altamente eficiente e produtivo. Rio de Janeiro: Sextante, 2017. Edição do Kindle. p. 45.

## 15.3  EXEMPLOS DE SUCESSO DOS NICHOS DE CONEXÃO

Na advocacia, a constituição de nichos estratégicos constrói a diversificação da atuação profissional ao longo do tempo e, como consequência, contribui para a consolidação de uma prática jurídica rentável.

Este Capítulo é dedicado a apresentar exemplos na aplicação do método Nichos de Conexão, destacando como a escolha assertiva de áreas complementares pode gerar resultados positivos, tanto para os profissionais quanto para os clientes.

Serão abordados três cenários distintos que ilustram a relevância e a aplicabilidade do método. Primeiramente, os contratos empresariais e compra e venda de imóveis demonstram como é possível aliar demandas empresariais padronizadas com a complexidade da negociação de bens imóveis, ampliando o campo de atuação com produtos escaláveis e de alto valor agregado.

Em seguida, o foco recai sobre os casos de ação de alimentos e divórcio consensual, evidenciando como demandas frequentes e de grande impacto para as famílias podem ser tratadas de forma prática, utilizando abordagens técnicas que promovam soluções rápidas. Depois será discutida a atuação na Regularização de Imóveis e Inventário Extrajudicial, áreas que exemplificam a integração entre questões patrimoniais e sucessórias.

Cada exemplo reforça como o método Nichos de Conexão potencializa a atuação jurídica, unindo especialização, criatividade e resultados consistentes.[14]

### 15.3.1  Contratos empresariais e compra e venda de imóveis

Neste exemplo, o primeiro produto consiste na elaboração de contratos empresariais, como contratos de prestação de serviços ou parcerias comerciais. Ao direcionar esse serviço para pequenas e médias empresas, é possível desenvolver um modelo padronizado de contrato aplicável a casos semelhantes, e, consequentemente, amplia a escala da atuação.

O segundo produto consiste na assessoria jurídica em contratos de compra e venda de imóveis. Este serviço demanda uma análise minuciosa dos contratos, suporte na realização de *due diligence*[15] (identificação de possíveis riscos legais)

---

14. "Procure sempre aperfeiçoar as habilidades que proporcionam os resultados mais importantes. Lembre-se: embora no momento você seja competente, seu conhecimento e seus talentos estão ficando obsoletos rapidamente". In: BRIAN, Tracy. *Comece pelo mais difícil*: 21 ótimas maneiras de superar a preguiça e se tornar altamente eficiente e produtivo. Rio de Janeiro: Sextante, 2017. Edição do Kindle. p. 62.
15. Por exemplo, a *due diligence* aplicada ao mercado imobiliário consiste em um conjunto de atos investigativos realizados antes de uma atividade no setor imobiliário. Trata-se de um processo para analisar,

e acompanhamento completo durante as negociações. Devido à complexidade e aos riscos associados, os honorários para este tipo de trabalho são mais elevados, refletindo o valor agregado do serviço prestado.

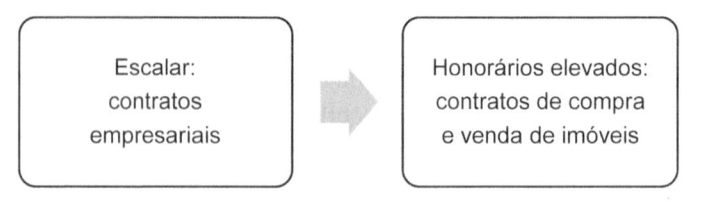

## 15.3.2 Ação de alimentos e divórcio consensual

No nicho de Direito de Família, o primeiro produto pode ser a ação de alimentos, um processo bastante frequente e com alto potencial de escalabilidade. É possível desenvolver um modelo de petição que atenda a casos similares, permitindo o atendimento de um número maior de clientes com honorários acessíveis, otimizando o tempo e os recursos.

O segundo produto, mais complexo e com honorários mais elevados, pode ser o divórcio consensual. Apesar de sua natureza amigável, esse processo envolve detalhes importantes, como partilha de bens, guarda dos filhos e questões relacionadas a alimentos.

Com a crescente demanda por divórcios amigáveis, oferecer um atendimento completo, que acompanhe todas as etapas do processo, desde a elaboração da petição inicial até sua finalização, se torna um diferencial estratégico.

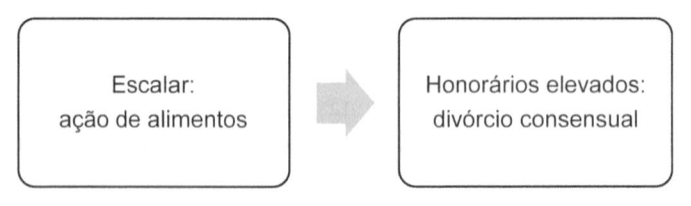

---

de forma detalhada, os aspectos legais e estratégicos de um empreendimento. Essa investigação é conduzida pelas partes interessadas em estabelecer relações societárias ou firmar parcerias empresariais, como ocorre em empreendimentos voltados ao pool hoteleiro ou atividades de incorporação imobiliária. O principal objetivo da *due diligence* é identificar e avaliar todos os elementos que possam impactar o empreendimento e que, inicialmente, não estão visíveis aos envolvidos. Com isso, a abordagem preventiva da assessoria jurídica faz com que os empresários compreendam a totalidade dos riscos e oportunidades associados ao negócio. O processo inclui uma análise dos riscos relacionados à operação, o que ocorre por meio do levantamento de dados do empreendimento e das partes. São realizados diversos atos, tais como: obtenção de certidões, pesquisas sobre processos judiciais e administrativos, análise de dívidas e avaliações contábeis e fiscais. Além disso, o trabalho envolve a elaboração de documentos, como promessas de parceria, termos de confidencialidade e memorandos de entendimento, que formalizam os compromissos iniciais e estruturam a relação negocial.

### 15.3.3 Regularização de imóveis e inventário extrajudicial

Neste exemplo, o primeiro produto jurídico seria a regularização de imóveis, um serviço jurídico que envolve ajustar a documentação de um imóvel para que ele esteja apto à transferência. Esse serviço pode ser oferecido em grande escala, principalmente em áreas urbanas onde muitos imóveis apresentam irregularidades documentais.

O segundo produto jurídico seria a demanda de inventário extrajudicial. Esse processo, quando realizado extrajudicialmente (em cartório), é mais rápido e menos oneroso, mas exige conhecimento técnico específico. Por ser um procedimento mais delicado e complexo, será possível cobrar honorários mais elevados para atuar nesse tipo de caso.

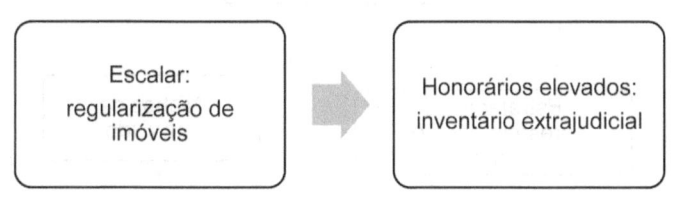

### 15.4 PLANO JURÍDICO DE NEGÓCIOS

Definimos plano jurídico de negócios como o instrumento estratégico que organiza e direciona as ações de um advogado ou escritório na identificação, estruturação e oferta de produtos jurídicos. Esse plano não se limita a listar serviços; trata-se de uma ferramenta para identificar oportunidades no mercado, analisar a viabilidade de cada produto jurídico e estabelecer um roteiro para a sua implementação.

De acordo com Brian Tracy, "uma informação ou uma habilidade extra pode fazer toda a diferença em seu desempenho. Identifique as principais atividades que você realiza e trace um plano para sempre se aperfeiçoar nessas áreas".[16]

---

16. Brian Tracy sugere as seguintes perguntas para o processo de compreensão das limitações: "O que impede seu desenvolvimento? O que define o tempo que você leva para conquistar seus objetivos? O que o impede de cumprir suas tarefas-chave? Por que você ainda não atingiu sua meta?" In: BRIAN, Tracy. *Comece pelo mais difícil*: 21 ótimas maneiras de superar a preguiça e se tornar altamente eficiente e produtivo. Rio de Janeiro: Sextante, 2017. Edição do Kindle. p. 63.

Elaborar um plano[17] de negócios voltado para a escolha de produtos jurídicos é uma etapa fundamental para direcionar a atuação profissional na advocacia estratégica.

Pelo planejamento, o profissional irá definir os serviços a serem oferecidos, os nichos de mercado a serem atendidos e a estratégia de apresentação desses produtos jurídicos aos clientes. Seja no contexto de escritórios de advocacia ou na prática individual, o mapeamento dos serviços ofertados, suas características e o público-alvo é indispensável para garantir a sustentabilidade e o crescimento da atividade profissional.

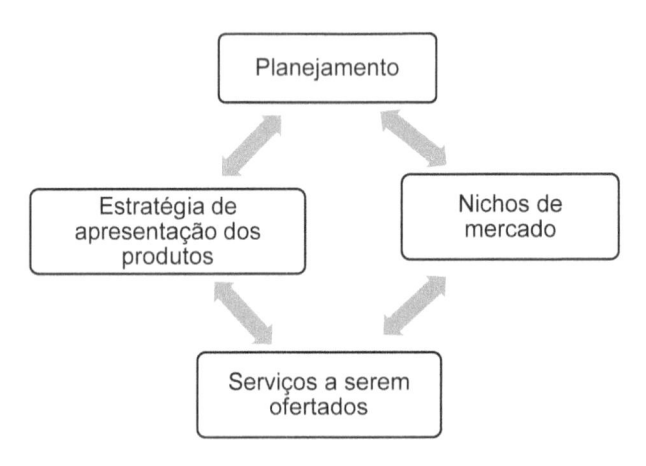

Agora é importante lembrar, como adverte David Epstein,[18] que "uma boa ferramenta raramente é suficiente em um mundo complexo, interconectado e em rápida mudança". Não basta ter a ferramenta, necessário se faz utilizá-la e depois revisar periodicamente o que foi executado.

A seguir, serão apresentados os principais elementos que compõem um plano de negócios voltado à seleção e desenvolvimento de produtos jurídicos. Será destacada a importância de um planejamento detalhado, que leve em conta as demandas do mercado, a viabilidade dos serviços e a diferenciação em relação à concorrência.

---

17. "Pense em alguma coisa que você precise fazer, algo que queira aprender, ou um problema que tenha de enfrentar. O que é? Agora, faça um plano concreto. Quando executará o plano? Onde o fará? Como fará? Pense em tudo, com detalhes claros. Esses planos concretos – planos que você é capaz de visualizar – sobre quando, onde e como vai fazer alguma coisa levam a níveis realmente muito elevados de acompanhamento, o que, naturalmente, aumenta a possibilidade de êxito". In: DWECK, Carol. Trad. S. Duarte. *Mindset*: A nova psicologia do sucesso. São Paulo: Objetiva, 2017. Edição do Kindle. p. 336.
18. EPSTEIN, David. Trad. Marcelo Barbão e Fal Azevedo. *Por que os generalistas vencem em um mundo de especialistas*. São Paulo: Globo, 2020. Edição do Kindle. p. 61.

A escolha de atuar nas áreas de Direito Contratual e Direito de Família baseia-se na experiência e conhecimento acumulados ao longo da carreira, permitindo oferecer serviços especializados e de alta qualidade. Essas áreas foram selecionadas por sua relevância e pela oportunidade de atender a demandas específicas do mercado jurídico.

No Direito Contratual, por exemplo, a atuação poderia focar no nicho de contratos de prestação de serviços para pequenas empresas, respondendo à necessidade crescente de formalização adequada dessas relações. Já no Direito de Família, a especialidade poderia se voltar ao nicho de divórcios extrajudiciais, um procedimento que se destaca por ser mais célere, ideal para casais que desejam resolver a dissolução conjugal de forma consensual.

O nicho de Contratos, outro exemplo da conexão de nichos, pode ter como produto a elaboração de contratos de prestação de serviços padronizados, mas adaptáveis às particularidades de cada cliente, oferecendo uma solução eficiente e acessível para pequenas e médias empresas.

Já no Direito de Família, o foco estaria no processo completo de divórcio extrajudicial, abrangendo desde a coleta de documentação até o trâmite no cartório, proporcionando uma alternativa prática para evitar os custos e o desgaste emocional do processo judicial.

Análises de mercado revelam uma lacuna significativa na formalização de contratos por pequenas empresas, o que torna a elaboração de contratos padronizados uma solução viável e necessária. No Direito de Família, a demanda crescente por divórcios extrajudiciais reflete o desejo de casais por soluções rápidas, consolidando a relevância desse serviço.

A expertise técnica é importante em ambas as áreas. Na elaboração de contratos, é imprescindível garantir cláusulas detalhadas, abarcando obrigações, responsabilidades e especificidades dos serviços. Para os divórcios extrajudiciais, é necessário compreender os requisitos legais, para conduzir o processo com celeridade e um diálogo com os notários.

No atendimento para o nicho de Contratos, devem ser estruturas as consultas iniciais para pequenas empresas, demonstrando a importância de contratos bem elaborados e estabelecendo confiança com os clientes. No nicho de Família, a abordagem é empática, oferecendo consultas (com cobrança) informativas que orientam casais sobre o processo de divórcio extrajudicial, enfatizando a agilidade e o menor impacto emocional.

Para divulgação, no nicho de Contratos são utilizadas ferramentas de marketing digital, com postagens educativas em plataformas como LinkedIn e Instagram, além de conteúdo voltado para empresários locais. No Direito de Família, a divulgação ocorre por meio de artigos em blogs, postagens explicativas em redes sociais e participação em palestras e eventos, reforçando autoridade no tema.

As parcerias[19] são fundamentais para expandir a atuação em ambos os nichos. No Direito Contratual, são estabelecidas colaborações com contadores e consultores empresariais, que frequentemente atendem clientes com necessidades jurídicas semelhantes. No Direito de Família, as parcerias com psicólogos familiares garantem uma abordagem integrada e humanizada, oferecendo suporte completo a casais em processo de divórcio.

Reiteramos, então, o plano jurídico de negócios:

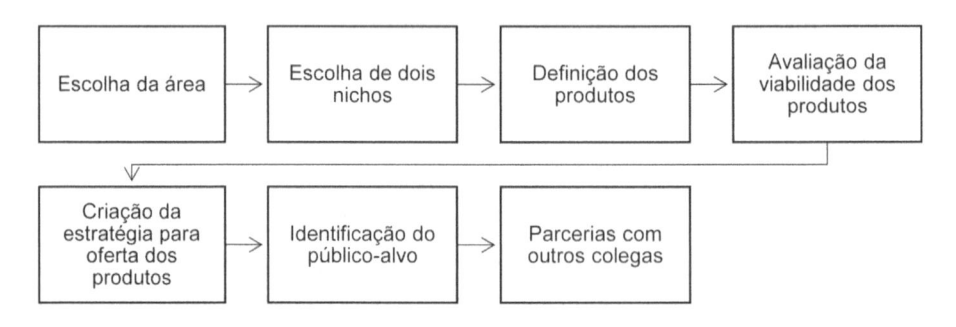

## 15.5 PERGUNTAS MAIS FREQUENTES SOBRE NICHOS

Esta última parte do Manual tem como objetivo responder às principais dúvidas que surgem ao implementar o método Nichos de Conexão no Direito Contratual e no Direito de Família. Identificar os nichos certos e os produtos jurídicos a serem trabalhados é uma etapa fundamental para qualquer advogado que busca consolidar sua atuação profissional.

A capacidade de aplicar o conhecimento de forma ativa decorre de um treinamento consistente, que envolve a prática de aplicar, testar e executar as habilidades adquiridas, permitindo que o profissional desenvolva competências e aplique-as aos nichos escolhidos. Por isso, há um senso comum na área de planejamento no qual "o sucesso de qualquer organização individual ou empresarial depende do seu potencial para converter um plano em realidade".[20]

---

19. "Estudos demonstram que, quanto mais os membros da equipe são encorajados a socializar e interagir direta e pessoalmente, mais eles se sentem engajados, mais energia têm e mais tempo conseguem passar concentrados em uma tarefa". In: SHAWN, Achor. *O jeito Harvard de ser feliz*. São Paulo: Saraiva, 2012. Edição do Kindle. p. 3506.
20. LAWRENCE, Steven. *Poder da execução de metas*: o guia definitivo para criar metas e objetivos eficientes que dão resultado. Amazon Serviços, 2019. Edição do Kindle. p. 8.

No Direito de Família, aplicar o conhecimento significa estruturar acordos equilibrados, analisar cuidadosamente os aspectos de um peticionamento ou de um acordo, considerando o impacto emocional e patrimonial das partes envolvidas, além de prever cenários futuros para minimizar possíveis conflitos.

Ao redigir um *contrato na dissolução do vínculo afetivo*[21] por exemplo, o advogado deve ser capaz de integrar direitos e deveres, garantindo os pontos de interesse do cliente, mas também flexibilidade para evitar a continuidade de conflitos. O treinamento para testar essas habilidades pode incluir a simulação de negociações e a análise de casos práticos, sempre considerando uma base teórica adequada e a jurisprudência mais atualizada sobre o tema.

Nos contratos, o treinamento também se faz fundamental para lidar com aspectos técnicos, como a redação de cláusulas estratégicas e a adaptação de estruturas contratuais às necessidades específicas dos clientes.

Executar[22] habilidades nesse campo envolve criar três pontos: i) soluções personalizadas; ii) analisar riscos; e iii) prever possíveis lacunas. Ao testar e revisar constantemente os instrumentos contratuais, o profissional aprimora a precisão e eficácia de sua atuação.

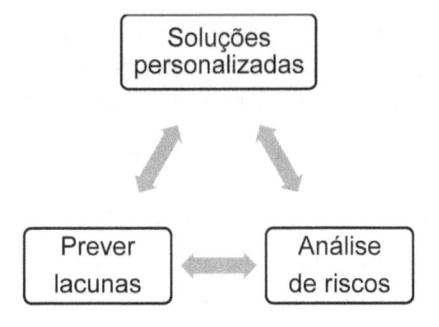

Portanto, a prática contínua de aplicar, testar e executar as habilidades adquiridas fortalece a capacidade técnica do advogado, ampliando sua visão e sua habilidade de resolver problemas contratuais e familiares complexos. Essa

---

21. No Capítulo 5, os contratos na dissolução do vínculo afetivo foram abordados no sentido de os cônjuges ou conviventes celebrarem negócios que visem garantir que as questões patrimoniais e existenciais sejam resolvidas com o mínimo de conflito possível. Ao estabelecer antecipadamente cláusulas claras para regular a partilha de bens, os deveres patrimoniais e até mesmo a convivência com os filhos, esses contratos oferecem uma solução célere para as partes envolvidas.

22. "A execução da estratégia exige ação, é preciso que pessoas específicas a executem. A falta de tal envolvimento pode facilmente se tornar a causa do fracasso da estratégia". In: LAWRENCE, Steven. *Poder da execução de metas*: o guia definitivo para criar metas e objetivos eficientes que dão resultado. Amazon Serviços, 2019. Edição do Kindle. p. 12.

combinação de competências é indispensável para as áreas em que o domínio técnico e a adaptabilidade caminham juntos.

No entanto, as escolhas não podem ser feitas de forma aleatória; essas decisões devem levar em conta fatores como demanda do mercado, viabilidade dos serviços e o perfil do público-alvo. Por isso, as perguntas frequentes abordadas neste capítulo são basilares para guiar essa jornada com clareza.

| Demanda do mercado | Público-alvo | Viabilidade dos serviços |
|---|---|---|

Entre os temas tratados, estão questões práticas e estratégicas, como a seleção dos melhores nichos para começar, o momento ideal para expandir os serviços e a importância do aprofundamento técnico nos produtos escolhidos. Também são abordadas dúvidas sobre a viabilidade de iniciar a implementação do método sem grandes investimentos financeiros, mostrando que o conhecimento e a criatividade podem compensar a ausência de recursos iniciais.

As reflexões também abordarão pontos importantes sobre como definir o público-alvo e lidar com características específicas dos nichos escolhidos, incluindo a possível sazonalidade de determinados produtos jurídicos.

Essas respostas oferecem um direcionamento para quem busca explorar a versatilidade dos nichos de atuação jurídica, permitindo que os profissionais alinhem suas escolhas ao propósito do método. Com isso, será possível alcançar resultados sustentáveis, combinando expertise técnica, posicionamento estratégico e uma compreensão mais aprofundada das necessidades dos clientes e do mercado jurídico.

*Quais são os melhores nichos para começar?*

Alguns dos nichos mais indicados para iniciar[23] a atuação incluem Contratos, Família, Sucessões, Imobiliário e Marcas. Esses campos oferecem uma variedade de oportunidades, tanto para produtos jurídicos escaláveis quanto para aqueles que exigem maior especialização, proporcionando uma atuação diversificada e estratégica.

---

23. Ressaltamos que a seleção dos nichos foi realizada com base na especialidade e na experiência da autora no Direito Civil. Essas áreas apresentam potencial para o desenvolvimento de produtos jurídicos escaláveis, do mesmo modo que respondem a uma demanda crescente por serviços altamente qualificados.

*Quando é o momento de escolher novos produtos?*

A introdução de novos produtos deve ocorrer quando houver consolidação de conhecimento e prática nos produtos atuais, surgirem oportunidades claras de expansão no mercado, ou quando a demanda dos clientes indicar a necessidade de diversificar os serviços oferecidos.

*Como aprofundar os estudos nos produtos escolhidos?*

Aprofundar-se nos produtos jurídicos requer estudo contínuo de doutrinas especializadas, acompanhamento de jurisprudências atualizadas e participação em cursos práticos e teóricos. A persistência e o domínio técnico são indispensáveis para transmitir confiança aos clientes e oferecer serviços de alta qualidade.

*É possível começar sem grandes investimentos financeiros na implementação do método Nichos de Conexão?*

Sim, é totalmente viável iniciar a carreira sem grandes investimentos financeiros. Com dedicação aos estudos, aprimoramento técnico e estratégias para divulgar os serviços, é possível construir uma base sólida de atuação sem demandar recursos significativos.

*Como determinar o público-alvo dos nichos escolhidos?*

A definição do público-alvo deve considerar fatores como perfil socioeconômico, demandas jurídicas mais recorrentes na área de atuação e características locais do mercado.

Para um advogado que atua no Direito de Família, o público-alvo pode incluir casais em processo de divórcio amigável e que desejam resolver questões patrimoniais de forma rápida. Se a área de atuação do advogado for em uma cidade com alto índice de famílias reconstituídas, as demandas podem incluir elaboração de contratos de união estável.

*Como saber se um nicho escolhido é viável?*

É importante testar sempre. A viabilidade de um nicho é determinada por fatores como demanda de mercado, análise da concorrência e a possibilidade de oferecer um diferencial competitivo. Ferramentas como pesquisas de mercado, análise de tendências e feedback de potenciais clientes ajudam a avaliar o potencial de sucesso do nicho.

*Como lidar com a sazonalidade de alguns produtos jurídicos?*

Para mitigar os impactos da sazonalidade, é recomendável diversificar os produtos jurídicos, oferecendo serviços que atendam demandas contínuas e recorrentes. Além disso, o planejamento financeiro e a identificação da demanda em nichos específicos são fatores de sucesso, aproveitando essas oportunidades para maximizar a atuação em períodos estratégicos.

Por exemplo, no Direito de Família, há aumento na procura por divórcios e regularização de guarda de filhos após períodos festivos, como o início do ano ou após feriados prolongados, quando tensões familiares podem se intensificar. Já no mercado imobiliário, demandas por contratos de locação podem crescer em períodos de alta movimentação residencial, como o início do ano acadêmico.

# RESUMO DA PARTE IV

*O desenvolvimento de um plano de negócios é o
caminho que direciona a atuação jurídica.*

A advocacia com nichos de conexão é uma abordagem que visa combinar nichos que conversem entre si, criando um diferencial na prática jurídica. Neste Manual Prático de Contratos e Família indicamos a conexão desses dois nichos.

A escolha dos nichos certos envolve identificar práticas promissoras que alinhem o conhecimento especializado do advogado com a demanda de mercado, permitindo ao profissional agregar mais valor ao serviço oferecido e atender de forma especializada.

Após definir os nichos, é essencial escolher os produtos jurídicos que serão ofertados, visando à qualidade e à possibilidade de escalar o negócio. Exemplos de sucesso incluem a combinação de contratos empresariais com compra e venda de imóveis, ações de alimentos com divórcio consensual, e regularização de imóveis juntamente com inventário extrajudicial, mostrando como a integração de áreas pode gerar uma atuação mais completa e eficiente.

O desenvolvimento de um plano de negócios é o caminho que direciona a atuação jurídica. Esse plano envolve a definição da área de atuação (civil, trabalhista, empresarial, tributário etc.), a escolha de nichos, a definição de produtos específicos e a avaliação da viabilidade dos serviços no mercado. Além disso, é importante estudar as particularidades jurídicas envolvidas em cada produto, o que, consequentemente, resultará em um atendimento qualificado e alinhado às necessidades dos clientes.

Por fim, a elaboração de um plano estruturado de atendimento e divulgação é fundamental. Isso inclui consultas bem estruturadas com procedimentos, definição do público-alvo, ferramentas de marketing e eventos presenciais, além de parcerias com outros profissionais. Essas ações visam ampliar a visibilidade, consolidar a reputação no mercado e oferecer um atendimento diferenciado e integrado aos clientes.

# REFERÊNCIAS

ALVES, Amanda Pansard; ARPINI, Dorian Mônica; CÚNICO, Sabriana Daiana. Guarda compartilhada: perspectivas e desafios diante da responsabilidade parental. *Estudos e pesquisas em psicologia*, Rio de Janeiro, n. 3, v. 15, p. 916-935. 2015.

ARAÚJO DE SOUZA, Deisiane. DUQUE, Bruna Lyra. A eficácia da guarda compartilhada na diminuição dos casos de alienação parental. *Revista Academia Brasileira de Direito Civil*, v. 2, n. 1, p. 50-63, 2018.

ARAÚJO, Fernando. *Teoria econômica do contrato.* Coimbra: Almedina, 2007.

AZEVEDO, Álvaro Villaça. *Teoria Geral das Obrigações*. São Paulo: Atlas, 2005.

BITTAR, Carlos Alberto. *Direito dos contratos e dos atos unilaterais.* Rio de Janeiro: Forense, 2004.

BODIN DE MORAES, Maria Celina. *Danos à pessoa humana*: uma leitura civil-constitucional dos danos morais. São Paulo: Renovar, 2007.

BODIN DE MORAES, Maria Celina. Constituição e Direito Civil: tendências. *Revista Direito, Estado e Sociedade*, Rio de Janeiro, n. 15, p. 95-113. 2001.

BODIN DE MORAES, Maria Celina. TEIXEIRA, Ana Carolina Brochado. Contratos no ambiente familiar. In: TEIXEIRA, Ana Carolina Brochado. RODRIGUES, Renata de Lima (Coord.). *Contratos, família e sucessões*: diálogos interdisciplinares. Indaiatuba: Foco, 2019.

BRASIL, Constituição da República Federativa do Brasil de 1988. Disponível em: https://www.planalto.gov.br/ccivil_03/constituicao/constituicao.htm. Acesso em: 25 out. 2024.

BRASIL. Superior Tribunal de Justiça. AgInt no AREsp 2.408.609/PR, Relatora Ministra Maria Isabel Gallotti, Quarta Turma. Julgado em 09.09.2024 DJe 12.09.2024.

BRASIL. Superior Tribunal de Justiça. AgInt nos EDcl no AREsp 1.820.674/RJ, Relator Ministro Raul Araújo, Quarta Turma. Julgado em 20.05.2024. DJe 04.06.2024.

BRASIL. Superior Tribunal de Justiça. AgInt no AREsp 2.146.082/SP, Relator Ministro Moura Ribeiro, Terceira Turma. Julgado em 11.12.2023. DJe 15.12.2023.

BRASIL. Superior Tribunal de Justiça. AgInt no AREsp 2216201/SP, Relator Ministro Marco Buzzi, Quarta Turma. Julgado em 28.08.2023. DJe 31.08.2023.

BRASIL. Superior Tribunal de Justiça. REsp 2.038.760/RJ, Relatora Ministra Nancy Andrighi, Terceira Turma. Julgado em 06.12.2022. DJe 09.12.2022.

BRASIL. Superior Tribunal de Justiça. AREsp 2.196.089, Relator Ministro Marco Aurélio Bellizze. Julgado em 24.11.2022. DJe 02.12.2022.

BRASIL. Superior Tribunal de Justiça. REsp 1.525.638, Relator Ministro Antonio Carlos Ferreira, Quarta Turma. Julgado em 14.06.2022. DJe 21.06.2022.

BRASIL. Superior Tribunal de Justiça. AgInt no REsp 1.974.766/PE, Relatora Ministra Nancy Andrighi, Terceira Turma. Julgado em 30.05.2022. DJe 1º.06.2022.

BRASIL. Superior Tribunal de Justiça. REsp 1.922.347, Relator Ministro Luis Felipe Salomão, Quarta Turma. Julgado em 07.12.2021. DJe 1º.02.2022.

BRASIL. Superior Tribunal de Justiça. REsp 2.022.860, Relator Ministro Ricardo Villas Bôas Cueva, Terceira Turma. Julgado em 27.09.2022. DJe 30.09.2022.

BRASIL. Superior Tribunal de Justiça. REsp 1.961.488, Relatora Assusete Magalhães, Terceira Turma. Julgado 16.11.2021. DJe 17.11.2021.

BRASIL. Superior Tribunal de Justiça. REsp 1.706.812, Ministro Ricardo Villas Bôas Cueva, Terceira Turma. Julgado em 03.09.2019. DJe 06.09.2019.

BRASIL. Superior Tribunal de Justiça. HC 439.973-MG, Relator Ministro Luis Felipe Salomão, Quarta Turma. Julgado em 16.08.2018. DJe 04.09.2018.

BRASIL. Superior Tribunal de Justiça. REsp 1.510.302/CE, Relator Ministro Ricardo Villas Bôas Cueva, Terceira Turma. Julgado em 05.12.2017. DJe 18.12.2017.

BRASIL. Superior Tribunal de Justiça. REsp 1.560.594, Relator Ministro Paulo de Tarso Sanseverino, Terceira Turma. Julgado em 23.02.2016. DJe 1º.03.2016.

BRASIL. Superior Tribunal de Justiça. REsp 1.537.287/SP, Relator Ministro Ricardo Villas Bôas Cueva, Terceira Turma. Julgado em 18.10.2016. DJe 28.10.2016.

BRASIL. Superior Tribunal de Justiça. REsp 1.454.643-RJ, Relator Ministro Marco Aurélio Bellizze, Terceira Turma. Julgado em 03.03.2015. DJe 10.03.2015.

BRASIL. Superior Tribunal de Justiça. REsp 1.291.247/RJ, Relator Ministro Paulo de Tarso Sanseverino, Terceira Turma. Julgado em 19.08.2014. DJe 1º.10.2014.

BRASIL. Superior Tribunal de Justiça. REsp 1.354.934-RS, Relator Ministro Luis Felipe Salomão, Quarta Turma. Julgado em 20.08.2013. DJe 25.09.2013.

BRASIL. Superior Tribunal de Justiça. REsp 1295991/MG, Relator Ministro Paulo de Tarso Sanseverino, Terceira Turma. Julgado em 11.04.2013, Dje 17.04.2013.

BRASIL. Superior Tribunal de Justiça. REsp 1.159.242-SP, Relatora Ministra Nancy Andrighi, Terceira Turma. Julgado em 24.04.2012. DJe 10.05.2012.

BRASIL. Superior Tribunal de Justiça. REsp 925313, Relator Ministro Luis Felipe Salomão, Quarta Turma. Julgado em 06.03.2012. DJe 26.03.2012.

BRASIL. Superior Tribunal de Justiça. REsp 1.257.819-SP, Relator Ministro Massami Uyeda, Terceira Turma. Julgado em 1º.12.2011. DJe 15.12.2011.

BRASIL. Superior Tribunal de Justiça. REsp 772419/SP. Relator Ministro Arnaldo Esteves Lima. Quinta Turma. Julgado 16.03.2006. DJ 24.04.2006.

BRASIL. Superior Tribunal de Justiça. EREsp 125.859, Relator Ministro Ruy Rosado de Aguiar. Julgado em 26.06.2002, DJ 24.03.2003.

BRASIL. Superior Tribunal de Justiça. REsp 338162/MG, Relator Ministro Sálvio de Figueiredo Teixeira, Quarta Turma. Julgado em 20.11.2001, DJe 18.02.2002.

BRASIL. Superior Tribunal de Justiça. REsp 95539/SP, Relator Ministro Ruy Rosado de Aguiar, Julgado em 03.09.1996. DJ 14.10.1996.

BRIAN, Tracy. *Comece pelo mais difícil*: 21 ótimas maneiras de superar a preguiça e se tornar altamente eficiente e produtivo. Rio de Janeiro: Sextante, 2017. Edição do Kindle.

BROCCO, Carolina Romano. CYRINO, Rodrigo Reis. AURICH, Fabiana (Org.). *O sistema de Justiça e as serventias extrajudiciais*: possibilidades e tendências. São Paulo: Dialética, 2024.

BUENO DE GODOY, Claudio Luiz. *Função social do contrato*. São Paulo: Saraiva, 2009.

CABRAL, Érico de Pina. A autonomia no direito privado. *Revista de Direito Privado*, São Paulo, n. 19, p. 83-129. jul./set. 2004.

CALDERÓN, Ricardo. *Princípio da efetividade no direito de família*. 2. ed. Rio de Janeiro: Forense, 2017.

CATALAN, Marcos. *A morte da culpa na responsabilidade civil*. São Paulo: RT, 2013.

CARVALHO, Dimitre Braga Soares de. *Minha família, minhas regras*: da família contratual aos smartcontracts de Direito de Família. Disponível em: https://ibdfam.org.br/artigos/1809/Minha+fam%C3%ADlia%2C+minhas+regras%3A+da+fam%C3%ADlia+contratual+aos+smartcontracts+de+Direito+de+Fam%C3%ADlia. Acesso em: 27 nov. 2024.

CAVALIERI FILHO, Sérgio. *Programa de Direito do Consumidor*. 2. ed. São Paulo: Atlas, 2010.

CHAVES DE FARIAS, Cristiano. ROSENVALD, Nelson. *Curso de direito civil*: direito de família. Salvador: JusPodivm, 2017.

CHAVES DE FARIAS, Cristiano. ROSENVALD, Nelson. *Curso de direito civil*: contratos. 7. ed. Salvador: JusPodivm, 2017.

CHAVES DE FARIAS, Cristiano. ROSENVALD, Nelson. *Curso de direito civil*: direito das obrigações. Salvador: JusPodivm, 2008.

CLEAR, James. *Hábitos atômicos*: um método fácil e comprovado de criar bons hábitos e se livrar dos maus. Rio de Janeiro: Alta Books, 2019.

CONSELHO DA JUSTIÇA FEDERAL. I Jornada de Direito Civil. Enunciado 24. Disponível em: https://www.cjf.jus.br/enunciados/enunciado/670. Acesso em: 25 out. 2024.

CONSELHO DA JUSTIÇA FEDERAL. III Jornada de Direito Civil. Enunciado 95. Disponível em: https://www.cjf.jus.br/enunciados/enunciado/1345. Acesso em: 14 out. 2024.

CONSELHO DA JUSTIÇA FEDERAL. IV Jornada de Direito Civil. Enunciado 361. Disponível em: https://www.cjf.jus.br/enunciados/enunciado/472. Acesso em: 16 nov. 2024.

CONSELHO DA JUSTIÇA FEDERAL. IV Jornada de Direito Civil. Enunciado 367. Disponível em: https://www.cjf.jus.br/enunciados/enunciado/488. Acesso em: 19 nov. 2024.

CONSELHO DA JUSTIÇA FEDERAL. V Jornada de Direito Civil. Enunciado 412. Disponível em: https://www.cjf.jus.br/enunciados/enunciado/221. Acesso em: 19 nov. 2024.

CONSELHO DA JUSTIÇA FEDERAL. V Jornada de Direito Civil. Enunciado 443. Disponível em: https://www.cjf.jus.br/enunciados/enunciado/356. Acesso em: 23 dez. 2024.

CONSELHO DA JUSTIÇA FEDERAL. VIII Jornada de Direito Civil. Enunciado 616. Disponível em: https://www.cjf.jus.br/enunciados/enunciado/1165. Acesso em: 14 out. 2024.

CONSELHO DA JUSTIÇA FEDERAL. VIII Jornada de Direito Civil. Enunciado 644. Disponível em: https://www.cjf.jus.br/enunciados/enunciado/1183. Acesso em: 14 out. 2024.

CONSELHO DA JUSTIÇA FEDERAL. IX Jornada de Direito Civil. Enunciado 687. Disponível em: https://www.cjf.jus.br/enunciados/enunciado/1826. Acesso em: 25 out. 2024.

CONSELHO FEDERAL DE MEDICINA. Resolução CFM 2.168/2017, que adota as normas éticas para a utilização das técnicas de reprodução assistida. Disponível em: https://sistemas.cfm.org.br/normas/visualizar/resolucoes/BR/2017/2168. Acesso em: 28 out. 2024.

CONSELHO FEDERAL DE MEDICINA. Resolução CFM 2.320/2022, que adota normas éticas para a utilização de técnicas de reprodução assistida. Disponível em: https://sistemas.cfm.org.br/normas/arquivos/resolucoes/BR/2022/2320_2022.pdf. Acesso em: 28 out. 2024.

CONSELHO NACIONAL DE JUSTIÇA. Resolução 571/2024, que disciplina a lavratura dos atos notariais relacionados a inventário, partilha, separação consensual, divórcio consensual e extinção consensual de união estável por via administrativa. Disponível em: https://atos.cnj.jus.br/atos/detalhar/5705. Acesso em: 14 nov. 2024.

CONSELHO NACIONAL DE JUSTIÇA. Provimento 37/2014, que dispõe sobre o registro de união estável no Livro "E" do registro civil das pessoas naturais. Disponível em: https://atos.cnj.jus.br/files/compilado14422020230628649c46cc6ce72.pdf. Acesso em: 30 out. 2024.

CONSELHO NACIONAL DE JUSTIÇA. Resolução 125 do Conselho Nacional de Justiça, que dispõe sobre a Política Judiciária Nacional de tratamento adequado dos conflitos de interesses no âmbito do Poder Judiciário e dá outras providências. Disponível em: https://atos.cnj.jus.br/atos/detalhar/156. Acesso em: nov. 2024.

DIAS, Maria Berenice. *Manual de direito das famílias*. 11. ed. São Paulo: RT, 2016.

DIAS, Maria Berenice. RUSSOMANNO, Felipe Matte. Alimentos compensatórios e divisão dos frutos e rendimentos dos bens comuns: não dá para confundir! *Anais do IX Congresso Brasileiro de Direito de Família*. Disponível em: https://ibdfam.org.br/assets/upload/anais/306.pdf. Acesso em: 25 nov. 2024.

DINIZ, Maria Helena. *Curso de Direito Civil Brasileiro*. São Paulo: Saraiva, 2007. v. 3.

DIVINO, Sthéfano Bruno Santos. Smart contracts: conceitos, limitações, aplicabilidade e desafios. *RJLB*, a. 4, n. 6, 2018, p. 2272-2808. Disponível em: https://www.cidp.pt/revistas/rjlb/2018/6/2018_06_2771_2808.pdf. Acesso em: 26 nov. 2024.

DUQUE, Bruna Lyra. Com quantos contratos se faz uma família. *Conjur*, 2024. Disponível em: https://www.conjur.com.br/2024-set-11/com-quantos-contratos-se-faz-uma-familia-novos-rumos-para-uma-reforma-do-codigo-civil. Acesso em: set. 2024.

DUQUE, Bruna Lyra; PEREIRA, Kassia Ellen Alves; MAYERHOFER, Yasmin Miranda. Adimplemento substancial na reforma do Código Civil: delimitando o direito potestativo do credor na resolução contratual. In: OLIVEIRA, Lucas Costa de; GUIMARÃES, Luiza Resende (Org.) *Anais do X Congresso Mineiro de Direito Civil*. Belo Horizonte: Expert, 2024.

DUQUE, Bruna Lyra; BINDANDI, João Victor Correa; ALVES, Kalline Costa. Ampliação da autonomia privada nos pactos antenupciais frente ao anteprojeto de reforma do Código Civil. In: OLIVEIRA, Lucas Costa de; GUIMARÃES, Luiza Resende (Org.) *Anais do X Congresso Mineiro de Direito Civil*. Belo Horizonte: Expert, 2024.

DUQUE, Bruna Lyra. *Precisamos falar sobre causa do contrato em tempos de crise pandêmica*. Disponível em: https://brunalyraduque.jusbrasil.com.br/artigos/829925664/precisamos--falar-sobre-causa-do-contrato-em-tempos-de-crise-pandemica. Acesso em: 16 nov. 2024.

DUQUE, Bruna Lyra. *Causa dos contratos*: entre direitos e deveres. Belo Horizonte: Conhecimento, 2018.

DUQUE, Bruna Lyra. Dever fundamental de afeto e alienação parental. *Revista de Direito de Família e das Sucessões*, São Paulo, v. 3., n. 7, p. 15-31, jan./mar., 2016.

DUQUE, Bruna Lyra. Adoção, perda de uma chance e abandono estatal. *Revista da Defensoria Pública do Estado de Minas Gerais*, Minas Gerais, v. 4, n. 5, p. 121-136, abr./jun. 2020.

DUQUE, Bruna Lyra. PEDRA, Adriano Sant'Ana. Os deveres fundamentais e a solidariedade nas relações privadas. *Revista de Direitos Fundamentais e Democracia*, Curitiba, v. 14, n. 14, p. 147-161, jul./dez. 2013.

DWECK, Carol. Trad. S. Duarte. *Mindset*: A nova psicologia do sucesso. São Paulo: Objetiva, 2017. Edição do Kindle.

EHRHARDT JUNIOR, Marcos. Planejamento sucessório na perspectiva do advogado. In: TEIXEIRA, Daniele Chaves (Coord.). *Arquitetura do planejamento sucessório*. Belo Horizonte: Fórum, 2019. Edição do Kindle. t. II.

EHRHARDT JUNIOR, Marcos. Breves notas sobre a responsabilidade civil no direito das famílias. *RJLB*, a. 5, n. 5, p. 1249-1267, 2019.

EHRHARDT JUNIOR, Marcos. As funções da boa-fé e a construção de deveres de conduta nas relações privadas. *Pensar*, Fortaleza, v. 18, n. 2, p. 551-586, maio/ago. 2013.

EPSTEIN, David. Trad. Marcelo Barbão e Fal Azevedo. *Por que os generalistas vencem em um mundo de especialistas*. São Paulo: Globo, 2020. Edição do Kindle.

FERNANDES, Micaela Barros Barcelos. Terceiros de boa-fé, sociedade e planejamento sucessório. In: TEIXEIRA, Daniele Chaves (Coord.). *Arquitetura do planejamento sucessório*. Belo Horizonte: Fórum, 2021. t. II.

FERREIRA, Ana Betina da Costa Pires. Cláusulas escalonadas: repercussões da mediação na arbitragem. *Revista Brasileira de Alternative Dispute Resolution – RBADR*, Belo Horizonte, ano 03, n. 06, p. 21-36, jul./dez. 2021.

FERREIRA, Paulo Roberto Gaiger. RODRIGUES, Felipe Leonardo. *Ata notarial*: doutrina, prática e meio de prova. Salvador: JusPodivm, 2023.

FICHER, Roger. URY, Willian. Patton, Bruce. Trad. RIBEIRO, Vera; BORGES, Ana Luiza. *Como chegar ao SIM*: a negociação de acordos sem concessões. Rio de Janeiro: Imago, 2005.

GAGGINI, Fernando Schwarz. *Manual dos contratos empresariais*. Indaiatuba: Foco, 2022. Edição do Kindle.

GAGLIANO. Pablo, Stolze. A cláusula do pôr-do-sol (sunset clause) no Direito de Família. *Revista Brasileira de Direito Contratual*, Porto Alegre, v. 5, n. 20, p. 160-172, jul./set. 2024.

GAGLIANO, Pablo Stolze. PAMPLONA FILHO, Rodolfo. *Novo curso de direito civil*: família. São Paulo: Saraiva, 2018. v. 6.

GAGLIANO, Pablo Stolze. PAMPLONA FILHO, Rodolfo. *Novo curso de Direito Civil*: contratos em espécie. São Paulo: Saraiva, 2017. v. 4. t. II.

GAGLIANO, Pablo Stolze. PAMPLONA FILHO, Rodolfo. *Novo curso de Direito Civil*: obrigações. São Paulo: Saraiva, 2017. v. 2.

GAGLIANO, Pablo Stolze. PAMPLONA FILHO, Rodolfo. *Novo curso de Direito Civil*: parte geral. São Paulo: Saraiva, 2017. v. 1.

GAGLIANO, Pablo Stolze. PAMPLONA FILHO, Rodolfo. *Novo curso de direito civil*: contratos. São Paulo: Saraiva, 2014. v. 4. t. I.

GOBBO, Leandro. A natureza jurídica dos smart contracts. *Prima@Facie*, João Pessoa, v. 22, n. 49, jan./abr., 2023, p. 152-185. Disponível em: https://periodicos.ufpb.br/ojs2/index.php/primafacie/article/view/64859/37401. Acesso em: 26 nov. 2024.

GONÇALVES, Carlos Roberto. *Direito Civil brasileiro*: obrigações. São Paulo: Saraiva, 2008a.

GONÇALVES, Carlos Roberto. *Direito Civil brasileiro*: contratos. São Paulo: Saraiva, 2008b.

GORETTI, Ricardo. *Negociação estratégica*: ferramentas para a gestão negociada de conflitos. Salvador: JusPodivm, 2024.

GORETTI, Ricardo. *Gestão adequada de conflitos*: do diagnóstico à escolha do método para cada caso concreto. Salvador: JusPodivm, 2019.

HARARI, Yuval Noah. Trad. VARGAS, Berilo. BOTTMANN, Denise. *Nexus*: Uma breve história das redes de informação, da Idade da Pedra à inteligência artificial. São Paulo: Companhia das Letras, 2024. Edição Kindle.

HIRONAKA, Giselda Maria Fernandes Novaes; TARTUCE, Flávio. Planejamento sucessório: conceito, mecanismos e limitações. *Revista Brasileira de Direito Civil*, Belo Horizonte, v. 21, p. 87-109, jul./set. 2019.

HIRONAKA, Giselda Maria Fernandes Novaes. A incessante travessia dos tempos e a renovação dos paradigmas: a família, seu *status* e seu enquadramento na pós-modernidade. *Revista da Faculdade de Direito*, Universidade de São Paulo, v. 101, p. 153-167, 2006. Disponível em: https://www.revistas.usp.br/rfdusp/article/view/67702. Acesso em: 15 nov. 2024.

LAWRENCE, Steven. *Poder da execução de metas*: o guia definitivo para criar metas e objetivos eficientes que dão resultado. Amazon Serviços, 2019. Edição do Kindle.

LEAL, Livia Teixeira. As controvérsias em torno da guarda compartilhada. *Revista da EMERJ*, v. 20, n. 79, maio/ago. 2017. Disponível em: http://www.emerj.tjrj.jus.br/revistaemerj_online/edicoes/revista79/revista79_68.pdf. Acesso em: 16 nov. 2024.

LISBOA, Roberto Senise. *Manual de Direito Civil*: contratos e declarações unilaterais. São Paulo: RT, 2005. v. 3.

LOBO, Fabíola Albuquerque. As transformações do direito de família brasileiro à luz da Constituição Federal de 1988. *Civilistica.com*. Rio de Janeiro, a. 8, n. 3, 2019. Disponível em: http://civilistica.com/as-transformacoes-do-direito-de-familia. Acesso em: 20 nov. 2024.

LÔBO, Paulo Luiz Netto. Constitucionalização do direito civil, *Revista de Informação Legislativa*, Brasília, a. 36, n. 141, p. 99-109, jan./mar, 1999.

LÔBO, Paulo Luiz Netto. *Direito civil*: sucessões. 5. ed. São Paulo: Saraiva, 2019. v. 6.

MADALENO, Rolf. *Curso de Direito de Família*. Rio de Janeiro: Forense, 2018.

MADALENO, Rolf. *Manual de direito de família*. Rio de Janeiro: Forense, 2017.

MADALENO, Rolf. MADALENO, Rafael. *Guarda compartilhada*: física e jurídica. 2. ed. São Paulo: RT, 2016.

MADALENO, Rolf. Obrigação, dever de assistência e alimentos transitórios. *Revista CEJ*, Brasília, n. 27, p. 69-78, out./dez. 2004.

MAFRA, Tereza Cristina Monteiro; GONTIJO, Lettícia Fabel. Direito transitório na união estável e a comunicação de bens. *Civilistica.com*. Rio de Janeiro, a. 7, n. 3, 2018. Disponível em: http://civilistica.com/direito-transitorio-na-uniao-estavel/. Acesso em: nov. 2024.

MARTINS-COSTA, Judith. *A boa-fé no direito privado*. São Paulo: RT, 2000.

MARZAGÃO, Silvia Felipe. *Contrato Paraconjugal*: A modulação da conjugalidade por contrato teoria e prática. 2. ed. São Paulo: Foco, 2024. Edição do Kindle.

MCKEOWN, Greg. Trad. Beatriz Medina. *Sem esforço*: torne mais fácil o que é mais importante. Rio de Janeiro: Sextante, 2022. Edição do Kindle.

MONTEIRO, Washington de Barros. *Curso de direito civil*: direito das obrigações. São Paulo: Saraiva, 1999.

NABAIS, José Casalta. *Por uma liberdade com responsabilidade*: estudos sobre direitos e deveres fundamentais. Coimbra: Coimbra Editora, 2007.

NABAIS, José Casalta. *O dever fundamental de pagar impostos*: contributo para a compreensão constitucional do estado fiscal contemporâneo. Coimbra: Almedina, 1999.

NEVARES, Ana Luiza Maia. Os planos de previdência privada (VGBL e PGBL) na perspectiva familiar e sucessória: critérios para sua compatibilização com a herança e a meação. *Revista Brasileira de Direito Civil*, Belo Horizonte, v. 28, p. 257-274, abr./jun. 2021.

NOGUEIRA DA GAMA, Guilherme Calmon. *Princípios constitucionais de direito de família*. São Paulo: Atlas, 2008.

OLIVEIRA, Alexandre Miranda. TEIXEIRA, Ana Carolina Brochado. Qualificação e quantificação da legítima: critérios para partilha de bens. TEIXEIRA, Daniele Chaves (Coord.). *Arquitetura do planejamento sucessório*. Belo Horizonte: Fórum, 2021. t. II. Edição Kindle.

OLIVEIRA, Carlos Eduardo Elias de. *Considerações sobre os planos dos fatos jurídicos e a "substituição do fundamento do ato de vontade"*. Brasília: Núcleo de Estudos e Pesquisas/CONLEG/Senado, Fev. 2020 (Texto para Discussão n. 270). Disponível em: www.senado.leg.br/estudos. Acesso em: 13 fev. 2020.

OLIVEIRA, Lorena Marchesi de. DUQUE, Bruna Lyra. A contratualização do direito de família e os limites aplicáveis ao pacto antenupcial. In: CYRINO, Rodrigo Reis (Org.). et. al.. *Direito notarial e registral*: temas contemporâneos. Curitiba: Íthala, 2022.

PAULINO DA ROSA, Conrado. *Direito de família contemporâneo*. São Paulo: JusPodivm, 2022.

PAULINO DA ROSA, Conrado. *Planejamento sucessório*: teoria e prática. São Paulo: JusPodivm, 2024.

PEREIRA, Caio Mário da Silva. *Instituições de Direito Civil*: contratos. Rio de Janeiro: Forense, 2006. v. 3.

PEREIRA, Caio Mário da Silva. *Instituições de Direito Civil*: obrigações. Rio de Janeiro: Forense, 2005. v. 2.

PEREIRA, Dirce do Nascimento. PIRES DO NASCIMENTO, Janaina Aparecida. Mediação na execução de alimentos: desafios e perspectivas para o exercício do direito material e existencial do alimentando. *Revista de Formas Consensuais de Solução de Conflitos*. v. 8, n. 1, p. 21-42, jan./jul. 2022.

PEREIRA, Rodrigo da Cunha. *Coparentalidade abre novas formas de estrutura familiar*. Disponível em: https://ibdfam.org.br/artigos/1229/Coparentalidade+abre+novas+formas+de+estrutura+familiar. Acesso em: 29 out. 2024.

PEREIRA, Rodrigo da Cunha. *Princípios fundamentais norteadores do direito de família*. 3. ed. São Paulo: Saraiva, 2016.

PEREIRA, Rodrigo da Cunha. *Dicionário de direito de família e sucessões*. São Paulo: Saraiva, 2015.

PEREIRA, Rodrigo da Cunha. Uma principiologia para o direito de família. *RJBL*. Lisboa, ano 1, n. 1, p. 1871-1893, 2015.

PEREIRA, Rodrigo da Cunha. Família, direitos humanos, psicanálise e inclusão social. *Revista do Ministério Público do Rio Grande do Sul*, n. 58, maio/ago. p. 195-201, 2006.

PEREIRA, Rodrigo da Cunha. *Comentários ao Novo Código Civil*: da união estável, da tutela e da curatela. Coord. Sálvio de Figueiredo Teixeira. Rio de Janeiro: Forense, 2003. v. XX.

PERLINGIERI, Pietro. *O direito civil na legalidade constitucional*. Trad. Maria Cristina de Cicco. Rio de Janeiro: Renovar, 2008.

POLETTO, Carlos Eduardo Minozzo. Solidariedade e responsabilidade no direito de família. In: TAVARES DA SILVA, Regina Beatriz. CAMARGO NETO, Theodureto de Almeida. (Coord.). *Grandes temas de direito de família e das sucessões*. São Paulo: Saraiva, 2014. v. 2.

POSNER, Eric. Análise econômica do direito contratual após três décadas: sucesso ou fracasso? In: SALAMA, Bruno Meyerhof. *Análise econômica do direito contratual*: sucesso ou fracasso. São Paulo: Saraiva, 2010.

POSNER, Richard. Transaction costs and antitrust concerns in the licensing of intellectual property. *Marshall rev. Intell.* 4 J, Prop. L, 325, 2005.

RAWLS, John. *Justiça como equidade*: uma reformulação. Trad. Claudia Berliner. São Paulo: Martins Fontes, 2003.

REINA, Eduardo. Justiça autoriza inclusão de multa por traição em pacto antenupcial. *Revista Conjur Jurídico*. Disponível em: https://www.conjur.com.br/2023-mar-22/justica-autoriza-inclusao-multa-traicao-pacto-antenupcial. Acesso em: 16 nov. 2024.

RESENDE DE BARROS, Sérgio. A ideologia do afeto. *Revista Brasileira de Direito de Família*. Porto Alegre, v. 4. n. 14, p. 9, jul./set. 2002.

ROPPO, Enzo. *O contrato*. Trad. Ana Coimbra e M. Januário C. Gomes. Coimbra: Almedina, 2009.

ROSENVALD, Nelson. A função social do contrato. *MP-MG Jurídico*, Minas Gerais, n. 9, ano II, abr./jun. 2007.

SÁ, Maria de Fátima Freire. RETTORE, Anna Cristina de Carvalho. A gestação de substituição vista como um contrato em prol da garantia de segurança jurídica aos participantes e à criança a nascer. In: TEIXEIRA, Ana Carolina Brochado. RODRIGUES, Renata de Lima (Coord.). *Contratos, família e sucessões*: diálogos interdisciplinares. São Paulo: Foco, 2019.

SANTANA, Héctor Valverde. *Dano moral no direito do consumidor*. 2 ed. São Paulo: RT, 2014.

SANTANA, Héctor Valverde. A fixação do valor da indenização por dano moral. *Revista de Informação Legislativa*, v. 175, p. 21-40, 2007.

SARMENTO, Daniel. *Direitos fundamentais e relações privadas*. Rio de Janeiro: Lumen Juris, 2004.

SCHREIBER, Anderson. *O princípio da boa-fé objetiva no direito de família*. Disponível em: https://ibdfam.org.br/assets/upload/anais/6.pdf. Acesso em: 16 nov. 2024.

SCHREIBER, Anderson. *Equilíbrio contratual e dever de renegociar*. São Paulo: Saraiva, 2018.

SILVA, Clóvis V. do Couto e. *A obrigação como processo*. Rio de Janeiro: FGV, 2006.

SILVA, Vivien Lys Porto Ferreira da. *Extinção dos contratos*: limites e aplicabilidade. São Paulo: Saraiva, 2010.

SINEK, Simon. Trad. Paulo Geiger. *Comece pelo porquê*: Como grandes líderes inspiram pessoas e equipes a agir. Rio de Janeiro: Sextante, 2018. Edição do Kindle.

TARTUCE, Fernanda. Prova nos processos de família e no projeto do CPC: ônus da prova, provas ilícitas e ata notarial. *Anais do IX Congresso Brasileiro de Direito de Família*. Disponível em: https://ibdfam.org.br/assets/upload/anais/309.pdf. Acesso em: 06 dez. 2024.

TARTUCE, Flávio. *Autonomia privada e Direito de Família* – Algumas reflexões atuais. Disponível em: https://www.migalhas.com.br/coluna/familia-e-sucessoes/350602/autonomia-privada-e-direito-de-familia--algumas-reflexoes-atuais. Acesso em: 08 dez. 2024.

TARTUCE, Flávio. *Direito Civil*: Teoria geral dos contratos e Contratos em espécie. 14 ed. Rio de Janeiro: Forense, 2019. v. 3.

TARTUCE, Flávio. *Direito Civil*: Direito de Família. 12 ed. Rio de Janeiro: Forense, 2017a. v. 5.

TARTUCE, Flávio. *Manual de direito civil*: volume único. 7 ed. Rio de Janeiro: Forense, 2017b.

TARTUCE, Flávio. Novos princípios do Direito de Família Brasileiro. *Revista COAD*, v. 22, n. 139, p. 425-441, jan./fev., 2008.

TARTUCE, Fernanda. *Processo Civil no Direito de Família*: teoria e prática. 3. ed. São Paulo: Método, 2018.

TEIXEIRA, Ana Carolina Brochado. MULTEDO, Renata Vilela. Autoridade parental: os deveres dos pais frente aos desafios do ambiente digital. In: TEIXEIRA, Ana Carolina Brochado (Coord.) et. al. *Infância, adolescência e tecnologia*: O Estatuto da Criança e do Adolescente na Sociedade da Informação. Indaiatuba: Foco, 2022.

TEIXEIRA, Ana Carolina Brochado. MATTOS, Eleonora G. Saltão de Q. A coabitação em tempos de pandemia pode ser elemento caracterizador de união estável? In: NEVARES, Ana Luiza Maia. et. al. (Coord.). *Coronavírus. Impactos no Direito de Família e Sucessões*. Indaiatuba: Foco, 2020.

TEIXEIRA, Ana Carolina Brochado. A (des)necessidade da guarda compartilhada ante o conteúdo da autoridade parental. In: COLTRO, Antônio Carlos Mathias. DELGADO, Mário Luiz (Coord.). *Guarda Compartilhada*. 3. ed. Rio de Janeiro: Forense, 2018.

TEIXEIRA, Daniele Chaves. Noções prévias do direito das sucessões: sociedade, funcionalização e planejamento sucessório. In: TEIXEIRA, Daniele Chaves (Coord.). *Arquitetura do planejamento sucessório*. 2. ed. Belo Horizonte: Fórum, 2019. t. I.

TELLES, Inocêncio Galvão. *Direito das obrigações*. Coimbra: Coimbra Editora, 1997.

TEPEDINO, Gustavo; KONDER, Carlos Nelson; BANDEIRA, Paula Greco. *Fundamentos do direito civil*: contratos. Rio de Janeiro: Forense. 2023. v. 3. Edição do Kindle.

TEPEDINO, Gustavo; TEIXEIRA, Ana Carolina Brochado. *Fundamentos do direito civil*: direito de família. Rio de Janeiro: Forense. 2022. v. 6. Edição do Kindle.

TEPEDINO, Gustavo. A colação e o critério de apuração do valor das liberalidades recebidas pelos herdeiros necessários. *Revista Brasileira de Direito Civil*, Belo Horizonte, v. 21, p. 11-13, jul./set. 2019.

VARELA, João de Matos Antunes. *Das obrigações em geral*. Coimbra: Almedina, 2000.

VELOSO, Zeno. Fato Jurídico – Ato Jurídico – Negócio Jurídico. *Revista de Informação Legislativa*, v. 32, n. 125, p. 87-95, jan./mar. 1995. Disponível em: http://www2.senado.leg.br/bdsf/handle/id/176311. Acesso em: nov. 2024.

XAVIER, Francisco Cândido. *Convivência*. Brasília: FEB, 2021. Edição do Kindle.

XAVIER, Marília Pedroso. *Contrato de namoro*: amor líquido e direito de família mínimo. 2. ed. Fórum: Belo Horizonte, 2021.

ZAMPIER, Bruno. *Bens Digitais*: cybercultura, redes sociais, e-mails, músicas, livros, milhas aéreas, moedas virtuais. 2. ed. São Paulo: Foco, 2021.

# ANOTAÇÕES